JN087827

改訂 最新

知りたいことがパッとわかる

年金のしくみと手続きがすっきりわかる本

特定社会保険労務士
多田智子

ソーテック社

Cover Design…Yoshiko Shimizu (smz')

　私は社会保険労務士として、定年退職前の従業員に向けた「ライフプランセミナー」講師の仕事もしています。セミナーはいつも受講者の素朴な疑問と笑いにあふれ、非常に楽しいひとときでもあります。

～人生100年時代～

　日本は、健康寿命（健康寿命とは健康上の問題で日常生活が制限されることなく生活できる時間のこと）が世界一です。

　過去の先輩方が、定年を迎えて、年金暮らしをしている一律的な老後のライフスタイルが大きく変わろうとしています。

　この本を手にしている皆さんは、60歳以降どのようなライフスタイルを送ろうと考えていますか？　環境も変化していて、定年年齢も60歳のみならず、65歳という企業も増えています。年金の支給開始年齢も65歳からになっていきます。

　このような背景の中、健康である限り社会活動に参加する高齢者の増加は当然でしょう。令和4年高齢社会白書によると、65歳以上の人の30.2％が仕事をして収入を得ています。また、年金の繰り下げ・投資などで資産を増やそうと考える方も多くなることでしょう。

　今後、60歳以降のライフプランは多様化していきます。ご自身でNPOを設立されたり、海外で暮らしたり、今の仕事を65歳までまっとうしたり、専業主夫になったり、大学院に通ってその後起業するなんてこともあるかもしれません。60歳までがんばった自分の経験を活かして好きなことができる時期になります。

　この本では、60歳以降「自分だったらこういう生活がしたいなぁ」と考えている人の「実際にそうなったときにいくら年金がもらえるの？　もらえないの？　損なの？　得なの？」という疑問に対して、金額のシミュレーションを豊富に準備しました。

　きっと、あなたの知りたい（なりたい）ケース（自分）が見つかるはずです。ぜひ、本書の中からご自身のケースを見つけてください。

　そしてもうひとつ。定年を迎える従業員のために、「年金について説明したい」とお考えの前向きな心ある、人事総務のご担当者のための本でもあります。

　その際に、「何を説明したらいいのか？」がわかるように構成しています。

　どのような立場であれ、私は、いつも前向きでがんばる人を応援しています。

特定社会保険労務士　多田智子

定年後の社会保障マップ

	雇用保険	健康保険	年　金	税　金
① 定年退職後は、悠々自適の生活	基本手当	任意継続 or 国民健康保険など	老齢年金	確定申告
② 定年退職後、再雇用される	高年齢雇用継続給付	従前の健康保険制度	在職老齢年金	年末調整
③ 定年退職後、転職する	高年齢雇用継続給付	転職先の健康保険制度	在職老齢年金	年末調整
④ 少し休んでから再就職	基本手当 就職促進給付 高年齢雇用継続給付	任意継続 or 国民健康保険など	老齢年金 or 在職老齢年金	確定申告 or 年末調整
⑤ アルバイトしながら年金生活	基本手当	任意継続 or 国民健康保険など	老齢年金	年末調整
⑥ キャリアを活かして起業	基本手当	任意継続 or 国民健康保険など	老齢年金	確定申告

まずは、ご自身がどんな年金がもらえるのか？ しっかりと把握しましょう！

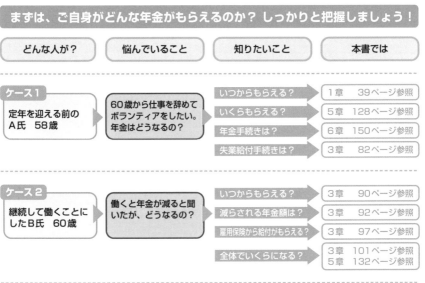

どんな人が？	悩んでいること	知りたいこと	本書では

ケース1

定年を迎える前のA氏　58歳 → 60歳から仕事を辞めてボランティアをしたい。年金はどうなるの？

知りたいこと	本書では
いつからもらえる？	1章　39ページ参照
いくらもらえる？	5章　128ページ参照
年金手続きは？	6章　150ページ参照
失業給付手続きは？	3章　82ページ参照

ケース2

継続して働くことにしたB氏　60歳 → 働くと年金が減ると聞いたが、どうなるの？

知りたいこと	本書では
いつからもらえる？	3章　90ページ参照
減らされる年金額は？	3章　92ページ参照
雇用保険から給付がもらえる？	3章　97ページ参照
全体でいくらになる？	3章　101ページ参照 5章　132ページ参照

本書の使い方

どんな人が？	悩んでいること	知りたいこと	本書では

ケース3

60歳以降も働き もうすぐ第二の定 年C氏　64歳

65歳まで働いたあと にどんな手続きがある の？

- 失業給付はいくら？　4章　122ページ参照
- 65歳からの年金はいくら？　4章　106ページ参照
- 年金手続きは？　6章　166ページ参照

ケース4

専業主婦の場合60 歳から年金はもらえ るの？D子　60歳

昔、OLとして働いた 経験があるがそのとき の年金は？

- いつからもらえる？　1章　36ページ参照
- OL時代の年金　3章　74ページ参照
- 夫婦の年金額は？　5章　142ページ参照

ケース5

求職中で収入がない、 年金保険料を払えな いE氏　30歳

免除申請をすると将来 の年金がもらえなくな るのでは？

- どんなしくみ　1章　32ページ参照
- 将来の年金額　12章252ページ参照

ケース6

早く年金が欲しいの で繰り上げ申請した いF子　62歳

繰り上げ制度は 得なの？ 損なの？

- どんなしくみ　10章221ページ参照
- 損得の分岐点　10章222ページ参照

ケース7

65歳以降も働いて ほしいと頼まれた G氏　65歳

65歳以降は働くと どうなるの？

- いくら減らされるの？　4章　116ページ参照
- 失業保険　4章　122ページ参照

ケース8

万が一、夫が亡く なったら年金はど うなるの？ H子　55歳

夫の支払った年金は 私がもらえるの？

- しくみ　9章　196、199、 210ページ参照
- いくらもらえるの？　9章　201、202、 204ページ参照
- 自分の年金はどうなる？　9章　213ページ参照

年金のしくみはちゃんと理解しないと
わかりにくいことがたくさんあるので、
基礎知識から読んでみてください。

6

第3章　60歳から65歳までの年金

第4章 65歳・70歳の年金

第 5 章　年金と60歳以降のライフプラン

- ライフプランと年金の受け取り方の変化

第6章　年金の請求方法

第9章 気になる年金、遺族年金

16

第1章

年金の
基礎の基礎

年金のしくみ

年金は3階建てになっています。1階の国民年金（基礎年金）部分に、2階の厚生年金、3階の企業年金が上乗せされています。

年金の全体像は3階建ての建物のようになっている（右図参照）

① **1階** **国民年金**：1階部分の国民年金は国民全員に加入する義務があり、「**基礎年金**」とも呼ばれています。よく勘違いされますが、自営業者だけの年金ではありません。

①-2 **1階** **国民年金には3つの種別がある**：自営業者などは**第1号**、サラリーマンやOLと公務員は、厚生年金の加入者である**第2号**（次節参照）、第2号に扶養されている配偶者（いわゆる専業主婦）は**第3号**の被保険者といいます（第3号は保険料を納めなくても国民年金をもらえるので、無年金者ではありません）。

② **2階** **厚生年金**：民間会社のサラリーマンやOL、公務員などは厚生年金に加入します。サラリーマンやOLと公務員は、上記の通り、第2号被保険者として1階の国民年金にも同時加入しています。

3階部分は企業年金（すべて任意に導入や加入）

① **3階** **企業年金**：企業によっては、さらに独自に企業年金を設けています。「確定給付企業年金」「確定拠出年金」「厚生年金基金」などです。この部分は法律で強制されている年金ではないので、企業ごとに加入するかしないか、どのような制度にするのかを任意で決めることができます。公務員には企業年金はありませんが、「**年金払い退職給付**」と呼ばれる企業年金にあたる3階部分があります。

② **3階** **自営業者の上乗せ年金**：自営業者（第1号）には国民年金しかありませんが、国民年金基金など個人の選択で任意加入できる上乗せの公的制度があります。

● ひと目でわかる、あなたはどの年金がもらえるか

企業年金　← 任意

任意 3階	国民年金基金	確定拠出年金（個人型）	厚生年金基金	確定給付企業年金	確定拠出年金（企業型・個人型）	中退共	※年金払い退職給付旧職域部分	確定拠出年金（個人型）	確定拠出年金（個人型）

強制加入 2階		厚生年金（老齢厚生年金）	厚生年金（老齢厚生年金） ※旧共済年金（退職共済年金）	

強制加入 1階	国民年金（老齢基礎年金）		
	第1号被保険者	第2号被保険者	第3号被保険者

	第1号被保険者	第2号被保険者		第3号被保険者
どんな人が?	自営業者、自営業者の妻、学生、失業中の人	民間企業のサラリーマン、OL、長時間パート	主に公務員	厚生年金加入者の妻（配偶者）
どの年金制度に加入しているか?	国民年金	国民年金と厚生年金に同時加入	国民年金と厚生年金に同時加入	国民年金
国民年金保険料の納付方法は?	自分で納める	厚生年金保険料の中に含まれている	厚生年金保険料の中に含まれている	不要（納めなくてよい）
もらえる年金は?	国民年金	国民年金＋厚生年金	国民年金＋厚生年金	国民年金

注意 厚生年金の3階部分の企業年金の種類や内容は、企業によって異なり、企業年金を持たない企業もあります。

1階部分 国民年金

> 国民年金は日本国内に住む20歳以上60歳未満のすべての人に加入義務がある公的年金制度です。

国民年金の被保険者の種類

① **加入要件**：原則は、日本国内に住む20歳以上60歳未満のすべての人が強制加入となります。国民年金に加入した被保険者は、3種類に分かれています。

② **第1号被保険者とは**：20歳以上60歳未満の自営業者・農業者とその家族、学生、無職の人を第1号被保険者といいます。国民年金の保険料は自分で納めます。

③ **第2号被保険者とは**：国民年金の加入者のうち、民間会社員や公務員など厚生年金の加入者を第2号被保険者といいます。第2号被保険者は、厚生年金の加入者であると同時に、国民年金の加入者にもなります。加入する制度から、まとめて国民年金に拠出金が支払われるので、厚生年金の保険料以外に保険料を負担する必要はありません。

④ **第3号被保険者とは**：国民年金の加入者のうち、厚生年金に加入している第2号被保険者に扶養されている20歳以上60歳未満の配偶者（年収が130万円未満の人）を第3号被保険者といいます。保険料は、第3号被保険者を扶養している配偶者が加入している厚生年金が一括して負担するので、個別に納める必要はありません。第3号被保険者に該当する場合は、事業主に届け出る必要があります。

国民年金独自の制度

① **任意加入**：先でも説明したとおり、国民年金は強制加入の制度です。強制加入の範囲に入らない次のような場合でも、国民年金に任意加入することができます。

⚠拠出金とは？

年金制度では、拠出金とはもともと相互扶助のために加入者が出しあった保険料のことをいいます。第3号被保険者の分も含めて人数割りになり、天引きされる各人の厚生年金保険料に含まれて加入者から徴収されます。厚生年金制度の国民年金保険料は、全加入者の保険料を制度としてまとめて国民年金へ拠出金の形で納めています。

ONE POINT
夫の健康保険と一緒に届け出

第3号被保険者の届け出は、夫の健康保険の被扶養者に入る手続きのとき、一緒に届け出ることになっています（74頁参照）。なお、第3号被保険者は、ほとんどが妻です。しかし、妻が会社員で夫が扶養されている場合には、夫が第3号被保険者になります。第3号被保険者のうち約1％が夫です。

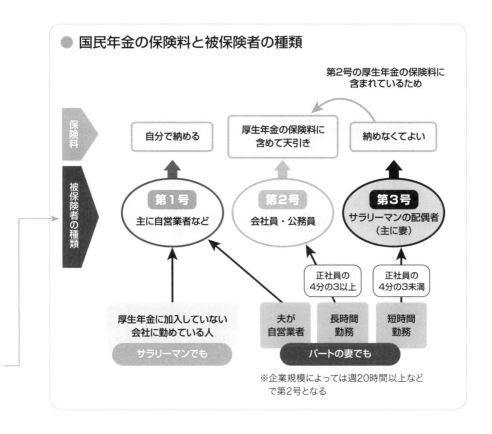

● 国民年金の保険料と被保険者の種類

第2号の厚生年金の保険料に含まれているため

保険料

| 自分で納める | 厚生年金の保険料に含めて天引き | 納めなくてよい |

被保険者の種類

第1号
主に自営業者など

第2号
会社員・公務員

第3号
サラリーマンの配偶者（主に妻）

正社員の4分の3以上

正社員の4分の3未満

厚生年金に加入していない会社に勤めている人
サラリーマンでも

夫が自営業者　長時間勤務　短時間勤務
パートの妻でも

※企業規模によっては週20時間以上などで第2号となる

❶ 20歳以上65歳未満で海外に住んでいる日本人
❷ 日本国内に住所を有する60歳以上65歳未満の人

② **付加年金**：自営業者などの第1号被保険者を対象に、国民年金の保険料に加えて付加保険料を納めることで上乗せの年金を受け取ることができます。その上乗せの年金を「**付加年金**」といいます。月400円の付加保険料を納め、「**200円×付加保険料を納めた月数**」で計算された年金が受け取れるようになります。付加保険料の納付は任意です。

③ **国民年金基金**：19頁の図の3階部分になります。第1号被保険者を対象に、老齢基礎年金に上乗せして給付を行い、老後の所得保障を充実させるための制度です。誰でも加入できる「全国国民年金基金」と、同種同業の人が加入できる「**職能型基金**」（歯科医師、司法書士、弁護士の3職種のみ）があります。加入は任意です。

2階部分 厚生年金

厚生年金は民間企業や公務員として役所に勤めるサラリーマンの公的年金制度です。同時に国民年金にも加入しています。

ONE POINT
公務員も厚生年金に加入

共済年金が厚生年金に統合されたことにより、平成27年10月からは公務員も厚生年金加入者となりました。ただし、現在は制度の違いが残っているため公務員と会社員で若干扱いに違いがありますが、将来的には解消されていきます。

ONE POINT
週20時間勤務で厚生年金加入へ

社会保険（厚生年金・健康保険）の加入条件となる正社員の4分の3とは、一般的に週30時間の勤務時間です。法改正により月額賃金8万8,000円以上、2カ月超の勤務見込みなどの条件を満たせば週20時間以上の勤務時間で社会保険に加入となりました。ただ、当面は従業員101人以上の企業だけが対象で、100人以下の企業は労使合意で導入を決めた場合にかぎられます（91頁、140頁参照）。しかし、令和6年10月からは51人以上の企業に拡大されます。さらに、今後は企業規模を撤廃する方向で検討が進められています。

厚生年金の概要

① **適用事業所とは**：厚生年金の適用対象となる事業所のことを「**適用事業所**」といいます。すべての法人事業所は適用事業所となり、事業主や従業員の意思に関係なく強制的に加入しなければなりません。適用事業所に勤める従業員は、自動的に厚生年金の加入者になります。なお5人未満の個人事業所と、5人以上でもサービス業の一部や農業・漁業などの個人事業所は強制適用の扱いを受けず、任意で適用事業所となることができます。

② **加入要件**：原則として適用事業所に勤める従業員は、すべて厚生年金の加入者となります。ただし、次のように短期間・短時間で働く従業員は加入の除外となっています。なお、企業規模によっては下記4分の3未満でも加入となります（左記ONE POINT参照）。

> ❶ 2カ月以内の期間を定めて働く従業員
> ❷ パートや有期雇用労働者で、労働時間が正社員の1週間の所定労働時間の4分の3未満、かつ1カ月の労働日数が4分の3未満の従業員

③ **給与に比例して保険料も高くなり、受け取る年金額も高くなる**：厚生年金の保険料は、給与額に比例して納付することになっています。厚生年金は、実際に納付した保険料の額に応じて、将来受け取る年金額が決定するしくみとなっています。

④ **厚生年金は国民年金にも加入している**：国民年金のところでも触れましたが、厚生年金の加入者は同時に国民年金の加入者（第2号被保険者）にもなります。「**厚生年**

● 厚生年金のポイントと支給開始年齢の移行

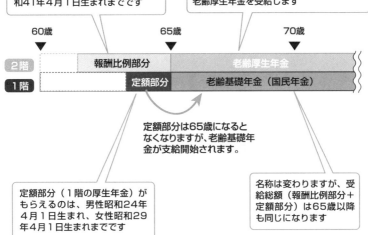

> **厚生年金の支給開始年齢は 65 歳へ移行中（41 頁参照）**
> ※ 女性は男性より 5 年遅れで実施

報酬比例部分がもらえるのは、男性昭和36年4月1日生まれ、女性昭和41年4月1日生まれまでです

男性昭和36年4月2日生まれ、女性昭和41年4月2日生まれ以降の人は65歳から老齢厚生年金を受給します

60歳　　　　65歳　　　　70歳

2階　　報酬比例部分　　老齢厚生年金

1階　　定額部分　　老齢基礎年金（国民年金）

定額部分は65歳になるとなくなりますが、老齢基礎年金が支給開始されます。

定額部分（1階の厚生年金）がもらえるのは、男性昭和24年4月1日生まれ、女性昭和29年4月1日生まれまでです

名称は変わりますが、受給総額（報酬比例部分＋定額部分）は65歳以降も同じになります

- 厚生年金は国民年金の受給資格（原則として公的年金に通算 10 年以上加入）があって、厚生年金の加入が1カ月以上あればもらえます。ただし、65 歳前の厚生年金をもらうには、厚生年金の加入期間が1年以上必要です
- 定額部分または老齢基礎年金受給開始時に配偶者（妻）や 18 歳未満の子がいれば、「加給年金」という家族手当のような加算がつきます（44 頁参照）
- 60 歳以降に厚生年金に加入して働いても厚生年金を受給できますが、給与が一定以上になると厚生年金が減額されていき、全額支給停止になることもあります。減額された厚生年金を「在職老齢年金」といいます（92 頁参照）

金に加入している」＝「（国民年金＋厚生年金）に加入している」という考え方です。

公務員の共済年金は厚生年金に統合された

共済年金はなくなり公務員も厚生年金加入者になりました。ただ違いも経過措置で残っており、統合に伴って変更されたルールもあります。

基本的には厚生年金のルールにあわせる

① **年金の請求は1カ所で**：厚生年金と共済年金の加入期間がある場合、従来は両方に年金請求書を提出する必要がありました。統合（一元化）後は、原則としてどちらか1カ所に提出すればよくなりました（ワンストップサービス）。また、年金相談も両方の制度に加入している人でも、共済組合、年金事務所のどちらでも受けられます。

② **加入は70歳になるまで**：公務員は在職しているかぎり共済年金の加入者でしたが、厚生年金と同じく70歳以降は加入できなくなりました。

③ **在職中の年金停止基準を統一**：60歳以降の在職中の停止基準額は、共済年金と厚生年金で異なっていました。統合後は従来の厚生年金と同じ停止基準額となり、48万円（令和5年度）となっています（92頁参照）。

④ **遺族年金は大きく変わった**：遺族年金は、厚生年金に比べて共済年金が有利な点がたくさんありました。保険料納付要件がない、夫、父母、祖父母は厚生年金では受給者の死亡時に55歳以上ですが、共済年金では年齢制限がありません。また、受給している遺族が死亡したときに次順位の遺族がいるかぎり受給が引き継がれていく「転給」という制度も共済年金の独自制度です。統合後は、すべて厚生年金のルールに統一されました。

⑤ **女性の支給開始年齢は変更なし**：統合後も女性の支給開始年齢は変更ありません。公務員の女性は統合後の厚生年金加入期間も含めて男性と同じです。会社員女性のように5年遅れにはなりません。

ONE POINT
厚生年金加入者は4つの種別になった
公務員だけでなく、大部分の私立学校教職員も共済年金の加入者でした。そのため、統合後の厚生年金加入者は、①一般厚年（従来の会社員）、②公務員厚年（国家公務員）、③公務員厚年（地方公務員）、④私学厚年の4つの種別になりました。基本的には同じ内容で、国民年金の第1号被保険者〜第3号被保険者のような違いはありません。

障害年金の請求はワンストップにならない
統合後でも、障害年金の請求書は、初診日に加入していた制度（共済組合または年金事務所）の窓口に提出しなければなりません。

● 厚生年金と共済年金の制度上の違いの調整

厚生年金にあわせる主なルール

調整項目	統合（一元化）前		統合後
	厚生年金	共済年金	
加入年齢	70歳未満	年齢制限なし	70歳未満
在職老齢年金	65歳前は28万円、65歳以降は46万円が支給停止の基準額	・共済のまま 28万円が支給停止の基準額（60歳以降の全年齢） ・民間へ転職（共済年金から厚生年金）46万円が支給停止の基準額（60歳以降の全年齢）	65歳前は28万円、65歳以降は46万円が支給停止の基準額 ※令和4年4月からは65歳前と65歳以降の区分はなくなり、65歳以降の基準額に一本化された。基準額は毎年設定される（令和5年度は48万円）
障害年金、遺族年金の保険料納付要件	あり	なし	あり
遺族の範囲	夫、父母、祖父母は55歳以上	夫、父母、祖父母に年齢制限なし	夫、父母、祖父母は55歳以上
遺族年金の転給	なし	あり	なし

共済年金にあわせる主なルール

調整項目	統合（一元化）前		統合後
	厚生年金	共済年金	
年金額の退職改定	退職日の翌日の月の翌月から改定	退職日の翌月から改定	退職日の翌月から改定
支給額と年金の年額との端数調整	支給額の1円未満は切り捨て	切り捨てた分の合計額（年額との差額）は年度の最終支給時（2月）に加算	切り捨てた分の合計額（年額との差額）は年度の最終支給時（2月）に加算

違いを残す主なルール

調整項目	統合（一元化）前		統合後
	厚生年金	共済年金	
女性の支給開始年齢の引き上げ	男性より5年遅れで実施	男性と同じスケジュールで実施	今までどおり

共済年金にあわせて有利になるルールもある

① **退職翌月から年金が増える**：60歳以降で在職老齢年金を受給している場合、厚生年金は退職日が月末だと在職中の分が増えるのは翌々月からでしたが、共済年金にあわせて翌月から増えるようになりました。

② **月額の端数切り捨てを加算**：年金額は年額で決まりますが、実際の支給は2カ月に1度なので、年額を月額に分割して支給されます。端数が出た場合、厚生年金は1円未満切り捨てでしたが、共済年金にあわせて2月の最終支給時に端数を加算して年額にあわせることになりました。

両制度の加入期間合算ルールと新たなルール

① **加入期間は合算できるものとできないものがある**：過去に共済年金と厚生年金の加入期間がある場合、両制度の加入期間を合算すると加算が受給できるケースがあります。たとえば、厚生年金に20年以上加入期間があると加給年金が加算されます。両制度の加入期間を合算して20年以上になる場合には加給年金が受給できます。逆に、44年以上加入期間がある場合に定額部分を受給できる長期加入者の特例は合算できません。

② **年金額が100円単位から1円単位に変更**：厚生年金も共済年金も年金額（年額）は100円未満四捨五入でした。統合に伴って1円未満四捨五入に変更されました。ただし、老齢基礎年金の満額のように100円単位のままのものもあります。老齢基礎年金も満額以外は1円単位になります。

③ **職域部分は企業年金に衣替え**：共済年金の職域部分は廃止されましたが、新たに「年金払い退職給付」という制度が新設されました。公的年金ではなく企業年金の扱いですが、公務員と共済組合の私立学校教職員は全員が加入します。

ONE POINT
支給停止解除も早くなる
在職老齢年金で在職中に支給停止の年金額があった場合、厚生年金では月末退職だと支給停止が解除されるのは翌々月分からでした。これも、退職時の増額ルールと同様、共済年金にあわせて退職日の翌月分から支給停止解除されるようになりました。

長期加入者の特例とは
厚生年金または共済年金のどちらかだけで44年以上の加入期間がある場合（つまり中卒か高卒の人）は、65歳前の厚生年金（共済年金）の支給開始年齢に通常は報酬比例部分だけの受給であっても定額部分もあわせて受給できる特例です。ただし、退職していることが条件で、在職中に受けることはできません。

● 厚生年金と共済年金の加入期間合算ルール

受給資格期間判定項目	合算される	合算されない
65歳前の厚生年金（1年以上）	○	
加給年金（20年以上）	○	
振替加算（20年以上）	○	
中高齢寡婦加算（20年以上） ※退職後死亡の場合（在職中の死亡は加入期間は問われない）	○	
長期加入者の特例（44年以上）		○

● 年金額の単位

年金の種類	100円単位	1円単位
老齢基礎年金	○（満額のみ）	満額以外
老齢厚生年金		○
加給年金	○	
振替加算		○
障害基礎年金（2級）	○	
障害基礎年金（1級）		○
障害厚生年金		○
遺族基礎年金	○	
遺族厚生年金		○

※　100円単位は100円未満四捨五入、1円単位は1円未満四捨五入

● 年金払い退職給付と職域年金

	年金払い退職給付	職域年金
モデル年金額	月額約1.8万円	月額約2万円
支給	・半分は終身年金 ・半分は有期年金（20年または10年、一時金も可）	終身年金
支給開始年齢	65歳（60歳まで繰り上げ可） ※在職中は支給停止	65歳（60歳まで繰り上げ可） ※在職中は支給停止
掛金（保険料）	別途負担1.5% （労使折半（本人負担0.75%））	共済年金掛金のみ

3階部分 企業年金（給付保証型、掛け金保証型）

企業年金には、年金額を約束する給付保証型（確定給付企業年金など）と掛け金を約束する掛け金保証型（確定拠出年金）があります。

企業年金は勤めている会社が従業員の福利厚生として導入しているので、自分で選択できない

① **企業年金のしくみ**：企業が掛け金を負担して退職時や60歳以降に一時金・年金として支給します。大別して、企業が年金額を約束する確定給付型（給付保証型）と一定の掛け金を約束して加入者（従業員）の自己責任運用で年金額が決まる確定拠出型（掛け金保証型）があります。

② **厚生年金基金**：確定給付型のうち、厚生年金基金は、国の年金である厚生年金から保険料の一部を借りて企業年金の掛け金と一緒に運用し、借りた部分にプラスαを上乗せして企業年金として支給する特殊な企業年金です。厚生年金保険料を借りた分にあたる企業年金を代行部分といい、代行部分に上乗せする部分をプラスα部分といいます。代行部分と若干の上乗せを合わせて基本部分といい、さらに純粋な企業年金部分として加算部分が上乗せされます。

③ **代行返上と確定給付企業年金**：かつては厚生年金基金が企業年金の主流でしたが、運用環境の変化などで代行部分を国に返上する代行返上が大きく進み、解散や確定給付企業年金への移行が行われました。厚生年金基金から基本部分を除いた加算部分のみの企業年金が確定給付企業年金です。

④ **確定拠出年金**：2001年に始まったわが国初の確定拠出型の企業年金です。企業業績に影響を与えない、転職で不利にならないなどの理由から導入企業が増え続け、現在では確定給付企業年金と並ぶ企業年金となっています。

● 厚生年金基金のしくみ

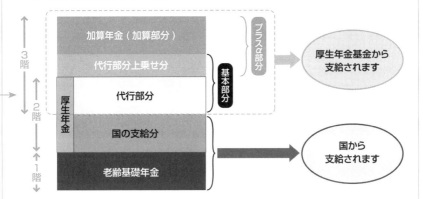

※ 厚生年金基金から基本部分を除いた加算部分だけを企業年金としたものが確定給付企業年金です。代行部分を返上して確定給付企業年金に移行した場合は代行部分は国から支給されます。

● 主な企業年金の内容と特徴

厚生年金基金	厚生年金の一部を、国に代わって企業が支給する特殊な企業年金です。支給される年金は厚生年金の一部（代行部分）と純粋な企業年金部分から構成されています
確定給付企業年金	厚生年金基金とは異なり厚生年金の代行は行わない、上乗せ部分のみの年金です。将来の給付額をあらかじめ決めておき、企業側が掛け金の運用方法を決めるため、給付額が保証されています
確定拠出年金（企業型）	米国の401kプランという企業年金をモデルに、わが国に新しく導入された企業年金です。転退職のつど、自分の資産として自由に移動できる利点もあります。内容は18頁のONE POINT、270頁参照
中小企業退職金共済（中退共）	中小企業向けに国が運用する退職金（年金）制度です。資本金3億円以下または従業員300人以下の企業が導入できますが、小売業は資本金5,000万円以下または従業員50人以下となります

「加算年金」は基金ごとにルールが違うので、よく確認してください。

29

国民年金の加入期間と国民年金保険料

保険料を納めた期間が加入期間になります。

ONE POINT
加入期間は、年金の受給資格と年金額に結びつく
年金をもらうには、受給資格を得ることが必要です。受給資格は「加入期間＋カラ期間」が、原則として通算10年以上で得られます（36頁参照）。自営業者などの国民年金第1号被保険者は保険料を自分で納めるため、免除以外で納めない期間は加入期間となりません。また、国民年金（老齢基礎年金）は加入期間に応じて年金額が決まるので、保険料を納めた期間は年金額の計算に反映されます（42頁参照）。

ONE POINT
保険料は毎年4月に改定される
国民年金保険料は、基本となる額が月額1万7,000円です。ただし、賃金や物価の変動を反映するので、毎年4月に保険料が改定されます。長年デフレが続いた影響で、現在は月額1万7,000円より安くなっています。

国民年金の加入期間は保険料を納めた期間だけではない

① **年金加入期間**：国民年金保険料を実際に納付した期間（保険料納付済み期間）と、保険料免除（32頁参照）を受けた期間とを合算した期間となります。なお、第2号（サラリーマンやOLと公務員）は、厚生年金保険料の中に国民年金保険料が含まれて徴収されているので、勤めている期間は自動的に加入期間に含まれることになります。

② **合算対象期間（カラ期間）**：受給資格期間（加入期間）には含めるけれど、年金額の計算からは除かれる期間のことです。昭和61年3月以前は、サラリーマンの妻は強制加入ではなく任意加入でした。任意加入していなければ保険料を納めていないので、年金額の計算には算入しません。そのほか、短期間で結婚退職したOLが退職時に脱退手当金（一時金で、現在は制度廃止）を受け取った分の厚生年金加入期間など、いろいろなケースがあります。

③ **任意加入制度**：年金額をもう少し増やしたい場合、65歳まで国民年金に任意加入することができます（ただし、すでに繰り上げ支給の老齢基礎年金を受給している人は任意加入できません）。また、昭和40年4月1日以前生まれの方は70歳到達までを限度に受給権を取得するまで、加入する「**特例任意加入制度**」もあります。

国民年金の保険料は定額

① **国民年金の保険料**：国民年金の保険料は、毎年4月に改

● **国民年金の保険料と年金額の関係**

保険料と年金額

保険料

月額1万6,520円（令和5年度額）を
満額（40年加入）納めると

⬇

老齢基礎年金額

79万5,000円（月額6万6,250円）がもらえる
※令和5年度額。68歳以上の人は79万2,600円

保険料納付済み期間と老齢基礎年金支給額

67歳以下の人

納付年数	年金支給額	納付年数	年金支給額
1年	1万9,875円	25年	49万6,875円
5年	9万9,375円	30年	59万6,250円
10年	19万8,750円	35年	69万5,625円
20年	39万7,500円	40年（満額）	79万5,000円

※ 一般的に、納付年数10年未満では支給されません。しかし、保険料免除やカラ期間で受給資格を満たした場合は、実際の保険料納付済み期間が10年未満でも年金額計算対象期間分だけ年金が支給されます。

定されます。所得に関係なく定額の保険料で、令和5年度は月額1万6,520円です。第1号（自営業者など）の人の保険料は、現金や口座振替などにより自分で直接納めます。第2号（会社員、公務員）は給与から天引き（厚生年金保険料の一部として）されます。第3号（サラリーマンの妻）は納める必要はありません。

② **付加保険料（付加年金）**：第1号は付加保険料も納められます。国民年金保険料を納めるときに、任意で付加保険料を月400円納めることができます。付加保険料を納めた期間は、老齢基礎年金に「**200円×付加保険料を納めた月数**」で計算された付加年金が上乗せされます。ただし、**第2号、第3号の人は付加保険料を納めることはできません。**

③ **国民年金保険料には前納割引がある**：保険料は毎月納めるのが基本ですが、第1号の加入者は前納すると割引があります。令和5年度の場合、口座振替の半年前納で1,130円（月額188円）、1年前納で4,150円（月額345円）、2年前納で1万6,100円（月額670円）安くなります。

国民年金保険料の免除制度

国民年金の保険料免除申請は未納期間とは違って年金額に反映されます。

保険料免除制度は第1号被保険者だけにある

① **国民年金の保険料免除申請とは**：自営業者などの第1号の加入者は、自分で保険料を納めなければならないため、収入が少ないと負担になります。そこで、**第1号にだけ保険料の免除が受けられる免除制度があります**。ただし、収入が少ないときに受ける免除は申請が必要な「**申請免除**」です。自ら申請しないと制度を利用できません。

② **一般の所得免除の割合は4段階**：免除は、免除される比率に応じて「**全額免除**」「**4分の3免除**」「**半額免除**」「**4分の1免除**」の4段階があります。免除の比率は、前年度の所得によって異なります。全額免除の場合、単身世帯で所得67万円（年収122万円）、夫婦2人世帯で102万円（年収157万円）、夫婦子ども2人（子の1人は16歳以上23歳未満）の4人世帯で172万円（年収257万円）が目安になります。

③ **法定免除**：生活保護を受けている、1級または2級の障害に関する障害基礎年金を受けている場合。

④ **免除期間も年金額に一部反映される**：免除期間は、一部が年金額に反映されます。全額免除は2分の1、4分の3免除は8分の5、半額免除は4分の3、4分の1免除は8分の7の老齢基礎年金が支給されます。

⑤ **追納**：通常の未納保険料は2年前までしか納められませんが、免除期間分は10年前までさかのぼって納められます。あとから納めるので「**追納**」と呼びますが、追納すれば本来の年金額に戻すことができます。

⑥ **産前産後免除**：第1号の女性は、出産予定日の前月から4カ月間の保険料免除が受けられます。他の免除と異なり、保険料納付と同じ扱いで追納の必要もありません。

● 国民年金の保険料免除の種類

保険料免除の割合

全額免除	4分の3免除 （4分の1納付）	半額免除 （半額納付）	4分の1免除 （4分の3納付）

保険料免除の種類

免除の種類		内容
法定免除		• 届け出だけで認められます（全額免除） • 対象者は障害年金1級または2級、生活保護（生活費）を受けている人など
申請免除	一般の所得免除	所得に応じて4段階の免除
	学生納付特例	20歳以上の学生（夜間・通信、一部の各種学校も含む） ※全額免除（年金額には反映されません）
	納付猶予	20歳以上50歳未満で所得が一定以下 ※全額免除（年金額には反映されません）
	失業者の特例免除	失業年度および翌年度（本人の所得を除いて審査） ※一般の所得免除と同じ4段階の免除
産前産後免除		• 対象者は第1号の女性で、届け出によって出産日の前月から4カ月間（多胎妊娠は3カ月前から6カ月間）免除（全額免除） ※通常の保険料納付と同じ扱い（年金額に全額反映、追納不要）

● 保険料免除と未納の違い

	納付	免除	滞納（未納）
受給資格期間	○	○	×
年金額	○	△（一部反映）	×
障害基礎年金	○	○	×
遺族基礎年金	○	○	×
追納	—	10年前まで	2年前まで

※ 障害基礎年金と遺族基礎年金は、免除でも全額支給されます。

● 保険料免除期間中の年金額

平成21年3月までの期間

全額免除	4分の3免除	半額免除	4分の1免除
1/3	1/2	2/3	5/6

平成21年4月以降の期間

全額免除	4分の3免除	半額免除	4分の1免除
1/2	5/8	3/4	7/8

全体の年金額

支給される部分

厚生年金の加入期間と厚生年金保険料

会社員や公務員などの第2号は、給与から天引きされる厚生年金の保険料の中に国民年金の保険料も含まれています。

ONE POINT

保険料は平成29年度まで上がって頭打ちになった

厚生年金保険料は、平成16年の法改正で保険料率18.3%となり毎年上がっていましたが、平成29年度に上限（18.3%）に達し、その後は固定されています。

63万5,000円以上の給与なら保険料は同じ

月額9万3,000円未満なら標準報酬月額1等級なので8万8,000円、逆に63万5,000円以上なら32等級65万円となります。つまり月給100万円の人でも32等級65万円となります。

産休・育休期間中の厚生年金保険料は免除

厚生年金でも、育児休業期間中は、会社負担、本人負担とも保険料が免除になります。対象になるのは、子どもが3歳になるまでです。免除期間中は保険料を納めたものとして年金額に反映されます。また、産前・産後休業期間中も育休と同様の扱いとなります。

厚生年金の保険料は給与から天引きされる

① **保険料負担**：厚生年金の保険料は、毎月の給与から天引きされますが、会社が半分負担することになっているので、本人の給与から天引きされるのは半分の額です。また、賞与も同様に会社と本人の折半で、半分の保険料が天引きされます。

② **標準報酬月額・標準賞与額**：保険料は給与に保険料率を掛けて算出します。ただし、給与額そのものではなく、給与を一定の範囲で区切った「**標準報酬月額**」に換算して保険料率を掛けます。等級は1等級の8万8,000円から32等級の65万円まであります。また、賞与は標準賞与額（1,000円未満切り捨て）としてそのまま保険料率を掛けますが、1回につき150万円が上限になります。

③ **標準報酬月額は毎年9月に改定**：厚生年金の保険料率は給与も賞与も18.3％（本人負担9.15％）で一定です。しかし、標準報酬月額は原則として毎年9月に見直され、改定後の標準報酬月額は9月分から翌年8月まで適用されます。毎年4月から6月の給与（残業代含む）の平均額から標準報酬月額が決まります。

④ **保険料が高いと年金額も多くなる**：厚生年金の保険料は、給与も賞与も高くなるにつれて上がります。厚生年金の年金額は全加入期間の給与と賞与の平均をもとに計算するので、保険料が高いと平均報酬も高くなり、年金額も多くなります。このように、給与や賞与と年金額は密接な関係にあります。

● 厚生年金保険料の計算例

標準報酬月額 × 保険料率 ＝
（標準賞与額）　（18.3%）

厚生年金保険料
企業負担　　本人負担
半分ずつ負担

月額保険料

月給 35 万円の人 ➡ 標準報酬月額 36 万円（下表より 22 等級に該当）
保険料（本人負担分）：（36 万円 × 18.3%）÷ 2 ＝ 3 万 2,940 円
※ 端数が出た場合は事業主か本人のどちらかが負担します。

賞与保険料

賞与 80 万 200 円の人 ➡ 80 万円
保険料（本人負担分）：（80 万円 × 18.3%）÷ 2 ＝ 7 万 3,200 円

● 標準報酬月額と厚生年金保険の保険料額表

等級	月額賃金	標準報酬月額	保険料 18.3%	本人負担分 9.15%
1	93,000 円未満	88,000 円	16,104 円	(8,052 円)
2	93,000 円以上 101,000 円未満	98,000 円	17,934 円	(8,967 円)
20	310,000 円以上 330,000 円未満	320,000 円	58,560 円	(29,280 円)
21	330,000 円以上 350,000 円未満	340,000 円	62,220 円	(31,110 円)
22	350,000 円以上 370,000 円未満	360,000 円	65,880 円	(32,940 円)
23	370,000 円以上 395,000 円未満	380,000 円	69,540 円	(34,770 円)
24	395,000 円以上 425,000 円未満	410,000 円	75,030 円	(37,515 円)
31	605,000 円以上 635,000 円未満	620,000 円	113,460 円	(56,730 円)
32	635,000 円以上	650,000 円	118,950 円	(59,475 円)

年金の受給資格期間

年金の受給資格を得るためには、原則 10 年以上加入する必要があります。

年金は 10 年加入しなければもらえません

① **受給資格期間**：国民年金、厚生年金（公務員などの共済年金期間含む）のいずれかもしくは合算して、通算加入期間が原則 10 年以上で受給資格が得られます。ただし、10 年の加入期間はあくまで原則です。下記のように加入期間が 10 年に不足する人のためにさまざまな救済手段があります。自分は 10 年未満だから年金をもらえないとあきらめないで、年金事務所に行って確認してみましょう。

①-2 **保険料免除期間も算入できる**：国民年金の保険料免除を受けた期間（32 頁参照）は受給資格期間に入れることができます。ただ、免除期間は年金額の計算上は最大 2 分の 1 しか反映されず、学生納付特例のようにまったく反映されない場合もあります。なお第 1 号の女性による産前産後免除の場合は、保険料納付済み期間と同じ扱いになりますので年金額にも全額反映されます。

①-3 **合算対象期間**：任意加入の時期（30 頁参照）に加入していない期間などを「**カラ期間**」（正式には「**合算対象期間**」）といいます。カラ期間は受給資格期間に算入できるので、多くのサラリーマンの妻が 10 年の要件を満たすことができます。なお、昭和 61 年 4 月以降のサラリーマンの妻は、第 3 号として保険料納付済み期間になります。そのほか、カラ期間には次頁のようにさまざまなものがあります。

② **60 歳以降の任意加入**：国民年金の加入義務は 60 歳になるまでですが、60 歳以降の任意加入で受給資格期間の不足をカバーできます。また、60 歳以降も働けば、厚生年金加入者である期間は受給資格期間となります。

● 老齢年金をもらうための受給資格期間

- ● 厚生年金、共済年金は、保険料が給与から天引きされた期間（加入期間）が保険料納付済み期間
- ● 国民年金第1号被保険者は、自分で保険料を納めた期間が保険料納付済み期間

> ● 国民年金第1号被保険者期間のうち保険料納付済み期間とみなされる期間

保険料納付済み期間 ＋ 保険料免除期間 ＋ カラ期間 ≧ 10年

※ 保険料免除期間：国民年金第1号被保険者が、申請などにより保険料の免除を受けていた期間です。全額免除、4分の3免除、半額免除、4分の1免除の4種類があります（32頁参照）。なお、第1号の女性による産前産後免除期間は保険料納付済み期間の扱いになります。

※ カラ期間（合算対象期間）：受給資格期間の計算のときだけ加入期間に含める期間です。年金額には反映しません。
- ● 昭和36年4月〜昭和61年3月にサラリーマンの被扶養配偶者で、任意加入しなかった期間
- ● 昭和36年4月〜昭和61年3月に結婚退職した女性で、退職時に脱退手当金を受給した厚生年金加入期間
- ● 昭和36年4月以降、海外在住者で任意加入しなかった期間
- ● 平成3年以前の20歳以上の学生で任意加入しなかった期間
- ● 国民年金任意加入中の保険料未納だった期間（60歳未満の任意加入に限る）

> 老齢年金をもらうための受給資格期間は、
> 国民年金（1号被保険者）、厚生年金、
> 共済年金の通算加入期間（保険料納付済み期間）
> が原則10年以上になります。

● カラ期間の事例

CASE

- 性別：女性
- 昭和30年4月7日生まれ（平成27年に60歳）
- 昭和50年4月就職
- 昭和52年4月退職（脱退手当金受給）
- 昭和60年4月結婚（専業主婦、任意加入せず）
- 昭和61年4月第3号被保険者（7年間）
- カラ期間（3年間）

※ この年から国民年金がスタートしました

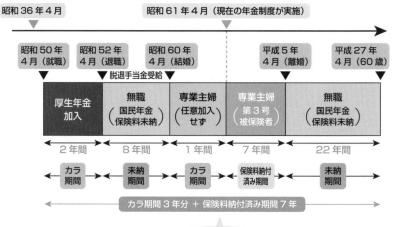

受給資格期間10年を満たすので
65歳から7年分の
老齢基礎年金がもらえる

※ 昭和60年4月から昭和61年3月までの1年間の専業主婦期間（サラリーマンの妻の期間）は、国民年金が任意加入で加入は自由だったので、加入していなくてもカラ期間として受給資格期間に追加されます。よって、公的年金の受給資格10年要件を満たすことができます。ただし、受給できる年金は昭和61年4月以降の第3号被保険者期間部分のみになります。

なお、このケースでは退職時に脱退手当金（昭和61年3月で廃止）を受給しているので、厚生年金加入期間はカラ期間となりますが、脱退一時金を受給していなければ厚生年金加入期間となります。その場合は、2年間分の厚生年金と老齢基礎年金が追加になります。

昭和30年生まれの女性の厚生年金支給開始年齢は60歳なので、60歳から2年分の厚生年金、65歳から9年分の老齢基礎年金が支給開始となります。また、支給開始年齢を過ぎてからの請求でも5年前までの分は一時金で受給できます。例えば68歳で請求した場合、5年間の厚生年金と3年間の老齢基礎年金を一時金で受給できます。

支給開始年齢
～年金はいつからもらえる？～

年金の受給開始年齢が65歳へ移行中のため、性別や生年月日によって支給開始年齢や支給内容が大きく違ってきます。個々のケースで確認が必要になります。

ONE POINT
老齢基礎年金と老齢厚生年金

国民年金は、公的年金に共通する1階部分を構成する基礎的な年金で、「基礎年金」とも呼ばれます。そのため、国民年金制度から支給される老齢年金は「老齢基礎年金」という名称になっています。厚生年金では「老齢厚生年金」といいます。共済年金では「退職共済年金」と呼びますが、退職共済年金を受給しているのは厚生年金統合前の平成27年9月までに受給開始（65歳以上）した人だけです。同年10月以降に受給開始した人は「老齢厚生年金」の名称になります。

公務員の移行は男女とも厚生年金の男性と同じ

厚生年金の65歳への支給開始年齢の移行は、女性は男性の5年遅れになります。しかし、共済年金では男女差はなく、厚生年金の男性と同じスケジュールで移行します。厚生年金への統合後も公務員女性は5年遅れになりません。

年金は原則65歳から支給される

① **国民年金も厚生年金も、本来は65歳から支給が始まります**：しかし、厚生年金は当分の間、65歳前に支給が始まります。これを「**特別支給**」といい、65歳以降の本来の厚生年金と区別して「**特別支給の老齢厚生年金**」あるいは「**60歳代前半の老齢厚生年金**」といいます。

65歳前の年金（厚生年金）

① **65歳前の支給は経過措置**：厚生年金では60歳から2年ごとに段階を踏んで、65歳に遅らせる経過措置がとられています。スケジュールは41頁の図のとおりです。女性は男性より5年遅れで移行していきます。

② **定額部分と報酬比例部分の年金額**：定額部分は加入期間で年金額が決まり、報酬比例部分は給料の額に応じて年金額が決まります。

③ **将来的にはすべて65歳から支給開始**：65歳支給開始へのスケジュール（41頁参照）は、まず1階の定額部分から1歳ずつ遅れていき、定額部分が終了すると2階の報酬比例部分の移行が始まります。平成25年に60歳を迎える昭和28年4月1日生まれの男性までは、60歳からの厚生年金支給開始ですが、それ以降の人は年金の空白期間が徐々に生じます。

男性で昭和36年4月2日生まれ、女性で昭和41年4月2日生まれ以降の人は完全に65歳支給開始になります。

65歳前の特別支給を受けるためには、1年以上の加入が必要です。加入1年未満なら生年月日に関係なく65歳から老齢厚生年金の支給開始になります。なお、共済年金と厚生年金の加入期間がある場合は、合計で1年以上あれば特別支給の老齢厚生年金が受給できます。

繰り上げと繰り下げ

繰り上げの減額率は1カ月0.5%でしたが、法改正により、昭和37年4月2日生まれ以降の人からは0.4%に緩和されました。また、厚生年金が受給できる人は老齢基礎年金と同時に繰り上げしなければなりません。1カ月の減額率は同じですが、特別支給の老齢厚生年金の受給開始年齢からの減額率になりますので、老齢基礎年金と減額率が異なります。一方、65歳から1カ月遅らせるごとに0.7%ずつ増額される繰り下げ制度（最大75歳まで）もあります（請求は66歳から可能）。繰り下げは老齢基礎年金と老齢厚生年金を別々に行うことができます。

④ **国民年金（老齢基礎年金）繰り上げ制度**：本来の年金ではありませんが、国民年金には繰り上げ制度があります（221頁参照）。「**繰り上げ**」とは、早くもらいはじめるという意味です。本来65歳支給開始の老齢基礎年金は、1カ月単位で最大60カ月（5年）繰り上げることができます。つまり、60歳からもらいはじめることができます。ただし、1カ月繰り上げるごとに本来もらえる額から0.4%ずつ減額されていきます。一番早い60歳に繰り上げる場合、「0.4%×60カ月＝24%」の減額になります。しかも、65歳になっても一生減額のままなので注意が必要です。

60歳からの年金と65歳からの年金の関係

① **65歳になると定額部分は老齢基礎年金へ換わる**：65歳前の定額部分は厚生年金から支給されるものですが、65歳以降は老齢基礎年金に置き換わることになります。

② **65歳以降の経過的加算**：定額部分は65歳になると老齢基礎年金に置き換わりますが、実は計算方法の違いにより若干金額が異なります。一般的には定額部分のほうが金額が多いので、差額を65歳以降の老齢厚生年金に加算して厚生年金から支給します。この加算部分を「**経過的加算**」と呼んでいます。結果的に、65歳前と後で受け取る年金額の総額は変わりません。

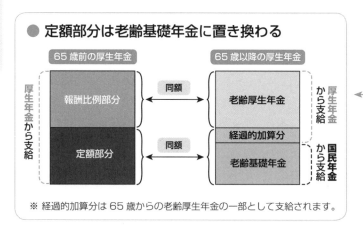

● 定額部分は老齢基礎年金に置き換わる

※ 経過的加算分は65歳からの老齢厚生年金の一部として支給されます。

● 厚生年金の支給開始年齢の移行スケジュール

生年月日		支給開始年齢						
男性	女性	60歳	61歳	62歳	63歳	64歳	65歳	
昭和16年4月1日以前	昭和21年4月1日以前	報酬比例部分	→	→	→	→	→	老齢厚生年金
		定額部分	→	→	→	→	→	老齢基礎年金
昭和16年4月2日～昭和18年4月1日	昭和21年4月2日～昭和23年4月1日	報酬比例部分	→	→	→	→	→	老齢厚生年金
			定額部分	→	→	→	→	老齢基礎年金
昭和18年4月2日～昭和20年4月1日	昭和23年4月2日～昭和25年4月1日	報酬比例部分	→	→	→	→	→	老齢厚生年金
				定額部分	→	→	→	老齢基礎年金
昭和20年4月2日～昭和22年4月1日	昭和25年4月2日～昭和27年4月1日	報酬比例部分	→	→	→	→	→	老齢厚生年金
					定額部分	→	→	老齢基礎年金
昭和22年4月2日～昭和24年4月1日	昭和27年4月2日～昭和29年4月1日	報酬比例部分	→	→	→	→	→	老齢厚生年金
						定額部分	→	老齢基礎年金
昭和24年4月2日～昭和28年4月1日	昭和29年4月2日～昭和33年4月1日	報酬比例部分	→	→	→	→	→	老齢厚生年金
								老齢基礎年金
昭和28年4月2日～昭和30年4月1日	昭和33年4月2日～昭和35年4月1日		報酬比例部分	→	→	→	→	老齢厚生年金
								老齢基礎年金
昭和30年4月2日～昭和32年4月1日	昭和35年4月2日～昭和37年4月1日			報酬比例部分	→	→	→	老齢厚生年金
								老齢基礎年金
昭和32年4月2日～昭和34年4月1日	昭和37年4月2日～昭和39年4月1日				報酬比例部分	→	→	老齢厚生年金
								老齢基礎年金
昭和34年4月2日～昭和36年4月1日	昭和39年4月2日～昭和41年4月1日					報酬比例部分	→	老齢厚生年金
								老齢基礎年金
昭和36年4月2日以降	昭和41年4月2日以降							老齢厚生年金
								老齢基礎年金

※ 改正前の公務員などの共済年金は、男女とも厚生年金の男性の支給開始年齢と同じスケジュールでした。平成27年10月の厚生年金への統合後でも、女性の支給開始年齢は男性と同じままなので注意が必要です。

1階部分 国民年金の年金額

国民年金は国民全員が加入する制度で、「基礎年金」とも呼ばれ、国民年金から支給される老齢年金は「老齢基礎年金」といわれています。

国民年金は簡単に計算できる

① **1年加入すると年額約2万円**：国民年金から支給される「**老齢基礎年金**」は、**加入期間に応じた定額支給なので、同じ加入期間なら誰でも同じ額がもらえます**。正式には右頁の計算式で計算しますが、目安として、自分の加入期間1年につき2万円を掛けて求めることができます。

② **満額は40年加入で年額約80万円**：老齢基礎年金は20歳から60歳になるまでの期間に加入した月数に応じて支給されます。毎年4月に物価の変動などにあわせて年金額が改定されますが、満額は40年すべて加入して保険料を納めた場合なので、40年×2万円＝80万円となります。正確には、令和5年度額で、67歳以下が79万5,000円（月額6万6,250円）、68歳以上が79万2,600円（月額6万6,050円）です。

③ **免除期間も半分もらえる**：老齢基礎年金は、国民年金の保険料を納めた期間が年金額の計算対象で、滞納（未納）で保険料を納めていない期間は除かれます。ただし、保険料を免除されている人は、免除期間も一部年金額の計算に反映されます。全額免除の場合、本来額の半分の年金が支給されます。これは、老齢基礎年金の支給財源が半分は税金、半分が保険料となっているため、税金の財源部分の年金が支給されるしくみになっているからです。同様に半額免除の場合は、保険料の半額（支給財源の4分の1）を納めているので、本来額の4分の3（税金4分の2＋保険料4分の1）分が支給されるのです（253頁参照）。なお、平成21年3月以前は税3分の1、保険料3分の2だったため、全額免除の支給額も3分の1でした。

ONE POINT
年金額は毎年変わる

公的年金は、物価や現役加入者の給与などの変動を反映して毎年4月に改定されます。物価変動などがなく、前年と同額になる場合もあります。
また、少子高齢化時代を迎え将来世代の年金額を維持するためにマクロ経済スライドという制度が導入されました。
そのため、物価や賃金の上昇率から調整率が差し引かれます。例えば、物価・賃金の上昇率が2%でも調整率が0.3%であれば「2%－0.3%＝1.7%」の年金額増額となります。
つまり、賃金・物価の上昇率よりは年金の増額率が低くなります。

ONE POINT
年金の支給は2カ月に1度

公的年金は年額で決まりますが、支給は2カ月に1度で年6回になります。6月、8月というように、偶数月に2カ月分が支給されます。

● 老齢基礎年金の計算式

$$\text{老齢基礎年金額} = \begin{array}{c}\text{満額(40年加入)}\\\text{の年金額}\\\text{(79万5,000円}\\\text{/令和5年度額)}\\\text{※68歳以上は}\\\text{79万2,600円}\end{array} \times \dfrac{\text{保険料納付済み月数} + \text{免除期間の反映月数}}{12\text{カ月}\times 40\text{年}(=480\text{カ月})}$$

● 保険料免除期間は、以下の割合を掛けて反映月数（免除期間に対する割合）を算出する

	全額免除	4分の3免除	半額免除	4分の1免除
平成21年3月以前の部分	3分の1	2分の1	3分の2	6分の5
平成21年4月以降の部分	2分の1	8分の5	4分の3	8分の7

● 老齢基礎年金の計算事例

CASE

● 厚生年金加入期間：24年
● 国民年金第1号被保険者（保険料納付済み）の期間：4年3カ月
● 全額免除期間：平成21年3月以前2年、平成21年4月以降1年

① 保険料納付済み月数

= （24年×12カ月）＋ {(4年×12カ月）＋ 3カ月} ＝ 339カ月

② 免除期間の反映月数

$$= (2\text{年}\times 12\text{カ月}\times\frac{1}{3}) + (1\text{年}\times 12\text{カ月}\times\frac{1}{2})$$

= 8カ月＋6カ月 ＝ 14カ月

③ 老齢基礎年金の額

$$= 79\text{万}5{,}000\text{円} \times \frac{339\text{カ月}+14\text{カ月}}{480\text{カ月}}$$

= 58万4,656円（月額4万8,721円）

※ 年金額の計算では、年額は1円未満四捨五入になりますが、老齢基礎年金の満額のように100円未満四捨五入とする例外もあります。月額は、1円未満切り捨てになります。

ONE POINT
2種類の年金額がある
年金額は、67歳以下の人（新たに受給開始する人で「新規裁定者」という）は賃金変動、68歳以上の人（受給中の人で「既裁定者」という）は物価変動に応じて、毎年4月に改定されるのが本来の基本ルールです。
ところが、長期間のデフレが続いたため年金額が下がり続けるのが常態となってしまいました。
そのため、年金額が下がり過ぎないように年金額を据え置いたり、賃金や物価の有利なほうに合わせるという例外ルールが適用され続け、67歳以下の人も68歳以上の人も同じ改定率で改定されていました。
令和5年度は賃金や物価が大きく上がった影響で初めて本来ルールによる改定が行われ、年金額が2種類となりました。
なお、新規裁定者が65歳から67歳までの3年間となっているのは、賃金変動は過去3年間の平均を使うためです。

43

2階部分 厚生年金の年金額

老齢基礎年金と厚生年金の定額部分は、加入期間だけで年金額が決まります。一方、報酬比例部分は、平均報酬額と加入期間で年金額が決まります。

厚生年金は給与の額に応じて年金額を計算

① **給与が高いと年金額も高くなる**：厚生年金は、加入した全期間の平均報酬をもとに、次頁のような複雑な計算式で計算します。しくみ上、給与（報酬）の高い人ほど年金額も高くなるので、報酬比例の年金とも呼ばれます。65歳前の厚生年金では報酬比例部分と呼ばれるのもそのためです。

② **65歳前の厚生年金**：65歳前の厚生年金は、定額部分と報酬比例部分に分かれます。定額部分は、65歳になると老齢基礎年金（国民年金）に切り換わりますが、年金額の計算式は老齢基礎年金と若干異なります。また、報酬比例部分（65歳からは老齢厚生年金）は、**加入年数に制限はありませんが、定額部分は40年（480カ月）で頭打ちとなり満額になります。**

③ **配偶者がいれば加給年金が加算される**：厚生年金には、加給年金という家族手当のような加算があります（48頁参照）。扶養している妻（配偶者なので夫でもよい）がいれば、自分（夫）の厚生年金に加給年金が年額約40万円加算されます。

③-2 **65歳前に報酬比例部分だけを受給している場合**：加給年金はありません。定額部分支給開始（定額部分のない人は65歳の老齢厚生年金支給開始）から加算され、妻が65歳になると打ち切りになります。

④ **定年まで勤めた男性の厚生年金額は平均120万円程度**：全加入期間の平均報酬と加入期間によりますが、大卒男子が定年まで勤めると37年か38年になります。この

● 厚生年金の計算式

計算式

- 65歳前の特別支給の老齢厚生年金
  定額部分（❶）＋報酬比例部分（❷）
- 65歳以降の老齢厚生年金
  老齢厚生年金（報酬比例部分（❷）＋経過的加算（❸））

① 定額部分の計算式

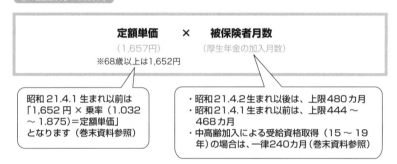

定額単価　×　被保険者月数
（1,657円）　　　（厚生年金の加入月数）
※68歳以上は1,652円

昭和21.4.1生まれ以前は
「1,652円 × 乗率（1.032
〜1.875）＝定額単価」
となります（巻末資料参照）

・昭和21.4.2生まれ以後は、上限480カ月
・昭和21.4.1生まれ以前は、上限444〜
　468カ月
・中高齢加入による受給資格取得（15〜19
　年）の場合は、一律240カ月（巻末資料参照）

② 報酬比例部分の計算式

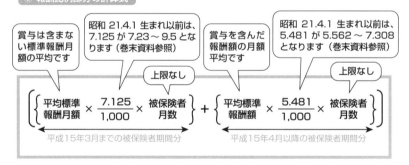

賞与は含まな
い標準報酬月
額の平均です

昭和21.4.1生まれ以前は、
7.125が7.23〜9.5とな
ります（巻末資料参照）

賞与を含んだ
報酬額の月額
平均です

昭和21.4.1生まれ以前は、
5.481が5.562〜7.308
となります（巻末資料参照）

上限なし　　　　　　　　　　　　　　　上限なし

$$\left\{ 平均標準報酬月額 \times \frac{7.125}{1,000} \times 被保険者月数 \right\} + \left\{ 平均標準報酬額 \times \frac{5.481}{1,000} \times 被保険者月数 \right\}$$

平成15年3月までの被保険者期間分　　　　　平成15年4月以降の被保険者期間分

③ 経過的加算の計算式

定額部分の額　−　老齢基礎年金の額　＝　経過的加算の額

場合、報酬比例部分（65歳以降は老齢厚生年金）は、年額100万～150万円で平均では約120万円（月額約10万円）です。

もらえる年金の総額はどのくらいか

① **独身者なら月額17万円**：37～38年勤め上げた大卒者の報酬比例部分の年金を120万円とすると、定額部分（65歳以降は老齢基礎年金）は約75万円となり、総額で195万円です。つまり、年額で約200万円（月額約16.6万円）と考えればよいでしょう。

② **夫婦では月額約23万円**：総額で195万円の大卒者に扶養している妻がいた場合、加給年金が支給される間は40万円が加算されて235万円（月額19.5万円）となります。さらに、加給年金打ち切り後は、妻の老齢基礎年金が支給されます。妻の老齢基礎年金を夫と同じ年額75万円とすれば、「夫195万円＋妻75万円＝270万円（月額22.5万円）」となります。

column

これからは物価が上がっても 年金は物価ほど上がらない

　公的年金額は、現役加入者の給与や物価の変動にあわせて変動するしくみになっています。物価が上がれば年金額が上がり、物価が下がれば年金額も下がります。

　しかし、今後の少子高齢化に対応するため、平成16年の年金法改正で「マクロ経済スライド」というしくみが導入されました。現役世代の減少率と平均余命の伸び率にあわせて年金額の上昇率を抑えるしくみです。簡単にいえば、物価が1％上がっても年金額は0.1％しか上がらないというようになります。実際には、デフレの影響などで9年間実施されていませんでしたが、平成27年度にはじめて実施されました。今後は年金額が上がっても物価上昇分をカバーできないため、実質的価値は目減りすることになります。

● サラリーマンの年金額計算例

CASE

- 性別：男性
- 昭和35年10月10日生まれ（令和2年に60歳）
- 厚生年金加入期間：22歳から59歳まで38年（＝456カ月）
- 平成15年3月以前の平均給与（平均標準報酬月額）：37万円
- 平成15年4月以降の賞与込みの平均給与（平均標準報酬額）：46万円

定年退職

| 60歳 | 64歳 | | 65歳 | 66歳 | 67歳 | 68歳 | 69歳 | 70歳 |

報酬比例部分（❶）約120万円 ｜ 老齢厚生年金（❶）約120万円

経過的加算（❹）342円

定額部分（❸）なし ｜ 老齢基礎年金（❷）約75万円

合計額

約120万円（月額10万円） ｜ 約195万円（月額16.25万円）

※ 昭和34年4月2日生まれから昭和36年4月1日生まれまでの男性は、64歳から報酬比例部分支給開始になります。

❶ 報酬比例部分（老齢厚生年金）

$$\left[\left\{\left(37万円 \times \frac{7.125}{1000}\right) \times 276カ月\right\} + \left\{\left(46万円 \times \frac{5.481}{1000} \times 180カ月\right\}\right]\right.$$

$$= 118万1,432円 ≒ 120万円$$

❷ 老齢基礎年金

$$79万9,500円 \times \left(\frac{456カ月}{480カ月}\right) = 75万5,250円 ≒ 75万円$$

❸ 定額部分（この事例ではなし）

$$1,657円 \times 456カ月 = 75万5,592円$$

❹ 経過的加算

$$75万5,592円 - 75万5,250円 = 342円$$

※ 定額部分のない人でも当分の間、計算上の差額が出れば経過的加算が支給されます。配偶者や扶養家族のいる人は、加給年金や振替加算が上乗せされる場合があります（48頁参照）。

加給年金と振替加算

原則20年以上厚生年金に加入している場合、その人に扶養している配偶者や子がいると、「加給年金」という家族手当の役割を持つ加算を受け取れます。

共働きの夫婦の場合

共働きで夫婦とも厚生年金加入期間が20年を超えている場合は、どちらにも加給年金はつきません。なお、共済年金の加入期間がある場合は、厚生年金と共済年金の加入期間を通算して20年となります。

加給年金は1種類の年金額

令和5年度からの年金額は、67歳以下の人と68歳以上の人で2種類に分かれ複雑になりました。ただ、例外的に1種類のものもあります。加給年金は年齢に関係なく1種類の年金額です。振替加算は生年月日ごとに1種類の金額です。

妻が65歳になるまで、夫に毎年約40万円加算される

① **加給年金とは**：サラリーマン夫婦の場合、夫が受給する厚生年金に加給年金という扶養手当（家族手当）のような加算がつきます。加算額は年額約40万円です。対象は配偶者なので、妻と夫が逆になるケースでもかまいません。

② **対象者**：加給年金は、**原則厚生年金に20年以上加入した人に加算されます**。多くは65歳で老齢基礎年金の受給開始の時点から加算開始となります。

③ **支給期間**：加給年金の支給は、妻が65歳になるまでです。妻が65歳になると加給年金は打ち切りですが、昭和41年4月1日生まれ以前の妻には振替加算という加算が妻の老齢基礎年金に上乗せされるようになります。振替加算額は妻の生年月日によって異なります。

④ **妻が年上の場合には、振替加算がもらえる**：夫が加給年金受給開始時点で妻が年上のため65歳に達している場合、加給年金はありませんが、「**振替加算**」はもらえます。

18歳未満の子がいる場合も毎年22万円が加算される

① **支給期間**：加給年金は、18歳未満の子（障害児は20歳未満）がいる場合も対象になります。最近は晩婚化が進んでいるので、子が対象になるケースもみられます。子が18歳（年度末まで可）になると打ち切りになります。

② **金額**：子の加給年金は約23万円なので、妻よりは少なくなります。ただし、子の人数分だけもらえます。なお、3人目以降は1人約7万円になります。

● 加給年金を受給できる条件

● 厚生年金に原則20年以上加入している受給者に生計維持されている65歳未満の配偶者や18歳未満の子（障害児は20歳未満）がいる場合
● 生計維持とは、配偶者の年収が850万円未満であること

● 加給年金額と振替加算額

	加給年金額（令和5年度）
配偶者（妻または夫）	22万8,700円 ＋ 16万8,800円（配偶者特別加算） ＝ 39万7,500円 ※配偶者特別加算額は受給者本人の生年月日が昭和18年4月1日以前なら3万3,800円〜13万5,000円。
子	2人目まで1人につき22万8,700円 3人目以降1人につき7万6,200円

振替加算額　配偶者の生年月日により1万5,323円〜22万8,700円
※ 昭和41年4月2日生まれ以降の配偶者には支給されません。

● 加給年金と振替加算の関係

CASE
● 夫：昭和35年10月10日生まれ
● 妻：夫より3歳年下の昭和38年10月生まれ

加給年金は定額部分支給開始時からですが、定額部分のない場合は65歳から支給開始となります

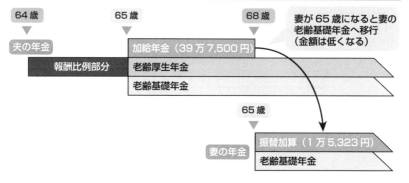

| 64歳 | 65歳 | 68歳 | 妻が65歳になると妻の老齢基礎年金へ移行（金額は低くなる） |

夫の年金
報酬比例部分　老齢厚生年金
加給年金（39万7,500円）
老齢基礎年金

65歳
妻の年金
振替加算（1万5,323円）
老齢基礎年金

年金は「老齢給付」だけでなく「障害給付」と「遺族給付」もある

老齢年金だけを考えていると保険料の払い損のように感じますが、障害年金と遺族年金もあるので、単純に損とはいえません。

公的年金には生命保険の役割もある（9章参照）

① **公的年金には3つの給付がセットされている**：通常、年金というと、老後にもらう「**老齢給付（老齢年金）**」をイメージしますが、公的年金には障害状態になったときの「**障害給付（障害年金）**」、死亡したときの「**遺族給付（遺族年金）**」を併せた3つの給付がセットとなっています。障害給付や遺族給付を受けるために別途保険料を納める必要はありません。

② **障害状態になったら障害年金**：病気になったりケガをしたら治療を受けますが、重症で働けなくなることもあります。**一定以上の障害になったときは障害年金をもらえます。**公的年金には生活保障の役割もあります。

③ **死亡したら遺族年金**：一家の働き手が死亡すれば、養われていた家族は路頭に迷ってしまいます。**公的年金では加入者や受給者が死亡したときには、遺族に遺族年金が支給されます。**公的年金には生命保険の遺族保障の役割もあります。

障害年金や遺族年金も老齢年金と同じく2階建て

① **基礎年金と上乗せ年金**：老齢年金は、1階部分が基礎年金、2階部分が上乗せ年金という構造でした。厚生年金では、「**老齢基礎年金＋老齢厚生年金**」がもらえます。障害年金も同様に、厚生年金加入者などであれば、「**障害基礎年金＋障害厚生年金**」がもらえます。また、死亡したときは、遺族が「**遺族基礎年金＋遺族厚生年金**」をもらえます。

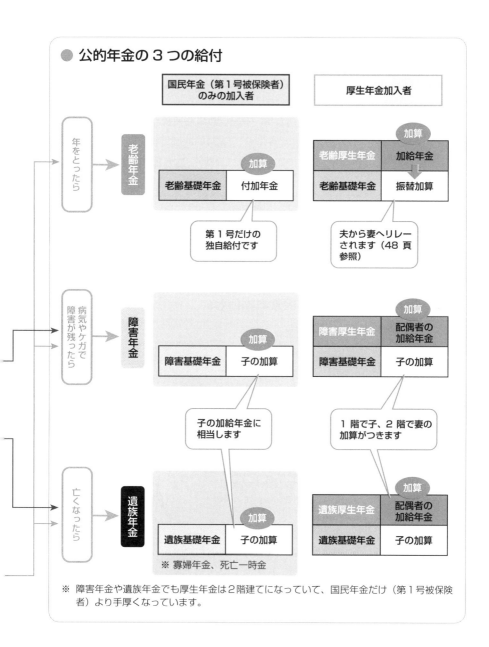

● 公的年金の３つの給付

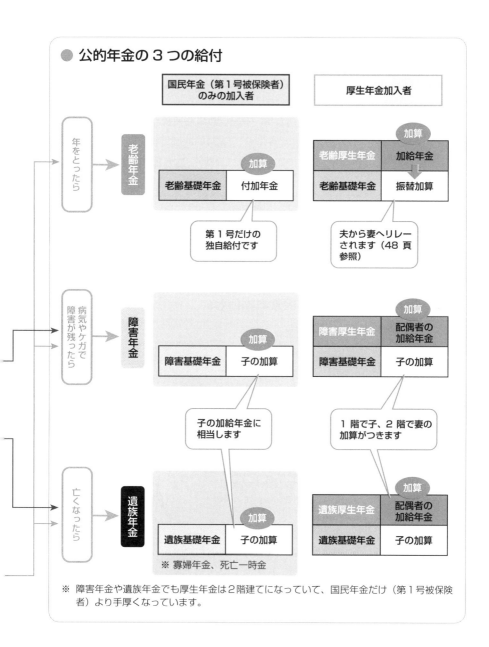

年金の基礎の基礎

	国民年金（第１号被保険者）のみの加入者	厚生年金加入者

老齢年金（年をとったら）

老齢基礎年金	付加年金（加算）

第１号だけの独自給付です

老齢厚生年金	加給年金（加算）
老齢基礎年金	振替加算

夫から妻へリレーされます（48 頁参照）

障害年金（病気やケガで障害が残ったら）

障害基礎年金	子の加算（加算）

子の加給年金に相当します

障害厚生年金	配偶者の加給年金（加算）
障害基礎年金	子の加算

１階で子、２階で妻の加算がつきます

遺族年金（亡くなったら）

遺族基礎年金	子の加算（加算）

※ 寡婦年金、死亡一時金

遺族厚生年金	配偶者の加給年金（加算）
遺族基礎年金	子の加算

※ 障害年金や遺族年金でも厚生年金は２階建てになっていて、国民年金だけ（第１号被保険者）より手厚くなっています。

② **保険料を納めていないともらえない**：障害年金と遺族年金には、もらうための条件として「**保険料納付要件**」（下図参照）という決まりがあります。国民年金の保険料の未納が一定以上あると障害年金や遺族年金はもらえなくなります。

③ **25年未満でも25年分もらえる**：障害年金や遺族年金の基礎年金は定額、上乗せ部分（厚生年金、共済年金）は加入期間に応じて支給額が決まりますが、加入期間が25年未満の場合は原則として25年加入として支給額を計算します。

● 障害年金と遺族年金の保険料納付要件

障害年金の保険料納付要件

❶ **初診日**の前々月末までに被保険者期間の3分の2以上の保険料を納めている（通常は20歳からの期間。高卒者など20歳前に厚生年金加入期間がある場合は、その期間も含む）

❷ **初診日**の前々月末までの1年間に滞納がない

「初診日」と「死亡日」を置き換えれば内容は同じ

遺族年金の保険料納付要件

❶ **死亡日**の前々月末までに被保険者期間の3分の2以上の保険料を納めている（通常は20歳からの期間。高卒者など20歳前に厚生年金加入期間がある場合は、その期間も含む）

❷ **死亡日**の前々月末までの1年間に滞納がない

※ 障害年金、遺族年金とも、❶か❷のどちらかを満たしていれば可です。
　国民年金保険料の免除期間や第3号被保険者期間は保険料を納めた期間とみなします。

基礎年金番号と年金手帳

公的年金は、基礎年金番号で統一的に管理されています。複数の年金手帳や基礎年金番号のある人は統合しておく必要があります。

ONE POINT
基礎年金番号は10桁
基礎年金番号は10桁の数字で4桁と6桁の組みあわせになっています。基礎年金導入前に年金手帳を持っていた人は、年金手帳の番号がそのまま基礎年金番号になっています。公務員など共済年金だった加入者には、新たに基礎年金番号がつけられました。

ONE POINT
基礎年金番号が2つ?
基礎年金番号は1人にひとつしかないはずですが、制度上の不備などで2つ以上の番号をもらっている人がかなりいることがわかりました。年金事務所で統合手続きをしておかないと、年金受給額が減るおそれがあります。

共済年金には年金手帳がない
共済年金には年金手帳がないので、共済年金の加入期間だけの人は「基礎年金番号通知書」が年金手帳の代わりになります。

基礎年金番号は1人にひとつ

① **平成9年に基礎年金番号で統一**：現在、自分が公的年金に加入していることを示す証明書類としては、「**基礎年金番号**」と「**年金手帳**」があります。いわば、年金の身分証明書のようなものです。以前は、国民年金、厚生年金、共済年金は制度ごとに管理され、同じ人でも制度の違う年金制度に移った場合は年金番号も別々になっていました。そこで、公的年金の管理一元化を図るため、平成9年1月に共通の「**基礎年金番号**」が1人にひとつずつつけられました。

② **年金手帳の色（次頁参照）**：年金手帳ができる前は、国民年金（旧制度）は国民年金手帳、厚生年金は厚生年金保険被保険者証が交付されていました。

昭和49年に国民年金と厚生年金を統一したオレンジの年金手帳が発行されました。ただし、国民年金と厚生年金の記号・番号が別々に記載されていました。

平成9年1月からは基礎年金番号導入と同時に「**年金手帳**」も基礎年金番号を記入した青色に変更されました。オレンジの手帳や共済年金の人には「**基礎年金番号通知書**」が送付されました。年金受給者には、基礎年金番号を記載した新しい年金証書が送付されています。

③ **年金手帳の交付は廃止になった**：年金手帳の交付は令和4年3月までで廃止になりました。同年4月からは、年金の新規加入時に基礎年金番号通知書が送付されています。なお、既に持っている年金手帳は引き続き使えますが、紛失などの再発行では基礎年金番号通知書になります。

● オレンジの年金手帳と青の年金手帳の違い

● オレンジの手帳（旧年金手帳）

（表紙）

年 金 手 帳

社会保険庁

（記号番号記載面）

厚生年金保険 (配偶である被保険者以外の被保険者)
記号 _____ 番号 _____
初めて上記被保険者となった日　年　月　日

国 民 年 金
記号 _____ 番号 _____
初めて上記被保険者となった日　年　月　日

厚生年金保険
記号 _____ 番号 _____
初めて上記被保険者となった日　年　月　日

（注）厚生年金保険の記号番号は、同時に国民年金の第2号被保険者としての記号番号となります。

フリガナ	男・女	明・大・昭	年　月　日生
氏名			

フリガナ
変更後の氏名 _____（昭和　年　月　日変更）

フリガナ
変更後の氏名 _____（昭和　年　月　日変更）

年金制度別の記号番号から基礎年金番号に切り替えられました

● 青色の手帳（現在の年金手帳）

（表紙）

年 金 手 帳

日 本 年 金 機 構

（基礎年金番号記載面）

基礎年金番号 _____ － _____

フリガナ
氏　名 _____

生年月日 _____

性　別　男・女

交付年月日 _____

フリガナ
変更後の氏名 _____（令和　年　月　日変更）

フリガナ
変更後の氏名 _____（令和　年　月　日変更）

● 基礎年金番号通知書

基礎年金番号通知書
基礎年金番号
X X X X - X X X X X X
フリガナ ネンキン　タロウ
氏　名 年金　太郎
生年月日 平成 14 年　4 月　2 日
令和　4 年　4 月　1 日　交付
厚生労働大臣

54mm×85mm
（キャッシュカードの大きさ）

※ 現在、マイナンバー（個人番号）の活用が段階的に進んでおり、年金の相談や手続きなどでも基礎年金番号の代わりにマイナンバーで行うことが可能となっています。

消えた年金記録問題はその後どうなったのか?

記録解明や防止策などがさまざまに進んでいますが、基本は、自分の年金記録は自分で管理することです。ねんきん定期便を活用しましょう。

ONE POINT
年金への関心が高まる

消えた年金記録問題は、国の年金管理体制を厳しく追及すると同時に、一般国民の年金に対する関心も大いに高めることになりました。自分の年金は自分で管理する自覚を持ちたいものです。

ONE POINT
3種類の年金記録問題

いわゆる消えた年金記録問題には、次の3つの種類があります。
❶基礎年金番号に統合できない（宙に浮いた年金）
❷納付済みの保険料の記録がない（消えた年金）
❸保険料額や期間が改ざんされている

社会保険庁が日本年金機構へ

消えた年金騒動で社会保険庁の体質が強い批判を浴び、ついに平成21年末に廃止され、翌22年1月に「日本年金機構」が発足しました。これに伴って社会保険事務所は「年金事務所」と名称が変更になりました。

約5,000万件の宙に浮いた年金記録が発覚

① **年金制度の土台を揺るがす大騒動**：平成19年春、誰のものかわからない年金の記録が多数あることが明らかになり、社会を揺るがす深刻な問題に発展しました。コンピュータに記録があるのに、基礎年金番号がないというものが約5,000万件もあるというのです。大きな原因のひとつは、平成9年の基礎年金番号への統合作業がずさんだったことだといわれています。これを機に、国民の年金不信が一気に広がりました。

② **ねんきん特別便で全国民に確認**：政府は問題に対処するため、検証や対策の機関を設置しました。同時に、社会保険庁が平成19年12月から翌年10月まで、「ねんきん特別便」を送付して本人に自分の年金記録の確認をしてもらいました。すべての加入者と受給者の約1億900万人に送られました。

発見された記録漏れはさかのぼって全額支給

① **記録漏れの時効は撤廃**：年金記録漏れが見つかった場合は、記録を訂正するだけでなく、受給者には過去の全期間にさかのぼって支給されることになりました。通常の手続き漏れは5年で時効になり、5年前までの分しか請求できませんが、国の責任の記録漏れの場合は、時効はなくなります。

② **その後の記録漏れ対策**：国の対応策はその後も進められていますが、完全になくすのは困難です。1人1人が自分

55

● 消えた年金記録問題の経緯

年月日	内　　容
平成19年2月 (2007年)	新聞報道をきっかけに、基礎年金番号に統合することができない（誰のものかわからない）年金記録が約5,095万件あることが国民に明らかになりました。その後も、本人が保険料を納めているのに記録がないもの、年金記録の改ざんなど、新しく消えた年金記録問題が続々と判明していきます
平成19年6月22日	「年金記録確認第三者委員会」が発足しました。これは、年金記録の訂正を国民の立場に立って公正な判断を示すことを目的とする機関です。年金記録が違っている場合に、本人からの確認申し立てを審査し、記録問題解決の中心的役割を果たします
平成19年7月5日	政府が、年金記録問題への対策をとりまとめた「年金記録に対する信頼の回復と新たな年金記録管理体制の確立について」を公表しました。5,095万件の全件照合をはじめとした宙に浮いた年金や消えた年金対策への総合的な骨子が示されました
平成19年7月6日	「年金時効特例法」が施行されました。年金記録問題に関わる記録訂正分は時効分を含めて、全額が本人（遺族年金は遺族）に支払われることになりました
平成19年12月7日	本人に自分の年金記録を確認してもらう「ねんきん特別便」の発送を開始しました。すべての受給者と加入者の約1億900万人に送付し、平成20年10月30日に完了しました
平成19年12月19日	「厚生年金特例法」が施行されました。会社が従業員から保険料を天引きしていて会社が国に納付していなかった場合、第三者委員会で認定されれば年金額を回復できることになりました
平成20年9月 (2008年)	標準報酬月額が改ざんされた疑いのある記録が約6万9,000件あると厚生労働大臣が公表しました
平成21年4月 (2009年)	現役加入者に年金記録を毎年知らせる「ねんきん定期便」の発送を開始しました。誕生月に送付されます
平成22年1月1日 (2010年)	社会保険庁が廃止され、「日本年金機構」が発足しました。出先機関の社会保険事務所は「年金事務所」に名称変更しました
平成22年10月	コンピュータ化をしたときのミスなどを確認するため、紙台帳とコンピュータ記録の照合を開始しました
平成26年1月 (2014年)	特別委員会の最終報告書が出されました。5,095万件のうち解明されたのは2,983万件、未解明は2,112万件となっています。一応の区切りとされ、平成26年度からは主に本人の申し出によって記録解明を進めていくこととされました

※　平成27年3月以降は年金事務所を通じて厚生労働省が対応することになり、総務省に設置された第三者委員会は同年6月末で廃止されました。

の年金記録を管理する必要がありますが、ねんきん定期便を毎年きちんと確認することが基本的な対策になります。

第**2**章

年金を
もらうときの
事前準備

60歳直前に確認すること

60歳が近づいたら、「年金の請求に必要な書類」「年金見込額」「年金加入歴」の3つを中心に最終的な確認をしておくことが大切です。

必要書類と年金見込額

① **請求に必要な書類**：年金の請求手続きに必要な書類を前もって確認しておきます。以下は基本的なものです。

> ❶ 年金請求書（裁定請求書）
> ❷ 年金手帳（または基礎年金番号通知書）
> ❸ 住民票や戸籍謄本など（生年月日を確認できる書類）
> ❹ 振込先金融機関の通帳
> ※日本年金機構にマイナンバーが収録されている場合、単身者は原則として上記❸は不要になります。その他必要に応じた提出書類（雇用保険被保険者証など）があります。

年金請求書は誕生月の3カ月前に郵送されてきますが、届かない場合は年金事務所などで入手します（155頁参照）。

② **年金額確認のしかた**：「ねんきん定期便」「ねんきんネット」であれば、自宅で確認できます。年金事務所へ行けば、年金見込額だけでなく、不明点の確認や手続きのアドバイスを受けることもできます。**受給開始年齢時の年金額と65歳時の年金額（満額）を確認します。**

③ **年金加入歴**：自分の年金加入歴に間違いがないかどうか、再確認しておきましょう。転職のある人は、特に空白期間が誤っていないか「ねんきん定期便」でチェックします。日本年金機構のサイトや年金事務所などにある**「私の履歴整理表」**（次々頁参照）を使うと便利です。

④ **相談方法**：年金事務所、会社の担当部署、厚生年金基金がある場合には基金にも確認や相談をしておきましょう。

定年後60歳以降に働く場合の確認

① **働き続けるときの年金**：定年後も働き続けるときは、

● 定年退職時の年金関連の手続き

退職して働かない場合　　　　　　○：必須　　△：任意または必要に応じて

	必要な手続き	主な必要書類	注意点
○	年金の請求 ※受給年齢になったとき	年金請求書、住民票など （前頁参照） ※厚生年金基金への請求は加入員証も必要	単身者の場合は、年金請求書（住民票コード記載が必要）と預金通帳だけでかまいません
○	妻（配偶者）の 国民年金変更 （第3号 → 第1号）	夫婦の年金手帳（基礎年金番号通知書）、退職年月日の確認書類（離職票、退職証明書など）	妻が60歳未満の場合、60歳になるまでは第1号になります
△	雇用保険の 失業給付請求	離職票、雇用保険被保険者証など（82頁参照）	・働く意思がない場合、失業給付を受けることはできません ・1年休んでから求職活動開始もできます（84頁参照）
△	国民年金の任意加入	年金手帳または基礎年金番号通知書、預金通帳と届出印	・加入期間が40年に満たない場合のみ可能 ・厚生年金を受給していても加入可能
△	年金の繰り上げ請求	通常の年金請求の必要書類、繰り上げ請求書	・厚生年金にも減額があり、国民年金も同時に繰り上げをしなければなりません

※ 昭和28年4月2日生まれ以降の男性（女性は昭和33年）は60歳から年金を受給できなくなったので、60歳定年退職の場合、通常は雇用保険と重複はしなくなりました。

再雇用・再就職で働く場合　　　　　　○：必須　　△：任意または必要に応じて

	必要な手続き	主な必要書類	注意点
○	年金の請求	上記働かない場合に同じ。他社への再就職の場合は年金手帳（基礎年金番号通知書、マイナンバーが確認できる書類でもよい）を就職先に提出	上記働かない場合に同じ
△	年金の繰り上げ請求	上記働かない場合に同じ	上記働かない場合に同じ

厚生年金に加入するかしないかで年金額が変わる場合があるので（132頁、138頁参照）、年金事務所などで総収入を確認しておきましょう。

② **雇用保険（失業給付）との関係**：60歳以降の退職後に「雇用保険の失業等給付」を受ける場合、年金も受けられる場合は年金の支給は停止されます。**一般的には雇用保険のほうが高いので、雇用保険を選択します。**給付期間終了後に、速やかに年金を申請します。

● 私の履歴整理表

● 年金記録確認をスムーズに行うため、ご自身の履歴を整理してみましょう。
記入見本を参考に、わかる範囲でご記入ください。

ご本人→ 氏名 | 安藤　諭吉 | 生年月日 | 昭和 | 36 年 10 月 10 日
配偶者→ 氏名 | 安藤　清美 | 生年月日 | 昭和 | 38 年 7 月 6 日

年	年齢	学校や勤め先等 （自営業、専業主婦等）	住　所 （市区町村、海外）	婚姻、配偶者の 勤め先
昭和 52（1977）	16			
昭和 53（1978）	17			
昭和 54（1979）	18			
昭和 55（1980）	19	4月○○大学入学	東京都杉並区	
昭和 56（1981）	20	国民年金未加入		
昭和 57（1982）	21		大学時代の国民年金の 加入状況を確認しましょう	
昭和 58（1983）	22			
昭和 59（1984）	23	3月○○大学卒業、 4月○○工業入社	大阪市	
昭和 60（1985）	24			4月結婚
昭和 61（1986）	25	1カ月間の空白期間が あります		
昭和 62（1987）	26			
昭和 63（1988）	27			長男誕生
昭和 64（1989）	28	2月○○工業退社、 4月○○商事入社	横浜市	
平成 2 （1990）	29			
平成 3 （1991）	30			長女誕生
平成 4 （1992）	31			
平成 5 （1993）	32			
平成 6 （1994）	33			
平成 7 （1995）	34			
平成 8 （1996）	35			
平成 9 （1997）	36	6カ月間の空白期間が あります		
平成 10（1998）	37			
平成 11（1999）	38			
平成 12（2000）	39	3月○○商事退社、 9月○○スーパー入社	東京都中野区	
令和 3 （2021）	60	10月○○スーパー定年退職、 同社継続雇用		
令和 4 （2022）	61			
令和 5 （2023）	62			

ねんきん定期便の見方

現役の加入者に毎年届く「ねんきん定期便」は、自分の年金状況を確認する最も基本的なツールです。見方のポイントを知っておきましょう。

ONE POINT
1日生まれは前月に届く

定期便は誕生月に届くことになっていますが、1日生まれの人にかぎっては前月に送られます。

電子版は登録が必要

電子版ねんきん定期便を利用するには、ねんきんネットへの利用登録が必要になります。
登録はねんきんネットのサイト（https://www.nenkin.go.jp/n/www/n_net/）からできます。
通常、登録完了まで5日程度かかりますが、郵送で届く定期便に記載されているアクセスキー（有効期間3カ月）を使うと5分で登録が完了し、すぐに使えるようになります。なお、マイナンバーカードがあれば、ねんきんネットに登録をしなくてもマイナポータルからアクセスして利用できます。

電子版のみの選択もできる

電子版ねんきん定期便の初回の利用時に、郵送版を希望しない場合には、郵送版の定期便を希望しない選択ができます。それ以後は、郵送の定期便は送られてこなくなります。

加入者全員に「はがき」か「水色の封筒」で届く

① **節目年齢は封筒で届く**：ねんきん定期便（64頁参照）は、平成21年度から開始され、**国民年金（第1号被保険者）と厚生年金の加入者全員に毎年誕生月に送られています**。当初は封筒で送られていましたが、平成24年度からは、はがきに変更になりました。ただし、節目の年齢とされる35歳、45歳、59歳の人には、従来どおり**水色の封筒**で送られます。

② **定期便で届く内容**：定期便では、次頁のような内容を通知しています。過去の全期間の情報は、節目の年齢の人だけに送られますが、初回の平成21年度には、全員に全期間の情報が通知されています。節目の年齢以外の人も平成21年の定期便を見れば全期間の記録がわかります。

③ **電子版「ねんきん定期便」**：定期便の内容は、日本年金機構のホームページのメニューにある「**ねんきんネット**」でも確認できます。**ネットによる電子版では、年金記録は毎月更新され、節目の年齢以外の加入者も全期間の記録が確認できます**。

● ねんきん定期便の対象者と送付時期

送付対象者	国民年金（第1号被保険者、第3号被保険者）、厚生年金の加入者 ※現役の加入者のみで、受給者は対象とならない。ただし、受給者でも在職老齢年金受給者（全額停止含む）や国民年金任意加入者には送られる
送付時期	毎年誕生月（1日生まれの人は誕生日の前月）

61

● ねんきん定期便のお知らせ内容

内　容		50歳未満	50歳以上	節目年齢		
				35歳	45歳	59歳
❶	年金加入期間	○	○	◎	◎	◎
❷ 年金見込額	・加入実績に応じた見込額	◇		◇	◇	
	・定期便作成時点の加入制度にそのまま加入し続けた場合の将来の見込額		◇			◇
❸	保険料の納付額	○	○	◎	◎	◎
❹	年金加入履歴	○	○	◎	◎	◎
❺	厚生年金のすべての期間の月ごとの標準報酬月額・賞与額、保険料納付額	○	○	◎	◎	◎
❻	国民年金のすべての期間の月ごとの保険料納付状況	○	○	◎	◎	◎

※ すでに年金を受給している加入者は、年金見込額は知らされません。
　節目年齢の加入者には全期間の記録（◎）、そのほかの加入者には過去1年間の記録（○）が送付されます。
　❷の◇は、年金見込額の計算方法の区別を示したものです。「加入実績に応じた見込額」は定期便作成時点の記録（現時点までの加入期間）で計算した年金額です。今後の加入制度や加入期間は考慮されていません。

年金記録は数十年という長期の記録です。
定期便で毎年チェックして
間違いを防ぎましょう。

59歳の人の定期便の見方（66〜69頁）

① **チェック ❶**：「2. これまでの年金加入期間」で国民年金と厚生年金の加入期間が確認できます。

①-2 **第3号被保険者期間（妻である期間）が短いケース：**
よく聞かれる疑問として、「自分の結婚期間に対して第3号被保険者期間が短い」というものがあります。第3号の制度は昭和61年4月から始まったので、同年3月以前の期間は該当しません。

①-3 **チェック ❷**：「3. 老齢年金の種類と見込額」で年金見込額が確認できます。年金見込額は、左側の3つの欄が65歳前の受給開始時の年齢と年金額です。さらに、いちばん右側が65歳からの見込額で、最終形になります。

② **加給年金は表示されない**：加給年金は、受給権発生時（定額部分開始か65歳の老齢基礎年金支給開始時）に配偶者がいるかどうかで判定するので、定期便には記載されません。また、厚生年金基金の代行部分の額は以前は記載されていませんでしたが、現在の定期便には記載されるようになりました（代行部分も含めた年金額として記載）。ただし、上乗せ部分の年金額は加入していた基金に問い合わせる必要があります。なお、保険料納付額（累計額）には基金の額は含まれていません。

③ **年金加入履歴の見方**：ここで最も注意しなくてはいけないのが、**空白期間の確認**です。空白期間に心あたりがなければ、消えた年金の可能性もあるので、同封されている**「年金加入記録回答票」**に記入して返信しましょう。年金加入履歴の「⑨ 厚生年金保険」の欄で、カッコ内に月数がある場合は、厚生年金基金に加入歴があることを示しています。

④ **標準報酬月額の見方**：標準報酬月額は月額給与とまったく一緒ではありませんが、極端に減少しているような不審点がないか確認してください。また、標準報酬月額は65万円、標準賞与額は1回につき150万円が上限です。

50歳未満の人と60歳以上の加入者の定期便の見方

① **50歳未満の見込額**：見込額と実績額は基本的に同じですが、見込額は現時点の加入実績の年金額であることが違います。

② **60歳以上の加入者**：年金を受給中の加入者には、見込額は通知されません。増額分は退職後再計算されます。

● はがき様式のねんきん定期便
（50 歳未満の〈35 歳、45 歳除く〉）の様式

電話などで問い合わせるときに
必要となります

結婚退職してOLから専業主婦
になったケースです

アクセスキー（17桁の番号）を
使うと、すぐにねんきんネット
に登録して利用できます

現時点まで（192月）の期間で
計算した年金額で今後の加入は
考慮されていません

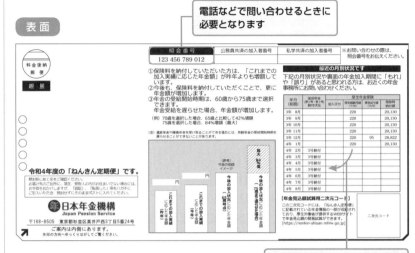

● はがき様式のねんきん定期便
（50歳以上〈59歳除く〉）の様式

表面

裏面

64歳で報酬比例部分の受給できる
女性のケースです

表面の年金見込額は、この加入
状態（第3号）が60歳まで続
いたときの額です

現時点（336月）ではなく60
歳時点まで継続した期間で計算
した年金見込額です

● ねんきん定期便の見方（加入期間と見込額）59歳様式

1頁目

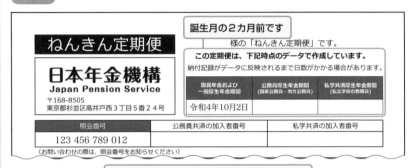

誕生月の2カ月前です

様の「ねんきん定期便」です。

ねんきん定期便

この定期便は、下記時点のデータで作成しています。
納付記録がデータに反映されるまで日数がかかる場合があります。

日本年金機構
Japan Pension Service

国民年金および 一般厚生年金期間	公務員厚生年金期間 （国家公務員・地方公務員）	私学共済厚生年金期間 （私立学校の教職員）
令和4年10月2日		

〒168-8505
東京都杉並区高井戸西3丁目5番24号

照会番号	公務員共済の加入者番号	私学共済の加入者番号
123 456 789 012		

（お問い合わせの際は、照会番号をお知らせください）

1頁目の下には「1．これまでの保険料納付額
（累計額）」が入ります（はがき形式と同じ形式）

2頁目

2．これまでの年金加入期間 （老齢年金の受け取りには、原則として120月以上の受給資格期間が必要です）

国民年金（a）			付加保険料 納付済月数	船員保険（c）	年金加入期間 合計 （未納月数を除く） （a＋b＋c）	合算対象期間等 （d）	受給資格期間 （a＋b＋c＋d）
第1号被保険者 （未納月数を除く）	第3号被保険者	国民年金 計 （未納月数を除く）					
38 月	0 月	38 月	0 月	0 月			
厚生年金保険（b）					月	月	419 月
一般厚生年金	公務員厚生年金 （国家公務員・地方公務員）	私学共済厚生年金 （私立学校の教職員）	厚生年金保険 計				
381 月	月	月	月				

3．老齢年金の種類と見込額（年額） （現在の加入条件が60歳まで継続すると仮定して見込額を計算しています）

加給年金は記載されません

受給開始年齢	歳〜	歳〜	64 歳〜	65 歳〜
（1）基礎年金				老齢基礎年金 713,844 円
（2）厚生年金	特別支給の老齢厚生年金	特別支給の老齢厚生年金	特別支給の老齢厚生年金	老齢厚生年金
一般厚生年金期間		（報酬比例部分） 円	（報酬比例部分） 1,042,405 円	（報酬比例部分） 1,042,405 円
		（定額部分） 円	（定額部分） 円	（経過的加算部分） 295 円
公務員厚生年金期間	（報酬比例部分） 円	（報酬比例部分） 円	（報酬比例部分） 円	（報酬比例部分） 円
	（定額部分） 円	（定額部分） 円	（定額部分） 円	（経過的加算部分） 円
	（経過的職域加算額(共済年金)） 円	（経過的職域加算額(共済年金)） 円	（経過的職域加算額(共済年金)） 円	（経過的職域加算額(共済年金)） 円
私学共済厚生年金期間	（報酬比例部分） 円	（報酬比例部分） 円	（報酬比例部分） 円	（報酬比例部分） 円
	（定額部分） 円	（定額部分） 円	（定額部分） 円	（経過的加算部分） 円
	（経過的職域加算額(共済年金)） 円	（経過的職域加算額(共済年金)） 円	（経過的職域加算額(共済年金)） 円	（経過的職域加算額(共済年金)） 円
1年間の受取見込額	円	円	1,042,405 円	1,756,544 円

※一般厚生年金期間の報酬比例部分には、厚生年金基金の代行部分を含んでいます。
※年金見込額は今後の加入状況や経済動向などによって変わります。あくまで目安としてください。

60歳になるまでの1年分を加えて
計算した年金額になります

● ねんきん定期便の見方（年金加入履歴）節目年齢 （35歳、45歳、59歳）様式

3 ／ 2016**************Z

第2章　年金をもらうときの事前準備

67

● ねんきん定期便の見方（厚生年金の報酬の推移）節目年齢 （35歳、45歳、59歳）様式

これまでの厚生年金保険における標準報酬月額などの月別状況
表示している金額が当時の報酬と大幅に相違していないかご確認ください。
（このページの見方については、見方ガイドの8～9ページをご覧ください。）

標準報酬月額

年度	種別	標準報酬月額と保険料納付額の月別状況											
		4月	5月	6月	7月	8月	9月	10月	11月	12月	1月	2月	3月

※ブランク（空白）となっている月は、厚生年金保険に加入していないことを示します。なお、国民年金に加入している月の場合も、同様にブランクで示されますので、3ページの『年金加入履歴』とあわせてご確認ください。

年度	種別	4月	5月	6月	7月	8月	9月	10月	11月	12月	1月	2月	3月
昭和62年（厚年）	標準報酬月額	110,000	110,000	110,000	110,000	110,000	110,000	118,000	118,000	118,000	118,000	118,000	118,000
	標準賞与額 保険料納付額	4,180	4,180	4,180	5,005	5,005	5,369	5,369	5,369	5,369	5,369	5,369	5,369
昭和63年（厚年）	標準報酬月額 標準賞与額 保険料納付額												
昭和64年（厚年）	標準報酬月額 標準賞与額 保険料納付額												
	標準報酬月額 保険料納付額												

> 平成15年3月までは標準報酬月額のみ対象になります

年度	種別	4月	5月	6月	7月	8月	9月	10月	11月	12月	1月	2月	3月
平成3年（厚年）	標準報酬月額 標準賞与額 保険料納付額	160,000 7,250	160,000 7,250	160,000 7,250	160,000 7,250	160,000 7,250	160,000 7,250	150,000 7,950	150,000 7,950				
	標準報酬月額 標準賞与額 保険料納付額												
	標準報酬月額 標準賞与額 保険料納付額												
	標準報酬月額 標準賞与額 保険料納付額												
	標準報酬月額 標準賞与額 保険料納付額												
	標準報酬月額												

> 不自然な減少などの変化がないかチェックします

> 退職した翌日の属する月から厚生年金保険料がなくなります

年度	種別	4月	5月	6月	7月	8月	9月	10月	11月	12月	1月	2月	3月
	保険料納付額												
令和4年（厚年）	標準報酬月額 標準賞与額 保険料納付額	500,000 41,030	500,000 41,030	500,000 800,000 106,678	500,000 41,030								
	標準報酬月額 標準賞与額 保険料納付額												
	標準報酬月額 標準賞与額 保険料納付額												
	標準報酬月額 標準賞与額 保険料納付額												

4厚　　　／　　　2016＊＊＊＊＊＊＊＊＊＊＊＊＊＊Z

● ねんきん定期便の見方（国民年金保険料の納付状況）節目年齢（35歳、45歳、59歳）様式

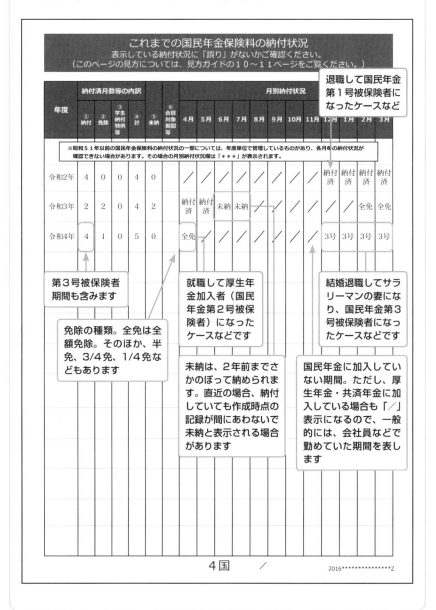

年金事務所での確認方法

年金事務所では、自分の加入記録をもとに説明や相談をしてくれるので便利です。聞きたいことを整理してから出かけましょう。

相談しながら自分の年金を確認

① **資格画面**：自分の年金記録の状況は、最寄りの年金事務所でも確認できます。年金事務所では、専門の相談員が「**資格画面（被保険者記録照会回答票）**」をコンピュータで呼び出し、記録を確認してくれます。自分の記録について、説明を受けながら相談できるのが年金事務所に行くメリットです。ただし、資格画面（72頁）は専門家じゃないと大変わかりにくいので、次頁のようなポイントを頭に入れてから説明を受けると理解しやすいでしょう。

② **資格画面を見るポイント**：資格画面を理解するには、「得喪日」「種別」「月・賞」「原因」「月数」「合計」の6つがポイントになります。

年金見込額の試算

① **いろいろな回答票**：資格画面のほかにも、「**国民年金の加入履歴**」「**全期間の平均標準報酬月額（年金額の計算用に現在の貨幣価値に再評価済みのもの）**」「**年金見込額**」などさまざまな画面があります。必要に応じて希望すれば出してもらえますが、重要なのは「資格画面」（72頁参照）と、計算してもらう「年金見込額」です。

② **さまざまなケースの年金見込額を試算する**：紙の定期便は基本的な老齢年金額しか通知されませんが、年金事務所では繰り上げ受給や繰り下げ受給の見込額や働いて在職老齢年金をもらうときの試算なども出してもらえます。また、障害年金や遺族年金の試算もしてくれます。

● 年金事務所で聞いておきたいポイント

- ● 本人確認書類
  - ・運転免許証、マイナンバーカード、パスポートなど
- ● 年金手帳（基礎年金番号通知書）
  - ・年金受給者の場合は、年金証書を持参します
  - ・複数の手帳がある場合はすべて持参し、一本化の手続きもします
  - ・ねんきん定期便も持参して見方の不明点を聞くとよいでしょう
- ● 印鑑
  - ・相談だけなら不要ですが、手続きが生じたときには必要な場合があります
- ● 委任状、身分証明書
  - ・本人以外の人が相談にいく場合に必要となります
  - ・委任状は必要事項が記載してあれば様式は自由ですが、日本年金機構のホームページに見本様式があります

確認・問い合わせのポイント

確認・問い合わせ事項	注意点
自分はどの年金制度に加入しているのか	転職した人は複数の年金制度に加入している場合があります
自分はいつから年金がもらえるのか	生年月日、性別、過去に加入した年金制度、加入期間などによって年金の支給開始年齢が違ってきます ※令和4年度に60歳を迎える一般的な定年退職者の男性の厚生年金は65歳、女性は63歳支給開始になります
自分はいくらくらい年金をもらえるのか	通常の年金見込額のほか、繰り上げや繰り下げをしたときの額、年金受給開始後働くときの年金額なども確認しておきましょう（50歳以上の場合はコンピュータによる試算もしてもらう）
年金加入に空白期間はないか	学生時代、転職時などに空白期間が生じることがよくあります
結婚・改姓などで記録漏れが生じていないか	女性の場合は、第3号被保険者期間の確認も重要です

● 年金事務所の資格画面の見方

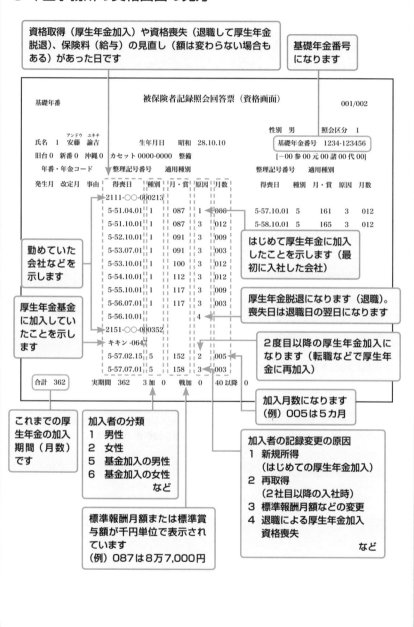

資格取得（厚生年金加入）や資格喪失（退職して厚生年金脱退）、保険料（給与）の見直し（額は変わらない場合もある）があった日です

基礎年金番号になります

被保険者記録照会回答票（資格画面）

001/002

基礎年番

性別　男　　照会区分　1

氏名　1　安藤　諭吉
（アンドウ　ユキチ）

生年月日　昭和 28.10.10

基礎年金番号　1234-123456

旧台 0　新番 0　沖縄 0　　カセット 0000-0000　整備

[－00 参 00 元 00 諸 00 代 00]

年番・年金コード　　整理記号番号　　適用種別

整理記号番号　　適用種別

発生月　改定月　事由　得喪日　種別　月・賞　原因　月数

得喪日　種別　月・賞　原因　月数

2111-○○-000213

5-51.04.01	1	087	1	000
5-51.10.01	1	087	3	012
5-52.10.01	1	091	3	009
5-53.07.01	1	091	3	003
5-53.10.01	1	100	3	012
5-54.10.01	1	112	3	012
5-55.10.01	1	117	3	009
5-56.07.01	1	117	3	003
5-56.10.01			4	

| 5-57.10.01 | 5 | 161 | 3 | 012 |
| 5-58.10.01 | 5 | 165 | 3 | 012 |

2151-○○-000352

キキン -0647

| 5-57.02.15 | 5 | 152 | 2 | 005 |
| 5-57.07.01 | 5 | 158 | 3 | 003 |

合計 362

実期間 362　　3 加 0　　戦加 0　　40 以降 0

勤めていた会社などを示します

厚生年金基金に加入していたことを示します

これまでの厚生年金の加入期間（月数）です

加入者の分類
1　男性
2　女性
5　基金加入の男性
6　基金加入の女性
　　　　　　　　など

標準報酬月額または標準賞与額が千円単位で表示されています
（例）087は8万7,000円

はじめて厚生年金に加入したことを示します（最初に入社した会社）

厚生年金脱退になります（退職）。喪失日は退職日の翌日になります

2度目以降の厚生年金加入になります（転職などで厚生年金に再加入）

加入月数になります
（例）005は5カ月

加入者の記録変更の原因
1　新規所得
　　（はじめての厚生年金加入）
2　再取得
　　（2社目以降の入社時）
3　標準報酬月額などの変更
4　退職による厚生年金加入資格喪失
　　　　　　　　　　　など

第3章

60歳から65歳までの年金

女性の年金は注意が必要

女性の年金は、一生のうちに加入制度や種別が何度も変わるのが特徴です。特に、第3号被保険者（サラリーマンや公務員の妻）の手続きについては細心の注意が必要です。

専業主婦は保険料を納めなくても年金がもらえる

① **うちの妻は無年金?**：「妻は私の扶養なので保険料を払っていません。だから年金はもらえないんですよね」。年金相談でご主人から受ける質問です。答えはノーです。**サラリーマンの夫（国民年金第2号被保険者）に扶養されている妻は、第3号被保険者という立派な国民年金の加入者です。** 第3号被保険者は保険料を納めなくてもよいといううれしい特典があり、「無年金者」ではありません。ただし、パートなどで収入を得ていて年収130万円以上になると夫の扶養からはずれるので、第1号被保険者（または、第2号としての自分加入）になります。

② **昭和61年4月以降の期間が対象**：第3号の制度は、法改正で国民年金が全国民共通の基礎年金に衣替えしたのに伴ってスタートしました。ですから昭和61年4月以降の期間だけが対象になります。同年3月以前の期間は、国民年金に任意加入して保険料を納めていなければ、年金額計算の対象にはなりません。

③ **自営業者の妻は第1号**：同じ専業主婦でも、自営業者（第1号被保険者）の妻は第3号被保険者ではなく第1号被保険者です。第1号被保険者の場合は保険料を納めなければなりません。

第3号（妻）は夫が退職するときに注意が必要

① **届け出が必要**：第3号は加入のときも脱退のときも届け出の手続きが必要です。加入のときは夫の届け出と一緒に会社が手続きしてくれますが、夫が会社を退職すると

● 第1号被保険者と第3号被保険者の違い

	第1号被保険者	第3号被保険者
専業主婦の種別	自営業者の妻（配偶者）	第2号被保険者（厚生年金の加入者）の被扶養配偶者（いわゆるサラリーマンの妻）
国民年金保険料	自分で市区町村の役所の窓口で手続きして納める	納めなくてよい
もらえる年金	65歳から老齢基礎年金（40年加入で満額）	65歳から老齢基礎年金（40年加入で満額）
国民年金の独自支給の年金	寡婦年金、死亡一時金	なし
付加年金、国民年金基金への加入	加入できる	加入できない
iDeCo（個人型確定拠出年金）への加入	加入できる（掛金限度額月額6万8,000円）	加入できる（掛金限度額月額2万3,000円）

● 第3号被保険者期間とカラ期間

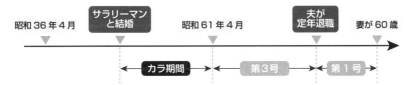

※ 第3号被保険者制度は昭和61年4月より導入されたので、それ以前の専業主婦期間は任意加入していなければカラ期間（36頁参照）になります。
　夫が定年退職して第2号の扶養でなくなれば、60歳になるまで第1号になります。

● 妻（第3号被保険者）がパートで働く場合に扶養からはずれるケース

	第1号被保険者（国民健康保険）	第2号被保険者（厚生年金）	第3号被保険者（夫の扶養）
❶年収要件	年収130万円を超えた場合、夫の扶養を抜けて国民健康保険へ加入	年収とは直接関係ない	130万円未満の場合は夫の扶養のまま
❷労働時間が正社員に比べて4分の3以上か否か（週30時間勤務）		労働時間がパート先の正社員の4分の3を超える場合加入	労働時間がパート先の正社員の4分の3未満の場合は扶養のまま

※ 年収130万円未満でも正社員の4分の3超の勤務時間なら、第2号被保険者（厚生年金加入）となります。
※ 従業員101人以上（令和6年10月からは51人以上の企業の場合は、週20時間以上で年収106万円以上であれば第2号被保険者 ⇒ 厚生年金加入）となります。

平成17年3月までの第3号の届け出漏れに注意

平成17年3月までは、第3号の届け出も夫の会社ではなく自分で手続きしなくてはなりませんでした。届け出漏れがある場合は、第1号被保険者の扱いになってしまいます。改めて届ければ第3号被保険者に戻すことができます。

夫の退職後も第3号のままで大問題になった主婦年金事件

平成22年1月に、夫の退職に伴い第1号に変更届をしなかった妻が第3号のままになっているケースが大量にあることが発覚しました。なかにはすでに年金を受け始めている人もいました。そのまま第1号の扱いに戻すと無年金になる人もいるなど問題も多く、行政の責任も問われたことから、平成25年7月の法改正で対応策がとられることになりました。それによると、法改正前の期間はカラ期間とすることになりましたが、平成30年3月までは特例で10年前まで追納できることとしました。また、すでに年金を受給している人に対しては、10%を上限として返還を求めます。

きは、自分で市区町村の役所の窓口へ行き、手続きをしなければなりません。

② **夫が退職すれば第1号被保険者となり保険料が発生する**：夫が退職して再就職まで1カ月以上空けば、妻は第3号被保険者から第1号被保険者に変更になります。第1号被保険者になると、妻も国民年金の保険料を納めなければなりません。手続きをしないと保険料未納の状態になり、将来の年金額が減ったり無年金になるおそれがあります。特に、夫に転職歴のある人は過去の履歴をよく確認しておきましょう（58頁参照）。

妻はOL時代の厚生年金ももらえる

① **結婚前の厚生年金はもらえる**：結婚退職した場合、結婚前に加入していた厚生年金は、たとえ1カ月でももらうことができます。加入期間が1年未満なら65歳から、1年以上あれば生年月日に応じて60〜64歳で支給開始になります。

② **脱退手当金とは**：結婚退職する女性は厚生年金加入期間が短いので、退職時に一時金で受け取る制度です。現在は廃止されています。脱退手当金をもらった加入期間は厚生年金はもらえませんが、受給資格期間（36頁参照）に算入するカラ期間としては認められます。

正確には、昭和36年4月1日〜昭和61年3月31日までの分は合算対象期間となります。

③ **第3号被保険者の年金額**：第3号被保険者の期間は保険料を納めていませんが、もらえる老齢基礎年金の額は保険料を納める第1号被保険者と同じです（42頁参照）。つまり、1年加入につき約2万円になります。

④ **女性の年金は複雑**：女性は、家事手伝い、OL、結婚退職、パート、自営など、立場がいろいろと変化するのが一般的です。そのため、年金もさまざまに異なった種類のものが関係してきます。OLなら厚生年金の加入者ですし、結婚退職して夫がサラリーマンなら国民年金の第3号、夫が自営業者なら第1号被保険者となります。パートで

● 女性の年金額の計算例

CASE

- 性別：女性（A子さん、B子さん、C子さん）
- 昭和36年4月2日生まれ（令和5年に62歳）
- 3人とも23歳（昭和59年）のとき同年齢のサラリーマンの夫と結婚し、以後は専業主婦。専業主婦時代の国民年金の任意加入はなし
- A子さんは会社勤務の経験がなく、B子さん（OL期間6カ月）とC子さん（OL期間3年）はOLだったが結婚退職

	A子さん	B子さん	C子さん
厚生年金加入期間 （OLとして勤務）	なし	20歳（昭和56年） から6カ月	20歳から3年
国民年金第3号被保険者期間（結婚し、昭和61年4月から60歳までの期間）	35年	35年	35年
カラ期間（昭和61年3月以前の結婚期間）	2年	2年	2年
受給資格期間 年金の計算に反映される期間	37年＞10年 （35年） 結婚し昭和61年4月以降分	37年6カ月＞10年 （35年6カ月） A子さんと同様＋OLだった6カ月分	40年＞10年 （38年） A子さんと同様＋OLだった3年分

	A子さん	B子さん	C子さん
厚生年金額は？ （年額）	なし	8,000円 ただし加入期間が1年未満のため、62歳からは支給されず65歳からの支給となります	5万円 加入期間が1年以上のため、62歳から支給されます

※ ① 第3号被保険者期間は、昭和61年4月から60歳になるまでの期間
② 3人のカラ期間は昭和61年3月以前の結婚期間
③ 厚生年金額は平均的な額を想定したときの例

も働き方によって国民年金の第1号被保険者か第2号被保険者か、第3号被保険者なのかが違ってきます。また、昭和61年3月以前にサラリーマンの専業主婦期間があって、国民年金に加入していれば「**任意加入**」の扱いになります。

● 女性の年金額の計算例（続き）

A 子さんの年金額

※ A 子さんは厚生年金の加入期間がないため、65 歳から老齢基礎年金のみの受給となります。

B 子さんの年金額

※ B 子さんは、厚生年金加入期間が 1 年未満なので 65 歳前の厚生年金は受けられません。厚生年金加入期間（6 カ月）も国民年金同時加入期間となるので、A 子さんよりやや老齢基礎年金額が多くなります。

C 子さんの年金額

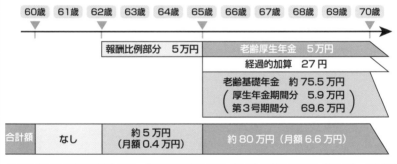

※ 65 歳からの老齢基礎年金は、「厚生年金加入期間（3 年）＋第 3 号期間（35 年）＝38 年」分が受けられます。

企業年金に加入していた人は企業年金の請求を忘れずに

企業年金は、公的年金と合わせて年金額を手厚くします。転職した人は企業年金連合会に請求する場合もあります。

主な企業年金は確定給付企業年金と確定拠出年金

① **厚生年金基金と代行返上**：厚生年金基金は、現在はほとんどが代行返上か解散によってなくなっています。しかし、年金の請求時には過去の加入状況によって請求先などが複雑になっているので、よく確認することが必要です。代行部分（国の厚生年金の一部を代行している部分）の請求先も国（国の厚生年金と一体となっている）、企業年金連合会（厚生年金基金から移管されている）、企業（厚生年金基金が存続）と状況により異なります。

② **代行返上後は解散か他の年金に移行**：代行返上後は、解散してしまうか、他の企業年金に移行します。主に移行の受け皿となっているのが確定給付企業年金と確定拠出年金（企業型）です。確定給付企業年金は、厚生年金基金から代行部分を除いた加算部分だけになった形です。確定拠出年金（企業型）は加算部分の年金資産を移行して原資にした年金です。どちらも厚生年金基金からの移行だけでなく、新たにつくることもできます。

一時金をもらっても代行部分は残っている

① **加算部分は一時金の場合もある**：厚生年金基金の加算部分や確定給付企業年金は、加入期間が短いと年金ではなく一時金だったり支給されなかったりします。

② **代行部分は終身年金**：厚生年金基金の代行部分は厚生年金の一部なので終身年金です。そのため、退職時に一時金をもらったので厚生年金基金はないと思っていても代

ONE POINT
企業によりルールは異なる

企業年金は、企業独自の制度なので、細かいルールは企業によって異なります。加入していた制度については、企業や企業年金連合会によく確認しましょう。
<企業年金連合会への問い合わせ>
0570-02-2666
IP電話
03-5777-2666

加算年金の年金選択は10年以上の加入期間

確定給付企業年金や厚生年金基金の加算部分の受給は企業や基金の規約によって異なりますが、以下のケースが一般的です。①加入期間10年以上で年金と一時金の選択が可能、②3年以上7年未満で一時金、③3年未満で支給なし。

第3章

60歳から65歳までの年金

⚠️ **企業年金連合会とは？**

もともとは短期退職者に対する厚生年金基金の支給などを行う組織で、厚生年金基金連合会という名称でした。現在は確定給付企業年金など、ほかの企業年金も含めた企業年金間の通算事業なども行っています。

ONE POINT
企業年金の請求書は事前に送られてくる

支給開始時期になると、企業年金の受給者に事前に請求の書類が一式送られてきます（企業年金連合会の場合は支給開始年齢になった月の初め）。ただし、退職後に転居していると書類が届かないケースもあります。届かない場合には勤めていた企業や企業年金連合会に問い合わせてみましょう。

企業年金の支給回数

公的年金は偶数月15日の年6回支給ですが、企業年金は個別に異なります。企業年金連合会の代行年金や通算企業年金の場合、支給回数は年金額によって異なります。年額27万円以上は偶数月の年6回、15万円以上27万円未満は年3回、6万円以上15万円未満は年2回、6万円未満は年1回です。支給日はいずれも該当月の1日です。

行部分は必ず残っています。さらに、一時金をもらっていない人も、1カ月でも加入期間があれば代行部分があります。年金の受給開始年齢になったら、企業年金連合会などへの請求を忘れないようにしましょう。

企業年金はそれぞれの請求先にする

① **企業年金連合会への移管**：代行返上した場合は、国に代行部分が返還されて国の厚生年金と一本化されます。しかし、平成26年3月31日以前に解散した場合や短期加入の場合は、企業年金連合会に移管されています。短期加入の目安としては、10年（基金によっては15年）未満だと連合会に移管され、年金は代行年金として連合会から支給されます。代行年金は国の厚生年金と連動しているので、支給開始年齢も国と同じです。繰り上げや繰り下げ請求も国の厚生年金と同時に行わなければなりませんが、国とは別に連合会にも請求する必要があります。

② **通算企業年金の請求**：厚生年金基金の加算部分や確定給付企業年金は、退職時に一時金で受給するか、企業年金連合会へ移管するか、転職先の企業年金などに移管するかを本人が選択できます。連合会に移管した場合は、その後に転職先などの企業年金に再び移管することもできますが、通算企業年金として連合会から終身年金として受給することもできます。通算企業年金も支給開始年齢などは代行年金とほぼ同じですが、繰り上げや繰り下げ支給は国の厚生年金とは別々に請求できます。退職時などに連合会への移管を選択した場合は、連合会への請求も忘れないようにしましょう。

③ **確定拠出年金の請求**：確定拠出年金は、原則60歳から支給開始でき、一時金での受給も可能です。請求は加入している運営管理機関ですが、企業型と個人型（iDeCo）は別々に請求する必要があります。なお、最大75歳まで支給開始を遅らせることができますので、運用を続けながら、自分に合った時期に請求すればよいでしょう。

● 厚生年金基金の解散・代行返上と代行部分の移管先

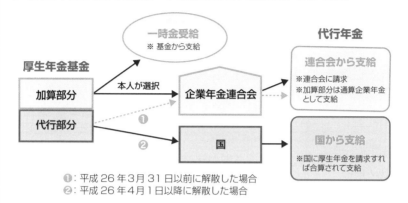

① : 平成26年3月31日以前に解散した場合
② : 平成26年4月1日以降に解散した場合

※ 代行返上の場合は、時期にかかわらず代行部分が国に移管されます。
※ 平成26年3月以前に退職した人で、厚生年金基金の加入期間が10年（基金によっ
　ては15年）未満の人は代行部分が企業年金連合会に移管されています。

● 退職時の確定給付企業年金・確定拠出年金の企業年金連合会への移管

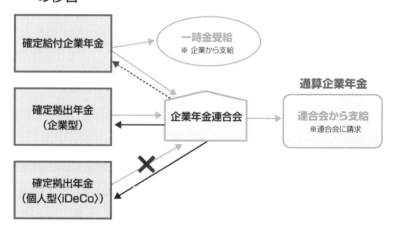

※ 退職者の確定給付企業年金、確定拠出年金（企業型）は本人の選択（転職先の企業年
　金や iDeCo への移管、確定給付企業年金は一時金受給も可能）により企業年金連合会
　へ移管できます。移管された年金資産は通算企業年金として企業年金連合会から支給
　（原則65歳支給開始）されますが、転職先の企業年金（確定給付企業年金の場合は相
　手先の規約の規定が必要）や iDeCo への再移管も可能です。

定年退職時の雇用保険の 失業給付の手続き

定年退職者の場合は、2カ月の給付制限がない、すぐに求職活動をしな
くても受給期間を最大1年間延長できるなどの有利な特例があります。

失業給付の手続きと支給開始

ONE POINT
**会社の所在地のハロー
ワークではない**

ハローワークの窓口は、
退職時以降は会社の所在
地ではなく、自分の住所
地のハローワークになり
ます。

**失業認定日は4週間
ごと**

基本手当は4週間(28
日)サイクルで支給され
るので、1カ月分より金
額は若干低くなります。
基本手当の支給を判定す
る日を失業認定日とい
い、初回は求職の申し込
みから4週間後になりま
す。

**基本手当日額には下限
もある**

給与が低すぎる場合には、
下限額が支給されます。
基本手当日額が2,125円
を下回る場合は、2,125
円(令和4年8月1日
〜令和5年7月31日)
が基本手当日額になりま
す。下限額は全年齢共通
です。

① **ハローワークでの手続き**:雇用保険の失業給付(基本手
当)を受けるには、住所地のハローワーク(公共職業安
定所)へ行き、「**求職の申し込み**」をします。必要な書類
は雇用保険被保険者証と離職票(1と2)のほか、個人番
号確認書類(マイナンバーカードなど)、身元(実在)確
認書類(マイナンバーカード、運転免許証など)、写真2枚、
預貯金通帳などです。

② **定年退職者は約1カ月後に支給開始**:求職の申し込み
をしても、7日間は待期期間として支給日数にカウント
されません。さらに、一般の自己都合退職の場合には、
原則2カ月間の給付制限があります。しかし、**定年退職者
の場合は、7日間の待期期間が満了すれば支給日数の対象
となります**。ただし、実際にお金が預金口座に振り込ま
れるのは初回の失業認定日の約1週間後なので、求職の
申し込みから約1カ月後となります。

支給額と再就職時の一時金

① **月給の45〜80%が支給される**:基本手当の額は定年
退職者(60歳以上65歳未満)の場合、月給(賞与は除く)
の45〜80%です。

② **加入期間によって給付日数が設定**:基本手当は、被保
険者期間(加入期間)によって給付日数(所定給付日数)
が決められています。20年以上の被保険者期間があれば、
給付日数は150日になります。

● 雇用保険の基本手当をもらうための条件

- **失業していて働く意思と能力があること**
  ※ 退職すると無条件に受給できるわけではありません
- **退職日前の2年間に雇用保険の被保険者期間（加入期間）が通算して12カ月以上あること**
  ※ 倒産や解雇の場合は退職日前1年間に通算6カ月でよい

● 求職申し込みから基本手当受給・終了までの流れ

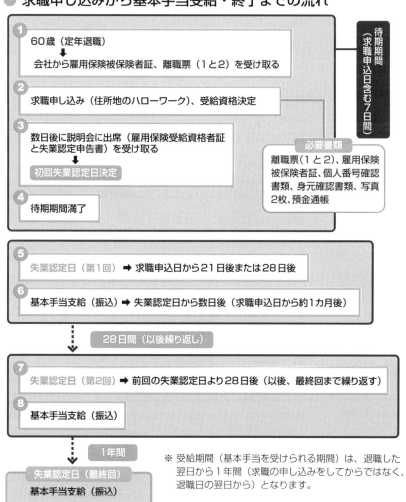

1 60歳（定年退職）
　↓
会社から雇用保険被保険者証、離職票（1と2）を受け取る

2 求職申し込み（住所地のハローワーク）、受給資格決定

3 数日後に説明会に出席（雇用保険受給資格者証と失業認定申告書）を受け取る
　初回失業認定日決定

4 待期期間満了

待期期間（求職申込日含む7日間）

必要書類
離職票(1と2)、雇用保険被保険者証、個人番号確認書類、身元確認書類、写真2枚、預金通帳

5 失業認定日（第1回）➡ 求職申込日から21日後または28日後

6 基本手当支給（振込）➡ 失業認定日から数日後（求職申込日から約1カ月後）

28日間（以後繰り返し）

7 失業認定日（第2回）➡ 前回の失業認定日より28日後（以後、最終回まで繰り返す）

8 基本手当支給（振込）

1年間

失業認定日（最終回）
基本手当支給（振込）

※ 受給期間（基本手当を受けられる期間）は、退職した翌日から1年間（求職の申し込みをしてからではなく、退職日の翌日から）となります。

③ **再就職が早ければ一時金がもらえる**：就職が早く決まると基本手当がもらえなくてもったいないと思うかもしれませんが心配いりません。早い時期に就職できた場合は、「**再就職手当**」という一時金がもらえます。再就職手当をもらうには、次の4つが主な条件となります。

> ❶ 基本手当の支給残日数が3分の1以上あること
> ❷ 1年を超えて引き続き雇用されることが確実と見込まれる職に就いたこと
> ❸ 待期期間（7日間）経過後の就職・事業開始であること
> ❹ 退職前の会社や関連会社への就職ではないこと

支給額は、「基本手当日額×支給残日数×給付率」です。再就職手当の基本手当日額の上限は5,004円（60歳以上65歳未満。令和5年7月31日まで）、給付率は支給残日数が3分の2以上ある場合は70％、3分の1以上の場合は60％です。

定年退職者の受給期間延長

① **原則は退職した翌日から1年間**：基本手当が受給できる期間は、原則として退職日の翌日から1年間です。求職の申し込みをしてから1年間ではないので注意が必要です。つまり、求職の申し込みが遅れると受給期間内に所定給付日数を消化できなくなるおそれがあります。たとえ**所定給付日数が残っていたとしても、退職翌日から1年間で打ち切りとなってしまいます。**

② **定年退職者の受給期間はさらに1年間延長可能（合計2年間）**：定年退職者の場合は、すぐに求職活動をしなくてよい特例があります。退職日の翌日から2カ月以内に求職を希望しない期間を申請すれば、最大で1年間の受給期間延長が可能です。つまり、定年退職後は1年間骨休めをしてから、求職活動を始めることができるようになります。申請は、「**受給期間延長申請書**」に離職票を添えて、住所地を管轄するハローワークで手続きします。

ONE POINT
継続雇用も定年退職
60歳以降の継続雇用の終了による退職であれば、雇用保険は定年退職の扱いになります。

起業でも受給できる
退職後に会社設立や自営業で開業する場合でも、一定の要件を満たせば、基本手当や再就職手当が受給できます。

基本手当日額は毎年8月1日に改定
雇用保険の支給額の計算基準となる基本手当日額や賃金日額は、世の中の平均給与の変動にあわせて毎年8月1日に改定されることになっています。

退職理由によっては給付日数が長くなる
特別な理由がある場合には、基本手当の給付日数が延長されます。倒産や解雇による退職の、60歳以上65歳未満（被保険者期間20年以上）で240日になります。

病気やケガでも受給期間を延長できる
病気やケガで退職して30日以上就労不能な状態であれば、最大3年間（退職の翌日からは最大4年間）の受給期間の延長ができます。

● 定年退職者の基本手当の給付日数

被保険者期間	10年未満	20年未満	20年以上
所定給付日数	90日	120日	150日 ※ 約5カ月

● 基本手当日額の計算方法

まず
賃金日額を
計算

退職前6カ月間の 賃金(月給)の合計 ※ 賞与を除きます	÷ 180日 =	賃金日額 (上限1万5,950円) ※ 60歳時以上65歳未満の場合

↓

賃金日額から基本手当日額を計算
(賃金日額、基本手当日額とも1円未満切り捨て)

賃金日額	計算式	基本手当日額	総支給額(150日分)
5,030円以上 1万1,120円以下	賃金日額×(80%～ 45%)	4,024円～5,004円	60万3,600円～ 75万600円
1万1,120円超 1万5,950円以下	賃金日額×45%	5,004円～7,177円	75万600円～ 107万6,550円
1万5,950円超	上限	7,177円	107万6,550円

※ 60歳以上65歳未満の額になります(令和5年7月31日まで)
※ 賃金日額2,657円以上5,030円未満は、賃金日額の一律80%

● 基本手当の計算例

CASE 1

- 退職前6カ月間の月給:36万円
- 38年間勤めた会社を60歳で定年退職

① 賃金日額:36万円 × 6カ月 ÷ 180日 = 1万2,000円
② 基本手当日額:1万2,000円 × 45% = 5,400円
③ 総支給額:5,400円 × 150日 = 81万円(月額16万2,000円)

CASE 2

- 退職前6カ月間の月給:50万円
- 38年間勤めた会社を60歳で定年退職

① 賃金日額:50万円 × 6カ月 ÷ 180日 = 1万6,666円
② 基本手当日額(上限):7,177円
③ 総支給額:7,177円 × 150日 = 107万6,550円(月額21万5,310円)

雇用保険の失業給付と年金はどちらを選ぶ？

雇用保険の失業給付と65歳前の厚生年金が選択できる場合は、まず失業給付を受け、終了してから厚生年金の受給を開始するようにします。一般的には失業給付のほうが有利になるからです。

失業給付と厚生年金はどちらか1つしかもらえません

① **退職すると2つの給付から選択**：退職する場合には、退職後に雇用保険の「**失業給付**」が受けられます。一方、支給開始年齢に達していれば「**厚生年金**」も受給できます。ただし、どちらかを選択しなければなりません。

② **失業給付と厚生年金の同時受給はできない**：退職時に厚生年金の受給を選択した場合、失業給付（基本手当）を受けることはできません。また、失業給付の手続きをすると厚生年金は自動的に停止されます。厚生年金の支給停止は失業給付が終了するまで続きます。

③ **一般的には失業給付が有利**：雇用保険の失業給付と厚生年金を両方もらうことはできないので、金額を比較して高いほうを選ぶことになります。厚生年金（報酬比例部分）の月額は、40年程度在職した男性の定年会社員で月額10万円前後です。一方、失業給付の月額は通常これより高くなります。次頁のCASE2は継続雇用で月給が大きく下がった例ですが、それでも失業給付は月額14万円以上になります。このように、一般的には、厚生年金よりも失業給付のほうが高くなります。また、厚生年金（老齢年金）は課税ですが、失業給付は非課税である点も有利です。

④ **繰り上げ支給の厚生年金も同じ扱い**：厚生年金を繰り上げた場合も、失業給付との併給調整は同じです。たとえば、厚生年金の支給開始年齢が64歳の人が63歳で退職

● 厚生年金（報酬比例部分）と雇用保険（基本手当）の比較

CASE 1

- 性別：男性 ● 生年月日：昭和35年4月2日生まれ（令和5年に64歳）
- 64歳からの厚生年金額（報酬比例部分）：120万円（月額10万円）
- 雇用保険被保険者期間：42年 ● 退職6カ月前月給（平均額）：36万円
- 基本手当の基本手当日額：5,400円

基本手当（1カ月支給額）		厚生年金（月額）
16万2,000円	＞	10万円

5,400円 × 30日 ＝ 1カ月の支給額

CASE 2

- 性別：男性 ● 生年月日：昭和35年4月2日生まれ（令和5年に64歳）
- 64歳からの厚生年金額（報酬比例部分）：120万円（月額10万円）
- 雇用保険被保険者期間：42年 ● 退職6カ月前月給（平均額）：24万円
- 基本手当の基本手当日額：4,848円

基本手当（1カ月支給額）		厚生年金（月額）
14万5,440円	＞	10万円

4,848円 × 30日 ＝ 1カ月の支給額

● 退職後、雇用保険の給付を受けるときの流れ

上記 CASE 1 の場合

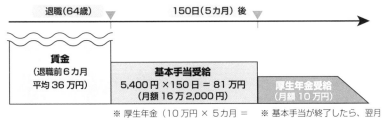

退職（64歳）　　　　　　150日（5カ月）後

賃金
（退職前6カ月
平均36万円）

基本手当受給
5,400円 ×150日 ＝ 81万円
（月額16万2,000円）

厚生年金受給
（月額10万円）

※ 厚生年金（10万円 × 5カ月 ＝ 50万円）は支給停止になります。

※ 基本手当が終了したら、翌月より厚生年金の支給が開始になります。

して63歳から繰り上げ支給の厚生年金の請求をした場合、失業給付の手続きをすれば繰り上げ支給の厚生年金は支給停止になります。なお、この場合、65歳からの老齢基礎年金（国民年金）も同時繰り上げになっていますが、老齢基礎年金はそのまま受給できます。厚生年金だけが支給停止になりますので、失業給付と老齢基礎年金をもらうことになります。

失業給付の支給が終了すると自動的に厚生年金が支給される

① **厚生年金の手続きもしておく**：雇用保険の失業給付を受けるときでも、厚生年金の請求手続きをしておきます。失業給付が支給されると厚生年金は支給停止になりますが、失業給付の支給が終了すると自動的に厚生年金の支給が始まりますので、改めて手続きする必要はありません。なお、年金請求時に雇用保険被保険者番号を記入しなかった場合は、「支給停止事由該当届」を年金事務所に提出しておかないと支給停止は自動的に解除されません。

② **支給停止の開始と終了**：失業給付の受給によって年金が支給停止になる期間は、求職の申し込みをした月の翌月から失業給付の所定給付日数が終了した月（最後の失業認定日の月）か、受給期間（通常、退職日の翌日から1年間）満了の翌日の月です。なお、支給停止期間中でも失業認定を受けなかったなどで失業給付の受給がなかった月の年金は支給されます。

● 雇用保険受給資格者証サンプル

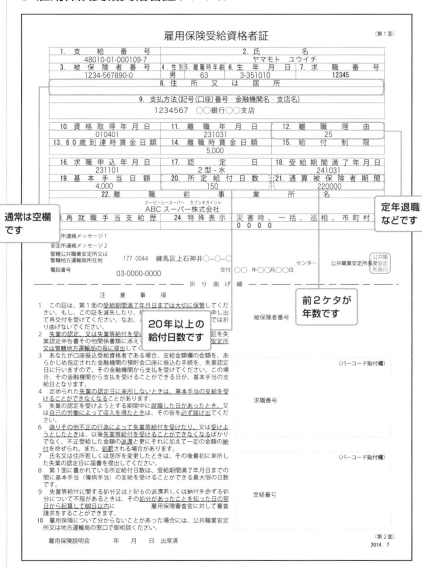

雇用保険受給資格者証

(第1面)

1. 支 給 番 号		2. 氏　　　名			
48010-01-000109-7		ヤマモト　ユウイチ			
3. 被 保 険 者 番 号	4.性別	5.離職時年齢	6. 生 年 月 日	7. 求 職 番 号	
1234-567890-0	男	63	3-351010	12345	

8. 住 所 又 は 居 所

9. 支払方法(記号(口座)番号・金融機関名・支店名)
1234567　○○銀行○○支店

10. 資 格 取 得 年 月 日	11. 離 職 年 月 日	12. 離 職 理 由
010401	231031	25
13. 60歳到達時賃金日額	14. 離 職 時 賃 金 日 額	15. 給 付 制 限
	5,000	
16. 求 職 申 込 年 月 日	17. 認 定 日	18. 受給期間満了年月日
231101	2 型 - 水	241031
19. 基 本 手 当 日 額	20. 所 定 給 付 日 数	21. 通算被保険者期間
4,000	150	220000

22. 離　　職　　前　　事　　業　　所　　名
エービーシースーパー　カブシキガイシャ ABC スーパー株式会社

23. 再 就 職 手 当 支 給 歴	24. 特 殊 表 示	災 害 時 、 一 括 、 巡 相 、 市 町 村
		0 0 0 0

所連絡メッセージ1
安定所連絡メッセージ2
管轄公共職業安定所又は
管轄地方運輸局所在地　　　177 0044　練馬区上石神井○-○-○

電話番号　　　03-0000-0000　　　　交付　○○ 年○○月○○日　センター　公共職業安定所長業安定
所長印

通常は空欄です

定年退職などです

─ ─ ─ ─ ─ ─ ─ ─ 折 り 曲 げ 線 ─ ─ ─ ─ ─ ─ ─ ─

前2ケタが年数です

20年以上の給付日数です

注 意 事 項

1 この証は、第1面の受給期間満了年月日までは大切に保管してください。もし、この証を滅失したり、ｷ……ｷ……申し出て再交付を受けてください。なお、ｷ……ｷ……では折り曲げないでください。
2 失業の認定、又は失業等給付を受けｷ……ｷ……証を失業認定申告書その他関係書類に添えｷ……ｷ……安定所又は管轄地方運輸局等の毎に提出してｷ……ｷ……
3 あなたが口座振込受給資格者である場合、支給金額欄の金額を、あらかじめ指定した金融機関の預貯金口座に振込む手続を、失業認定日に行いますので、その金融機関から支払を受けてください。この場合、その金融機関から支払を受けることができる日が、基本手当の支給日となります。
4 定められた失業の認定日に来所しないときは、基本手当の支給を受けることができなくなることがあります。
5 失業の認定を受けようとする期間中に就職した日があったとき、又は自己の労働によって収入を得たときは、その旨を必ず届け出てください。
6 偽りその他不正の行為によって失業等給付を受けたり、又は受けようとしたときは、以後失業等給付を受けることができなくなるばかりでなく、不正受給した金額の返還と更にそれに加えて一定の金額の納付を命ぜられ、また、処罰される場合があります。
7 氏名又は住所若しくは居所を変更したときは、その後最初に来所した失業の認定日に届書を提出してください。
8 第1面に書かれている所定給付日数は、受給期間満了年月日までの間に基本手当(傷病手当)の支給を受けることができる最大限の日数です。
9 失業等給付に関する処分又は上記6の返還若しくは納付を命ずる処分について不服があるときは、その処分があったことを知った日の翌日から起算して60日以内に、　　　　　雇用保険審査官に対して審査請求をすることができます。
10 雇用保険について分からないことがあった場合には、公共職業安定所又は地方運輸局の窓口で御相談ください。

雇用保険説明会　　年　　月　　日　出席済

被保険者番号

(バーコード貼付欄)

求職番号

(バーコード貼付欄)

支給番号

(第2面)
2014. 7

※ 「雇用保険受給資格者証」は、住所地を管轄するハローワークで「求職申込」をし、「離職表」を提出すると、受給説明会時に交付されます。

第3章

60歳から65歳までの年金

65歳前に年金がもらえる

65歳前の年金は、支給開始が生年月日と性別で異なります。また、「年金」「給与」「雇用保険の給付金」の3つの関係によって年金額が違ってきます。

生年月日と性別でいつからもらえるかが違う

① **支給開始年齢**：65歳前の年金は経過措置なので、人によって支給開始年齢が異なります（次頁上表参照）。自分は何歳から支給開始なのかを確認しておきましょう。定額部分は男女ともすでに終了しています。

② **対象者**：65歳前に厚生年金をもらえるのは、男性は昭和36年4月1日生まれまでです。女性は5年遅れの移行なので昭和41年4月1日生まれまでです。公務員などは、男女とも厚生年金の男性と同じです。

働き方によって年金額が変わってくる

① **厚生年金に加入して働く場合**：定年前と同様に毎日働くときは、厚生年金に継続加入となります。年金は、給与と調整される在職老齢年金となりますが、年金と給与の合計が月額48万円以下であれば調整による減額はありません。厚生年金に加入するので、退職後は継続加入した期間の分だけ厚生年金が増額します。

①-2 **雇用保険からも給付金が出る**：定年後の賃金が60歳時の75％未満になったときは、雇用保険から「**高年齢雇用継続給付**」が新賃金の最大15％まで支給されます。調整はされますが、賃金、高年齢雇用継続給付、厚生年金の3つをもらうこともできます。

② **厚生年金に加入しないで働く場合**：短時間勤務などで厚生年金に加入しないで働くときは、収入に関係なく厚生年金は全額もらえます。雇用保険に加入していれば、「**高年齢雇用継続給付**」の給付も受けることができます。

● 65 歳前に年金がもらえる人

厚生年金男性（公務員は男女）				厚生年金女性		
	報酬比例 部分	定額 部分			報酬比例 部分	定額 部分
昭和24年4月2日～ 昭和28年4月1日	60歳 から	なし		昭和29年4月2日～ 昭和33年4月1日	60歳 から	なし
昭和28年4月2日～ 昭和30年4月1日	61歳 から	なし		昭和33年4月2日～ 昭和35年4月1日	61歳 から	なし
昭和30年4月2日～ 昭和32年4月1日	62歳 から	なし		昭和35年4月2日～ 昭和37年4月1日	62歳 から	なし
昭和32年4月2日～ 昭和34年4月1日	63歳 から	なし		昭和37年4月2日～ 昭和39年4月1日	63歳 から	なし
昭和34年4月2日～ 昭和36年4月1日	64歳 から	なし		昭和39年4月2日～ 昭和41年4月1日	64歳 から	なし
昭和36年4月2日 以降	なし	なし		昭和41年4月2日 以降	なし	なし

● 60 歳代前半の働き方と年金のポイント

厚生年金に加入して働く	厚生年金に加入しないで働く	
フルタイムまたは正社員 の4分の3以上の勤務 （週30時間以上）	週20時間以上30時間 未満の勤務（雇用保険 加入）	週20時間未満の勤務 （雇用保険未加入）ま たは自営
高年齢雇用継続基本 給付金	高年齢雇用継続基本 給付金	
厚生年金 （在職老齢年金）	厚生年金 （全額支給）	厚生年金 （全額支給）
給与	給与	給与または収入
年金の調整あり	年金の調整なし	年金の調整なし
退職後の年金の増額あり	退職後の年金の増額なし	退職後の年金の増額なし

（厚生年金・雇用保険加入）

※国や地方公共団体、従業員101人以上
（令和6年10月からは51人以上）の
企業の場合は、右の条件をすべて満た
していれば厚生年金加入となります。

・週の所定労働時間が20時間以上
・月額賃金8万8,000円（年収106万円）以上
・勤務期間が2カ月を超える見込みである
・学生（昼間部）でない

働きながらもらえる在職老齢年金

厚生年金に加入しながら働く場合でも、厚生年金をもらうことができます。ただし、給与と年金額の合計が一定額を超えると年金が減額されるのが特徴です。

60歳以上の人が働きながらもらう年金を「在職老齢年金」といいます

⚠**在職老齢年金とは？**
60歳以上の人が働きながらもらう年金のことです。

⚠**基本月額とは？**
年金額を12で割った年金月額のことを「基本月額」とも呼んでいます。

ONE POINT
1年前の賞与が年金と調整される
月給とは、毎月の給与に直近1年間に支払われた賞与の合計額を12で割って加算した額になります。実は、このしくみを知らない人が多く、不満の種になるようです。

① **年金の支給停止（減額）とは**：支給停止（減額）は、「**年金月額**」と「**月給**」の合計額で判定します。年金月額のことを「**基本月額**」ともいいます。月給は、毎月の給与額と直近1年間に支払われた賞与のある人は賞与を12分の1にした額を含んだ額になることから、在職老齢年金で使う月給のことを「**総報酬月額相当額**」といいます。
ただ、60歳以降の継続雇用では、賞与が支給されるケースが少ないため、賞与がなければ月額給与（標準報酬月額）がそのまま総報酬月額相当額になります。

② **在職老齢年金の調整のしくみ**：「年金月額」と「総報酬月額相当額」の合計が48万円までは、年金は全額支給されます。合計額が48万円を超えると、原則として超えた分の半額分だけ年金が支給停止になり、その分だけ年金額が少なくなります。

②-1 **合計48万円までなら全額もらえる**：月給（賞与含む）と年金月額の合計が48万円以内なら、年金は減額されません。定年退職者の厚生年金月額は10万円前後が一般的ですから、月給38万円くらいまでであれば年金は全額もらえることが多くなります。

②-2 **48万円を超えると減額が始まる**：月給（賞与含む）と年金月額の合計が48万円を超えると年金の一部停止（減額）が始まります。多くの場合、月給60万円前後で年金は全額支給停止になります。なお、減額されるのは年金

● 在職老齢年金による調整（支給停止）のしくみ

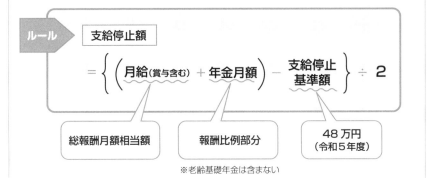

ルール

支給停止額

$$= \left\{ \left(\underset{\text{月給(賞与含む)}}{} + \underset{\text{年金月額}}{} \right) - \underset{\text{基準額}}{\text{支給停止}} \right\} \div 2$$

総報酬月額相当額　　報酬比例部分　　48万円（令和5年度）

※老齢基礎年金は含まない

● 総報酬月額相当額の考え方と計算式

$$\underset{\text{相当額}}{\text{総報酬月額}} = \underset{\text{月額}}{\text{標準報酬}} + \frac{\text{その月以前1年間の}\text{標準賞与額の総額}}{12\text{カ月}}$$

注）標準賞与額は1回の賞与につき上限150万円、1,000円未満切り捨てになります。

月給と年金の合計額が48万円超なら、超えた金額の2分の1を年金から差し引く

（合計額 − 48万円）÷ 2 ＝ 支給停止額

月給と年金の合計額が48万円以下なら年金は全額支給

48万円（支給停止基準額）

月給（賞与含む）	24万円	38万円	39万円	50万円	58万円
年金（月額）	10万円	10万円	10万円	10万円	10万円
停止額（減額）	なし	なし	0.5万円	6万円	10万円
年金支給額	10万円	10万円	9.5万円	4万円	なし
総収入額	34万円	48万円	48.5万円	54万円	58万円

だけで、月給は全額もらえます。また、繰り上げ支給の老齢基礎年金は減額されません。

月給と在職老齢年金の支給停止の推移

① **月給40万円前後で減額が始まる**：定年退職者の場合、年金額（報酬比例部分）の平均は月額10万円前後なので月給（賞与含む）と年金月額の合計が48万円を超えることはあまりありません。つまり、多くの人は年金を全額もらうことができます。ただ、賞与がある人の場合、仮に年間賞与が120万円だとすると月給に10万円上乗せされた額が総報酬月額相当額になります。賞与を含まない月給が30万円くらいだと一部減額の範囲に入ってきます。

② **月給60万円程度で全額支給停止**：在職老齢年金支給額早見表（96頁参照）では、月給が増えるにしたがって年金月額が減っていくのがわかります。定年退職者の多くは年金月額8万〜12万円なので、おおよそ月給58万円前後（60万円程度）で年金が全額支給停止になります。

退職すると在職期間の年金額が増える

① **在職中には年金額は増えない**：退職後、厚生年金に加入して働く場合は、在職老齢年金を受け取りながら厚生年金の加入期間が増えていきます。しかし、在職中には受給開始時の年金額がそのまま支給されます。**在職期間中の厚生年金加入分は、退職後に再計算されて増額されます。**

② **65歳になると在職中でも年金額が増える**：在職したまま65歳になると、在職老齢年金を受給している人にも**「年金請求書（ハガキ様式）」**（115頁参照）が送られてきます。65歳前の制度と65歳からの制度が異なるためです。そのため、改めて年金請求をする必要があります。年金請求といっても、ハガキに必要事項を記入して返送するだけなので簡単です。返送しないと年金が止まってしまうので、注意が必要です。

● 総報酬月額相当額への賞与の反映

> **CASE**
> - 給与（標準報酬月額）：再雇用前50万円、再雇用後30万円
> - 賞与（標準賞与額）：再雇用前は8月に60万円、12月に120万円
>   再雇用後は賞与なし

月	8月	9～11	12	1	2	3	4	5	6	7	8	9	10	11	12
給与	50万円	50	50	50	50	50	30	30	30	30	30	30	30	30	30万円
賞与	60万円		120		翌年7月まで計算対象 →						翌年11月まで計算対象 →				
総報酬月額相当額	65万円	65	65	65	65	65	45	45	45	45	40	40	40	40	30万円

定年退職4月1日再雇用

※ 3月までの総報酬月額相当額　＝ 50万円 ＋（180万円÷12）＝ 65万円
　 7月までの総報酬月額相当額　＝ 30万円 ＋（180万円÷12）＝ 45万円
　 11月までの総報酬月額相当額　＝ 30万円 ＋（120万円÷12）＝ 40万円
　 12月以降の総報酬月額相当額　＝ 30万円

● 賞与を含んだ在職老齢年金の計算例

> **CASE**
> - 年金月額10万円
> - 月給（総報酬月額相当額）：65万円（3月まで）、45万円（7月まで）
>   40万円（11月まで）、30万円（12月以降）

● 支給停止額
　3月まで　　｛（10万円＋65万円）－48万円｝÷2＝13.5万円
　7月まで　　｛（10万円＋45万円）－48万円｝÷2＝3.5万円
　11月まで　 ｛（10万円＋40万円）－48万円｝÷2＝1万円
　12月以降　｛（10万円＋30万円）－48万円｝÷2＝－4万円 ⇒ 0円

● 在職老齢年金額（年金支給額）
　3月まで　　10万円 －13.5万円 ＝－3.5万円 ⇒ 全額支給停止
　7月まで　　10万円 －3.5万円 ＝6.5万円
　11月まで　 10万円 －1万円 ＝9万円
　12月以降　10万円 －0円 －10万円 ⇒ 全額支給（支給停止なし）

● 在職老齢年金支給額早見表

月給＼年金額	6万円	7万円	8万円	9万円	10万円	11万円	12万円	13万円	14万円	15万円	16万円
15万円	6.0	7.0	8.0	9.0	10.0	11.0	12.0	13.0	14.0	15.0	16.0
16万円	6.0	7.0	8.0	9.0	10.0	11.0	12.0	13.0	14.0	15.0	16.0
17万円	6.0	7.0	8.0	9.0	10.0	11.0	12.0	13.0	14.0	15.0	16.0
18万円	6.0	7.0	8.0	9.0	10.0	11.0	12.0	13.0	14.0	15.0	16.0
19万円	6.0	7.0	8.0	9.0	10.0	11.0	12.0	13.0	14.0	15.0	16.0
20万円	6.0	7.0	8.0	9.0	10.0	11.0	12.0	13.0	14.0	15.0	16.0
21万円	6.0	7.0	8.0	9.0	10.0	11.0	12.0	13.0	14.0	15.0	16.0
22万円	6.0	7.0	8.0	9.0	10.0	11.0	12.0	13.0	14.0	15.0	16.0
23万円	6.0	7.0	8.0	9.0	10.0	11.0	12.0	13.0	14.0	15.0	16.0
24万円	6.0	7.0	8.0	9.0	10.0	11.0	12.0	13.0	14.0	15.0	16.0
25万円	6.0	7.0	8.0	9.0	10.0	11.0	12.0	13.0	14.0	15.0	16.0
26万円	6.0	7.0	8.0	9.0	10.0	11.0	12.0	13.0	14.0	15.0	16.0
28万円	6.0	7.0	8.0	9.0	10.0	11.0	12.0	13.0	14.0	15.0	16.0
30万円	6.0	7.0	8.0	9.0	10.0	11.0	12.0	13.0	14.0	15.0	16.0
32万円	6.0	7.0	8.0	9.0	10.0	11.0	12.0	13.0	14.0	15.0	16.0
34万円	6.0	7.0	8.0	9.0	10.0	11.0	12.0	13.0	14.0	14.5	15.0
35万円	6.0	7.0	8.0	9.0	10.0	11.0	12.0	13.0	13.5	14.0	14.5
36万円	6.0	7.0	8.0	9.0	10.0	11.0	12.0	12.5	13.0	13.5	14.0
37万円	6.0	7.0	8.0	9.0	10.0	11.0	11.5	12.0	12.5	13.0	13.5
38万円	6.0	7.0	8.0	9.0	10.0	10.5	11.0	11.5	12.0	12.5	13.0
39万円	6.0	7.0	8.0	9.0	9.5	10.0	10.5	11.0	11.5	12.0	12.5
40万円	6.0	7.0	8.0	8.5	9.0	9.5	10.0	10.5	11.0	11.5	12.0
42万円	6.0	6.5	7.0	7.5	8.0	8.5	9.0	9.5	10.5	10.5	11.0
44万円	5.0	5.5	6.0	6.5	7.0	7.5	8.0	8.5	9.0	9.5	10.0
46万円	4.0	4.5	5.0	5.5	6.0	6.5	7.0	7.5	8.0	8.5	9.0
48万円	3.0	3.5	4.0	4.5	5.0	5.5	6.0	6.5	7.0	7.5	8.0
50万円	2.0	2.5	3.0	3.5	4.0	4.5	5.0	5.5	6.0	6.5	7.0
54万円	−	0.5	1.0	1.5	2.0	2.5	3.0	3.5	4.0	4.5	5.0
60万円	−	−	−	−	−	−	−	0.5	1.0	1.5	2.0
65万円	−	−	−	−	−	−	−	−	−	−	−

※ 金額は在職老齢年金の支給額（単位：万円）
　　□ は全額支給（停止なし）の部分

年金月額10万円の場合、月給（賞与含む）
39万円以上から支給停止が始まります

96

高年齢雇用継続給付
（雇用保険）

継続雇用・再就職によって、賃金が60歳時の75％未満に下がったら、雇用保険から高年齢雇用継続給付という給付金がもらえます。種類は継続雇用対象と再就職対象の2種類があります。

ONE POINT
高年齢者雇用安定法の雇用義務とは

年金の支給開始までの空白を埋めることを意図して制定された制度です。
❶定年を65歳まで延長
❷定年後の継続雇用制度の導入
❸定年制の廃止
上記３つのうち、企業はいずれかを選択しなければなりません。
さらに、令和３年４月の改正により雇用確保は70歳までになりました。また、上記❶〜❸に業務委託契約と社会貢献事業も加わり、起業への支援も対象となることになりました。

基準賃金が60歳時点でない場合もある

高年齢雇用継続給付は雇用保険の被保険者期間が５年以上あることが条件です。60歳時点で５年に満たない場合は、５年に達した時点の賃金を基準に支給が始まります。

賃金大幅ダウンを雇用保険からの給付金で補える

① **支給要件**：現在は、高年齢者雇用安定法により、60歳の定年後も継続した雇用が義務づけられています。そのため、定年後も再雇用や継続雇用で働き続ける人が増えていますが、賃金（月給）が大幅にダウンするのが一般的です。そこで、**60歳以降の新賃金が60歳時点の賃金（定年時の賃金）に比べて75％未満に下がったとき**は、雇用保険から高年齢雇用継続給付として「**高年齢雇用継続基本給付金**」が支給されます。

② **支給額**：基本給付金の支給額は75％に低下〜61％に低下の範囲で変動しますが、61％以下に下がったときが最大で、新賃金の15％が支給されます。
たとえば、60歳時の賃金月額が30万円の場合、18万円（60歳時の60％）に下がったとすれば、新賃金18万円の15％にあたる２万7,000円が給付金として支給されます。

高年齢雇用継続給付の注意点

① **高年齢雇用継続給付を計算する際の基本**：60歳時（退職前）の賃金月額には上限があります。上限額は毎年8月1日に見直されますが、令和4年8月1日時点では47万8,500円となっています。**これを超える賃金は、47万8,500円とみなされます。**

② **給付金は65歳になるまで支給**：給付金の支給は、60歳から65歳になる月までです。65歳をすぎて在職していても、給付金は支給されなくなります。

ONE POINT
給付金の手続きは原則会社が行う
高年齢雇用継続給付のハローワークへの手続きは再雇用・継続雇用する会社が行うのが原則です。小さな会社では制度を知らないこともあるので、手続きをしてくれないときは会社に申し出ましょう。

高年齢雇用継続給付はいずれなくなる
高年齢雇用継続給付は令和7年4月（昭和40年4月2日生まれ以降の人が対象）から給付率が縮小され、現在、最大15％の支給率が最大10％に引き下げられます。さらに、日程は未定ですが段階的に廃止されることになっています。

③ **失業の給付を受けた場合**：定年退職後に、雇用保険の基本手当を受けながら求職活動をして再就職をした場合、高年齢雇用継続基本給付金は受けられません。ただし、基本手当の支給残日数が100日以上あれば、高年齢再就職給付金が受けられます。

定年退職後の再就職

① **早く就職すると高年齢再就職給付金が支給される**：定年退職後、雇用保険の失業給付（基本手当）を受けながら求職活動をして再就職した場合でも、**基本手当の支給残日数が100日以上あれば「高年齢再就職給付金」が支給されます**。支給率や支給限度額などは高年齢雇用継続基本給付金と同じです。

② **支給期間は1年または2年**：高年齢再就職給付金は、基本手当の支給残日数が200日以上のときは2年間、100日以上200日未満のときは1年間の支給となります。ただし、支給中に65歳になった場合は、支給期間が残っていても打ち切りとなります。

③ **再就職手当と失業給付**：賃金の低下が小さく、「高年齢再就職給付金」の対象にならなくても、失業給付の支給残日数が3分の1以上あれば、再就職手当を受給できます。両方受給できる場合は、どちらかの選択になります。

● 高年齢雇用継続基本給付金と高年齢再就職給付金

	高年齢雇用継続基本給付金	高年齢再就職給付金
失業給付（基本給付）の支給	失業給付を受けるともらえない ※ 再就職でも、退職後1年以内で失業給付を受けていなければもらえる	失業給付を受けたあと、再就職し、失業給付の支給残日数が100日以上ある場合
基準となる賃金	原則60歳時の賃金	退職した会社の退職時の賃金（受けた失業給付のもととなった賃金）
支給期間	60歳から65歳になるまでの期間（最大5年間）	失業給付の支給残日数が200日以上の場合は2年間、100日以上の場合は1年間 ※ ただし、65歳になると打ち切り
共通事項	支給額の基準（低下率に対する支給率、上限額など）や支給対象年齢	

● 高年齢雇用継続給付のしくみ

もらえる条件	● 雇用保険の被保険者期間が5年以上ある ● 60歳以上65歳未満の雇用保険被保険者 ● 60歳以降の賃金が75%未満に下がったら、雇用保険から新賃金の最大15%の給付！ ※高年齢雇用継続基本給付金の場合です。

賃金の低下率 （60歳時が100%）	支給額
61%以下	低下後の賃金月額 ×15%
61%超 75%未満	$-\dfrac{183}{280} \times$ 低下後の 賃金月額 $+ \dfrac{137.25}{280} \times$ 60歳時の 賃金月額 上限47万8,500円

CASE 1 ● 退職時の賃金月額65万円が40万円に低下

この場合、退職時の賃金が賃金上限額を超えているので、低下率は上限額が基準になります

低下後の賃金が上限額の75%以上なので、高年齢雇用継続給付は支給されません

上限47万8,500円

上限額の約84%に低下

退職前の賃金65万円
（60歳以降約61%超に低下）

低下後の賃金40万円

被保険者期間5年以上 ⟶ 60歳 再雇用　　　65歳

CASE 2 ● 退職時の賃金月額65万円が25万円に低下

この場合、退職時の賃金が賃金上限額を超えているので、低下率は上限額が基準になります

低下後の賃金が上限額の61%以下なので、低下後の賃金の15%の給付金が65歳になるまで、最大5年間支給されます

上限47万8,500円

上限額の約52%に低下

退職前の賃金65万円
（60歳以降約38%に低下）

給付金3万7,500円
低下後の賃金25万円

被保険者期間5年以上 ⟶ 60歳 再雇用　　　65歳

※高年齢再就職給付金も給付金の計算式は同じです。

● 高年齢雇用継続給付の支給率早見表

		60歳時の月額賃金							
		30万円	32万円	35万円	36万円	38万円	40万円	42万円	47万8,500円（上限）
低下後の賃金月額	15万円	2万2,500円 (61%以下)							
	18万円	2万7,000円 (61%以下) （18万円×15%＝2万7,000円）							
	20万円	1万6,340円 (66.6%)	2万6,140円 (62.5%)	3万円 (61%以下)					
	22万円	3,278円 (73.3%)	1万3,068円 (68.7%)	2万7,764円 (62.8%)	3万2,692円 (61.1%)	3万3,000円 (61%以下)			
	24万円	−	−	1万4,712円 (68.5%)	1万9,608円 (66.6%)	2万9,400円 (63.1%)	3万6,000円 (61%以下)		
	25万円	−	−	8,175円 (71.4%)	1万3,075円 (69.4%)	2万2,875円 (65.7%)	32万675円 (62.5%)	3万7,500円 (61%以下)	
	26万円	−	−	−	6,552円 (72.2%)	1万6,354円 (68.4%)	2万6,130円 (65.0%)	3万5,958円 (61.9%)	3万9,000円 (61%以下)
	28万円	−	−	−	−	3,276円 (73.6%)	1万3,076円 (70.0%)	2万2,876円 (66.6%)	4万2,000円 (61%以下)
	30万円	−	−	−	−	−	−	9,810円 (71.4%)	3万8,460円 (62.7%)
	34万円	−	−	−	−	−	−	−	1万2,308円 (71.1%)

※（ ）は60歳時の賃金に対する低下率
　「−」は賃金の低下率75%以上なので、給付金は支給されません。
　低下率61%以下の支給額は、縦軸の賃金月額に一律15%を掛けて算出します（前頁参照）。

在職老齢年金と給与、高年齢雇用継続基本給付金

在職老齢年金をもらいながら働く場合、給与と「高年齢雇用継続基本給付金」をうまく組みあわせることで一定の総収入を確保することができます。

ONE POINT
在職老齢年金のダブル減額は少ない

在職老齢年金の支給停止基準額が48万円と高くなったので、高年齢雇用継続給付の給付金とダブルで減額になるケースは少なくなりました。賞与がない場合、在職老齢年金が支給停止になる高額の月給額だと逆に給付金の賃金月額の上限を超えてしまうからです。

給与と給付金の組みあわせもある

厚生年金に加入しないで雇用保険だけに加入している場合、高年齢雇用継続基本給付金をもらい、通常の厚生年金を満額もらうという働き方もあります（91頁参照）。

60歳代前半は3つの収入源を活用できる

① **年金と雇用保険の給付金は両方もらえる**：働きながら在職老齢年金を受給する場合、条件さえ満たせば雇用保険の高年齢雇用継続基本給付金も同時にもらえます。つまり、65歳になるまでは、「給与＋在職老齢年金＋高年齢雇用継続基本給付金」の3つの収入源を活用することができます。

② **年金と給付金の併給調整**：在職老齢年金と高年齢雇用継続基本給付金または高年齢再就職給付金を同時に受ける場合は、「**併給調整**」が行われます。給付金は全額支給され、年金は在職老齢年金額（給与との調整後の額）からさらに低下率に応じて減額されます。減額による年金の停止率は次頁下の表のとおりですが、最大で標準報酬月額の6%です。次頁の例では、まず60歳時賃金(44万円)に対する低下率59%なので、新賃金（26万円）の15%（3万9,000円）が給付金として支給されます。年金は減額がありませんのでそのまま10万円が在職老齢年金額になります。次に、賃金の低下率61%以下のときの併給調整の年金停止率は6%なので、新賃金の標準報酬月額（26万円）の6%（1万5,600円）が在職老齢年金額から差し引かれて、年金額は最終的に8万4,400円になります。

③ **総額はあまり減らない**：次頁のように、3つを組みあわせると給与が大きく減額しても手取り総額はそれほど減らないことがわかります。

101

● 給与、在職老齢年金、高年齢雇用継続基本給付金をもらう 働き方

> ### CASE
>
> ● 60歳時月給：44万円　● 再雇用後月給：26万円　● 年金月額：10万円
> ※ 賃金低下率（26万円 ÷ 44万円 ＝ 59%）
> → 給付金（26万円 × 15% ＝ 3万9,000円）
> 在職老齢年金 ＝ 10万円（減額なし）→ 10万円 ＋ 26万円 ＝ 36万円 ≦ 48万円
> 年金支給額 ＝ 10万円 － （26万円 × 6%）＝ 8万4,400円（給付金減額後）
> 総収入 ＝ 26万円 ＋ 3万9,000円 ＋ 8万4,400円 ＝ 38万3,400円

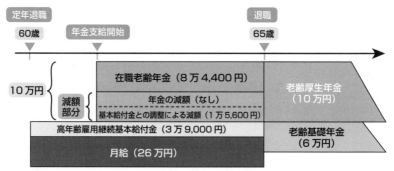

※ 年金は徐々に65歳まで支給されなくなっていきます。

● 高年齢雇用継続基本給付金と在職老齢年金の支給停止率早見表

低下率 （支給率）	年金停止率	低下率 （支給率）	年金停止率	低下率 （支給率）	年金停止率
75%以上 (0.00%)	0.00%	70.0% (4.67%)	1.87%	65.0% (10.05%)	4.02%
74.0% (0.88%)	0.35%	69.0% (5.68%)	2.27%	64.0% (11.23%)	4.49%
73.0% (1.79%)	0.72%	68.0% (6.73%)	2.69%	63.0% (12.45%)	4.98%
72.0% (2.72%)	1.09%	67.0% (7.80%)	3.12%	62.0% (13.70%)	5.48%
71.0% (3.68%)	1.47%	66.0% (8.91%)	3.56%	61%以下 (15.00%)	6.00%

※ 低下率は60歳時賃金に対する比率、支給率は低下後の賃金に対する率、年金停止率は低下後の標準報酬月額に対する率になります。たとえば、60歳時月給44万円が26万円に下がった（低下率59%）場合は、新賃金26万円に支給率15%を掛けたものが給付金額。右欄はそのときの年金停止率で26万円に6%を掛けたものが在職老齢年金の追加減額分になります。

102

● 給与の減額と受給総額の関係

> **CASE**
> ● 性別：男性
> ● 生年月日：昭和35年10月2日生まれ（令和6年に64歳）
> ● 64歳からの厚生年金額（報酬比例部分）：120万円（年金月額10万円）
> ● 雇用保険被保険者期間：42年
> ● 退職6カ月前月給（平均額）：50万円

退職後の月給が40万円に低下したケース 低下率80%

月給	40万円
在職老齢年金 ※年金の支給額：9万円（「在職老齢年金支給早見表」96頁参照） ※基本給付金が支給されないため、基本給付金との支給調整はありません。	9万円
高年齢雇用継続基本給付金 ※退職前月給に対して80%（75%以上）に低下のため支給されません。	0円
合計受給額	49万円
退職前月給に対する低下率	2%（98%に低下）

退職後の月給が30万円に低下したケース 低下率60%

月給		30万円
在職老齢年金 ※年金の支給額：10万円（月給30万円と年金月額10万円の合計額が40万円で、支給停止基準額48万円以下なので、在職老齢年金の減額はありません） ※基本給付金との調整による減額1万8,000円（102頁参照）		8万2,000円
高年齢雇用継続基本給付金 ※60歳時の月給が上限額を超えているため、上限額（47万8,500円）に対する低下率（62.7%に低下）を適用（「高年齢雇用継続給付の支給率早見表」100頁参照）		3万8,460円
合計受給額		42万460円
退職前月給に対する低下率	月給に対して	40%（60%に低下）
	受給額（42万460円×100）÷50万円	16%（84%に低下）

> 退職後給与の減額率が大きくても、在職老齢年金と高年齢雇用継続基本給付金の効果で、受給額の合計はそれほど減らずにすみます。

60歳以降も同じ会社で仕事をする場合、賃金が低下したら、さまざまな手続きが発生します

● 社会保険の「同日得喪」の手続き

　定年再雇用によって被保険者の標準報酬月額が1等級以上下がる場合に手続きが必要となります。資格喪失・取得の日はどちらも再雇用された日付とします。これを社会保険の**「同日得喪」**といいます。なお、以前は厚生年金の受給権者（受給開始できる者のこと）であることが同日得喪の条件でしたが、平成25年4月からは60歳以上の者の退職再雇用であればよくなりました。

　効果 社会保険料が安くなります。

❶ 再雇用された月から、再雇用後の賃金に基づいた標準報酬月額となります。

❷ 資格喪失をするため保険証は一旦回収され、新しい番号の保険証が発行されます。

● 雇用保険「高年齢雇用継続基本給付金」の手続き

　60歳以降も仕事をする場合、60歳到達時の賃金と比較して75%未満に低下した場合には、雇用保険から高年齢雇用継続基本給付金を受けることができます。60歳到達時の賃金額を届け出ることによって、ハローワーク側で60歳以降の賃金がどの程度低下したのか把握することができるしくみになっています。

　効果 高年齢雇用継続基本給付金を受給できます。

これらの手続きは
すべて会社が対応してくれますが、
自分で準備する書類もあるので
しっかりと対応しましょう。

第4章

65歳・70歳の年金

65歳からの年金額

65歳からは満額の年金がもらえるようになりますが、そのほかにも、加給年金の加算や繰り下げ支給など65歳前にない増額のしくみが出てきます。

満額の年金がもらえるようになる

① **1階部分は老齢基礎年金**：65歳になると本来の年金が支給されます。つまり、1階部分の国民年金（老齢基礎年金）の支給で満額の年金が支給されるようになります。この部分は、働いていても調整されずに支給されます（116頁参照）。

② **2階部分に経過的加算が含まれる**：2階部分は、65歳になると名称が変わりますが、年金額は変わりません。しかし、実際には経過的加算（左欄参照）が加わって若干多くなります。なお、経過的加算を除く2階部分は、働いて厚生年金に加入していると、在職老齢年金のしくみで調整されます（116頁参照）。

配偶者がいれば加給年金や振替加算がある

① **加給年金が扶養手当として加算**：定額部分や65歳の老齢基礎年金の受給開始時に扶養している妻（配偶者・65歳未満）がいれば、「**加給年金**」が年額約40万円加算されます（108頁参照）。

② **妻が65歳になったら振替加算**：加給年金は妻が65歳になると打ち切りになります。その代わりに、受給が始まる妻自身の老齢基礎年金に「**振替加算**」が支給されるようになります（110頁参照）。

繰り下げ支給を選択すれば最大84%増額

① **65歳のときに選択する**：65歳のときに送られてくる年金請求書のハガキをもって、そのまま年金をもらうか、年金を一時ストップして支給開始を遅らせ、増額した年

⚠️ **経過的加算とは？**
65歳前の定額部分と65歳からの老齢基礎年金の計算方法の違いによる誤差をなくすための差額加算です。

ONE POINT
18歳未満の子がいても加給年金が出る
加給年金は65歳未満の配偶者だけでなく、18歳未満の子がいるときも支給されます。子が18歳（年度末）になるまで支給されますが、振替加算はありません。

振替加算のない人もいる
昭和41年4月2日生まれ以降の妻には振替加算はありません。

繰り下げ支給の場合、請求は66歳以降から
繰り下げの増額の計算は65歳から始まりますが、請求は66歳以降でないとできません。66歳前に請求すると65歳時の請求が遅れただけとみなされてしまいます。そのため、請求時までの分が一時金で支給され、増額されない本来の年金額で支給が始まってしまいます。

● 65歳を境にした年金額の変化

CASE

- 性別：男性
- 生年月日：昭和33年生まれ（令和5年に65歳）
- 厚生年金に38年加入、報酬比例部分は年額120万円

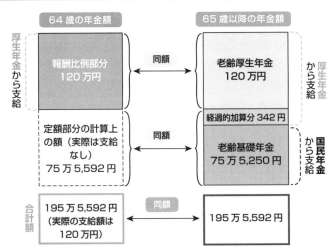

※年金額は令和5年度額で計算しています。昭和24年4月2日生まれ以降の男性には定額部分の支給はありませんが、定額部分の計算上の額と老齢基礎年金額の差額が65歳以降に経過的加算分として老齢厚生年金に加算されます。

> 定額部分 ＝ 経過的加算部分 ＋ 老齢基礎年金

金をもらうかを選択できます（109頁参照）。

② **1カ月につき0.7％増額・1年で8.4％増額**：繰り下げは1カ月遅らせるごとに0.7％増額されます。たとえば、最大75歳になるまで支給開始を遅らせると、65歳時の本来の年金額が84％増額されます。なお、繰り下げ期間は在職定時改定（117頁参照）がないほか、加給年金が支給停止になるので注意が必要です。

65歳以降の失業給付は一時金

　65歳以降に退職し、求職活動をする場合は、雇用保険の失業給付（基本手当）は受けられません。代わりに「**高年齢求職者給付金**」という一時金が支給されます。年金との調整はないので、年金もそのままもらえます。

加給年金と振替加算の詳細

夫婦の場合、扶養している配偶者が年下だと、65 歳からは加給年金が加算される場合があります。年金額に大きな影響があるので、知らないで損をしないように気をつけましょう。

加給年金は妻が年下の場合に支給される

ONE POINT
夫と妻は逆でもよい
加給年金の対象者は配偶者なので、妻が 20 年以上会社に勤めて夫を扶養している場合は、妻の厚生年金に加給年金がつきます。

加給年金支給開始までに結婚していればよい
加給年金をもらえるかどうかは、加給年金支給開始時点で判定します。65 歳前に報酬比例部分を受給開始したときに独身でも、加給年金の支給開始となる 65 歳の時点で結婚していれば、支給の対象となります。

① **原則65歳から支給開始**：第 1 章 12（44 頁参照）で説明したように、厚生年金の受給者に扶養している妻（配偶者・65 歳未満）がいる場合は、加給年金が加算されます。加給年金は、必ずしも厚生年金の受給開始から支給されるわけではありません。**満額の年金を受給開始する時点が、加給年金の受給開始時期になります。**年金が満額支給になるのは、老齢基礎年金の受給が始まる原則65歳です。65歳前に報酬比例部分の支給が始まっても、加給年金は支給されません。また、繰り上げ支給の老齢基礎年金によって年金が満額になっても加給年金の支給開始はやはり65歳からになります。

② **年の差が大きいほど支給期間も長くなる**：加給年金は妻が65歳になるまで夫の年金に加算されます。妻が 3 歳下なら 3 年間、10歳下なら 10 年間というように、妻が若いほど加給年金の支給期間は長くなります。妻が年上の場合は、加給年金は支給されません。

③ **晩婚なら子の加算も**：加給年金は18歳未満の子がいる場合にも支給されます。結婚が遅く子が小さい場合、子が18歳（年度末）になるまでもらえます。妻の分と子の分を両方もらえるケースもあります。

共働きだと加給年金がもらえないことがある

① **厚生年金に 20 年未満の加入だともらえない**：加給年金をもらう基本的な条件として、**夫の厚生年金の加入期間が20年以上必要**になります。

● 加給年金の加算や繰り下げによる年金額の増額

- 性別：男性
- 生年月日：昭和33年生まれ（令和5年に65歳）
- 厚生年金に38年加入、報酬比例部分は年額120万円
- 3歳年下の妻あり（国民年金26年加入、厚生年金加入歴なし）
- 老齢厚生年金は年額120万円、老齢基礎年金は年額76万円

			65歳時	68歳時	70歳時 老齢基礎年金のみ繰り下げ（70歳まで夫の支給なし）	70歳時 両方を繰り下げ（70歳まで夫の支給なし）	75歳時 両方を繰り下げ（75歳まで夫の支給なし）
本人（夫）の年金	老齢基礎年金		76万円	76万円	76万円	76万円	76万円
	老齢厚生年金		120万円	120万円	120万円	120万円	120万円
	加給年金		40万円	―	―	―	―
	増額分	基礎年金	―	―	32万円	32万円	64万円
		厚生年金	―	―	―	50万4,000円	100万8,000円
妻の年金	老齢基礎年金		―	52万円	52万円	52万円	52万円
	振替加算		―	1万5,000円	1万5,000円	1万5,000円	1万5,000円
合計額			236万円（月額19万7,000円）	249万5,000円（月額20万8,000円）	281万5,000円（月額23万5,000円）	332万円（月額27万7,000円）	414万3,000円（月額34万5,000円）

※ 年金額は令和5度額による概算になります。繰り下げをしない場合は68歳時の金額が最終的な年金額となります。
　繰り下げは、基礎年金・厚生年金とも1カ月につき0.7％ずつ増額（70歳時42％増額、75歳時84％増額）していきます。
　厚生年金を繰り下げる場合、65〜67歳の間、加給年金は支給停止（繰り下げ待機期間中のため）となります。

若い妻は振替加算がない

振替加算が支給されるのは昭和41年4月1日生まれの妻（第3号制度開始の昭和61年4月時点で20歳を超えている）までです。昭和41年4月2日生まれの妻からは、制度上、第3号期間だけ（40年加入可能）で満額の老齢基礎年金を受け取れるためです。つまり振替加算は、妻が第3号の期間だけで満額の老齢基礎年金が受給可能になるまでの経過措置なのです。

20年未満の人は、定年後も働いて加給年金をもらう

厚生年金の加入期間が20年に少し足りない人は、定年後も働いて65歳前に加入期間を20年にすれば、加給年金をもらうことができます。

加給年金は本人、振替加算は妻の年金に加算

わかりにくいのですが、加給年金は受給者本人（夫）の厚生年金に加算されます。配偶者特別加算も本人の生年月日が基準です。一方、振替加算は妻の老齢基礎年金に加算され、妻の生年月日が基準になります。つまり、夫が65歳になった時点で夫に加給年金が加算され、妻が65歳になった時点で、夫に加算されていた加給年金が終わり、妻に振替加算が始まります。

② **夫婦とも20年以上の加入だともらえない**：共働きで夫婦とも厚生年金に加入している場合、夫婦とも加入期間が20年以上あると加給年金は支給されなくなります。**加給年金は扶養手当の意味で支給される**ので、妻自身に20年以上の厚生年金加入期間があれば、自分自身の年金額が十分確保できるので加算は不要という考え方です。扶養手当の意味では、妻の年収850万円未満という条件もあります。なお、夫婦とも20年以上の厚生年金加入期間があっても、妻が厚生年金の受給開始になるまでは夫の厚生年金に加給年金が支給されます。たとえば、夫が65歳時点で妻が61歳（厚生年金20年加入、支給開始63歳）だった場合、妻が63歳になるまでの2年間だけ夫に加給年金が支給されます。この場合、妻が65歳になっても妻の老齢基礎年金に振替加算はありません。

妻が65歳になると振替加算に形を変える

① **振替加算**：妻が65歳になった時点で夫の加給年金は打ち切りになり、妻がもらいはじめる老齢基礎年金に振替加算がつくようになります。振替加算の金額は113頁の表のように妻の年齢が若くなるほど少なくなり、昭和41年4月2日生まれ以降の妻には支給されなくなります。

② **年上の妻は振替加算のみ支給**：年上の妻の場合、夫が65歳になったとき妻の年齢は65歳を超えてしまっているので、加給年金を受けることはできません。しかし、昭和41年4月1日生まれ以前の妻であれば、振替加算をもらうことができます。つまり、夫が65歳になった時点で加給年金ではなく、妻に振替加算の支給が始まります。

繰り下げ支給と離婚は加給年金に影響する

① **繰り下げ支給では加給年金が停止**：加給年金をもらえる人が、繰り下げ受給をするときには、繰り下げている期間は加給年金が支給停止になるので注意が必要です。なお、加給年金が支給停止になるのは厚生年金の繰り下

げだけです。老齢基礎年金だけを繰り下げる場合には、加給年金をもらう
ことができます。

② **離婚すれば加給年金もなくなる**：加給年金を受給後に離婚した場合、
加給年金は支給されなくなります。妻のほうは、65歳になっても振替加
算がつかなくなってしまいます。**振替加算がついてから離婚すれば、離婚
後も振替加算の支給は継続します。**ただし、離婚分割（220頁参照）し
た場合には、妻に分割された夫の厚生年金期間分が20年以上になること
が多く、ほとんどは振替加算がなくなります。

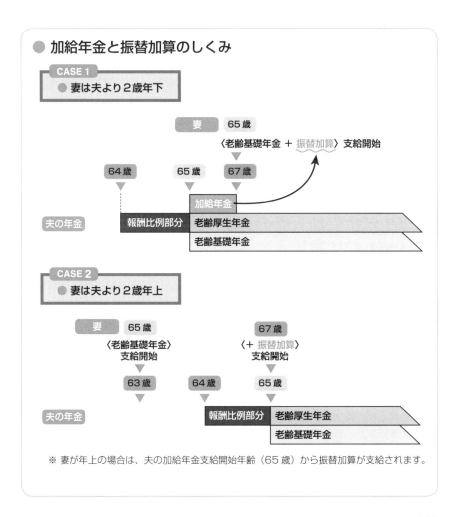

● 加給年金と振替加算のしくみ

CASE 1
● 妻は夫より２歳年下

妻 65歳
〈老齢基礎年金 ＋ 振替加算〉支給開始

64歳　　65歳　　67歳

夫の年金
報酬比例部分　老齢厚生年金　加給年金
老齢基礎年金

CASE 2
● 妻は夫より２歳年上

妻 65歳
〈老齢基礎年金〉
支給開始

67歳
〈＋ 振替加算〉
支給開始

63歳　　64歳　　65歳

夫の年金
報酬比例部分　老齢厚生年金
老齢基礎年金

※ 妻が年上の場合は、夫の加給年金支給開始年齢（65歳）から振替加算が支給されます。

● 加給年金額と特別加算額

（年額）

加給年金額 ❶	配偶者（妻）への特別加算		特別加算後の加給年金額 ❶＋❷
	受給者（夫）の生年月日	特別加算額 ❷	
22万8,700円	昭和9年4月1日生まれ以前	なし	22万8,700円
	昭和9年4月2日～15年4月1日	3万3,800円	26万2,500円
	昭和15年4月2日～16年4月1日	6万7,500円	29万6,200円
	昭和16年4月2日～17年4月1日	10万1,300円	33万円
	昭和17年4月2日～18年4月1日	13万5,000円	36万3,700円
	昭和18年4月2日生まれ以降	16万8,800円	39万7,500円

※令和5年度額。今後、加給年金と配偶者特別加算の対象になる人は、原則太枠線内の額です。

厚生年金に加入歴のある主婦は
パートの年金加入に注意

　結婚退職した女性が夫の定年を控えて、家計の足しにと高齢になってからパートや再就職で働き始めることがあります。厚生年金の加入期間が20年近い女性は、ちょっと注意が必要です。新しい勤務先で厚生年金に加入する場合、以前の加入期間とあわせて20年に達してしまうと、夫にも自分にも加給年金が支給されなくなってしまいます。1年くらい働いたことで加給年金を失うのでは悲劇ですね。20年になる直前（理想は19年11カ月）で退職するか、厚生年金加入からはずれた働き方にシフトするとよいでしょう。

● 振替加算額表

配偶者（妻）の生年月日	振替加算額	配偶者（妻）の生年月日	振替加算額
大正15年4月2日～昭和2年4月1日	22万8,100円	昭和20年4月2日～昭和21年4月1日	11万2,453円
昭和2年4月2日～昭和3年4月1日	22万1,941円	昭和21年4月2日～昭和22年4月1日	10万6,523円
昭和3年4月2日～昭和4年4月1日	21万6,011円	昭和22年4月2日～昭和23年4月1日	10万364円
昭和4年4月2日～昭和5年4月1日	20万9,852円	昭和23年4月2日～昭和24年4月1日	9万4,205円
昭和5年4月2日～昭和6年4月1日	20万3,693円	昭和24年4月2日～昭和25年4月1日	8万8,275円
昭和6年4月2日～昭和7年4月1日	19万7,763円	昭和25年4月2日～昭和26年4月1日	8万2,116円
昭和7年4月2日～昭和8年4月1日	19万1,604円	昭和26年4月2日～昭和27年4月1日	7万5,957円
昭和8年4月2日～昭和9年4月1日	18万5,445円	昭和27年4月2日～昭和28年4月1日	7万27円
昭和9年4月2日～昭和10年4月1日	17万9,515円	昭和28年4月2日～昭和29年4月1日	6万3,868円
昭和10年4月2日～昭和11年4月1日	17万3,356円	昭和29年4月2日～昭和30年4月1日	5万7,709円
昭和11年4月2日～昭和12年4月1日	16万7,197円	昭和30年4月2日～昭和31年4月1日	5万1,779円
昭和12年4月2日～昭和13年4月1日	16万1,267円	昭和31年4月2日～昭和32年4月1日	4万5,740円
昭和13年4月2日～昭和14年4月1日	15万5,108円	昭和32年4月2日～昭和33年4月1日	3万9,565円
昭和14年4月2日～昭和15年4月1日	14万8,949円	昭和33年4月2日～昭和34年4月1日	3万3,619円
昭和15年4月2日～昭和16年4月1日	14万3,019円	昭和34年4月2日～昭和35年4月1日	2万7,444円
昭和16年4月2日～昭和17年4月1日	13万6,860円	昭和35年4月2日～昭和36年4月1日	2万1,269円
昭和17年4月2日～昭和18年4月1日	13万701円	昭和36年4月2日～昭和41年4月1日	1万5,323円
昭和18年4月2日～昭和19年4月1日	12万4,771円	昭和41年4月2日以降	なし
昭和19年4月2日～昭和20年4月1日	11万8,612円		

※令和5年度額。共済年金も厚生年金と同じ

65歳時の年金手続き

65歳前に年金の請求をしていても、65歳時点で再度請求します。

65歳時の年金請求書（ハガキ様式）

ONE POINT
繰り下げ支給は
どちらの年金もできる
繰り下げ支給は、老齢厚生年金も老齢基礎年金もできます。両方同時に繰り下げることもできますし、どちらか1つだけの繰り下げも可能です。

① **65歳時点で改めて年金請求が必要**：65歳からの年金が、法律上の本来の年金で、65歳前の年金とは別の制度です。そのため、65歳の誕生月までにハガキ様式の年金請求書が送られてきます。ハガキを返送しないと一時的に年金の支給が止まってしまうので、注意しなければなりません。

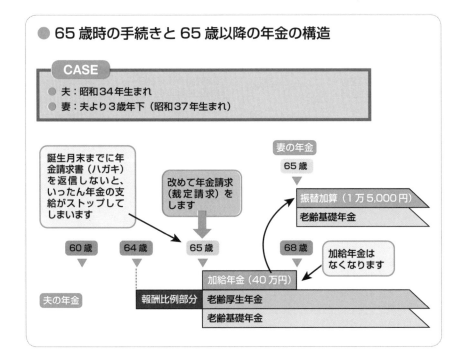

● 65歳時の手続きと65歳以降の年金の構造

CASE
● 夫：昭和34年生まれ
● 妻：夫より3歳年下（昭和37年生まれ）

誕生月末までに年金請求書（ハガキ）を返信しないと、いったん年金の支給がストップしてしまいます

改めて年金請求（裁定請求）をします

妻の年金
65歳
振替加算（1万5,000円）
老齢基礎年金

加給年金はなくなります

60歳　64歳　65歳　68歳

加給年金（40万円）

夫の年金　報酬比例部分　老齢厚生年金
老齢基礎年金

● 65歳時の年金請求書

基礎年金番号または
マイナンバー

年金コード

妻が年金を受給して
いなければ空欄

年金請求書（国民年金・厚生年金保険老齢給付）
◎黒インクのボールペンでご記入ください。
◎裏面の注意事項をご確認のうえ、ご記入ください。

65			

※基礎年金番号(10桁)で提出する場合は左詰めで記入してください。

請求者の欄

個人番号（また
は基礎年金番
号）・年金コード

`1 2 3 4 5 6 7 8 9 0` `1 1 5 0`

生年月日 大正3 昭和⑤ `3 4` 年 `0 8` 月 `2 0` 日

住所 〒000-0000
東京都新宿区愛住町○−○−○
電話番号(03) − (0000) − (0000)

氏名 (フリガナ) ヨシタケ ナルミ
吉武 成実

他の年金の管掌機関（制度名）と年金証書記号番号等
管掌機関 ｜ 記号番号等

下記の加給年金額の対象者は、私が生計を維持していることを申し立てます。

54			

加給年金額対象者の欄

配偶者 氏名 (フリガナ) ヨシタケ ミカ
吉武 美香

生年月日 大正・(昭和)・平成 37 年 9 月 25 日

他の年金の管掌機関（制度名）と年金証書記号番号等
管掌機関 厚年 ｜ 記号番号等 0987654321-1150

子 氏名 (フリガナ)
生年月日 平成・令和 年 月 日 ｜ 障害の状態

氏名 (フリガナ)
生年月日 平成・令和 年 月 日 ｜ 障害の状態

繰下げ希望欄

繰下げ受給（66歳以降に受給）を希望される方は、
右枠内のいずれかを○で囲んでください。

老齢基礎年金のみ
繰下げ希望

老齢厚生年金のみ
繰下げ希望

実施機関等
受付年月日

※年金生活者支援給付金の支給要件に該当する方は、別途、請求が必要です。

通常どおり受給する場合：何も記入しないでハガキを出します
どちらか１つ繰り下げる場合：繰り下げを希望する年金に○を付けてハガキを出します
両方とも繰り下げる場合：ハガキは出しません

※ 上記はハガキの様式ではありません（内容は同じです）。送付されてくるハガキ様式の場合
は住所、氏名などがあらかじめ印字されているので、内容を確認します。

第４章

65歳・70歳の年金

65歳前の年金請求書は複雑な書類ですが、
65歳時の年金請求書はシンプルです。

65歳以降の在職老齢年金

65歳以降の在職老齢年金も、基本的なしくみは65歳前と同じです。
ただし、老齢基礎年金や経過的加算、在職定時改定や繰り下げ支給との
調整など、新たな注意点も出てきます。

在職老齢年金の調整のしくみは65歳前と同じ

① **しくみ**：65歳以降の在職老齢年金も、支給調整（支給停止）のしくみは65歳前と同じです。月給（総報酬月額相当額）と年金月額の合計が48万円（支給停止基準額）以下なら年金が全額受給できます。48万円を超えると超えた分の半分が年金から減額されます（次頁参照）。

② **調整の対象は報酬比例部分だけ**：65歳前の厚生年金は原則報酬比例部分の支給だけですが、65歳以降の厚生年金には経過的加算分や加給年金も支給されます。また国民年金からの老齢基礎年金も支給開始になります。しかし、65歳以降の在職老齢年金で調整の対象となるのは報酬比例部分だけです。老齢基礎年金と経過的加算は、調整の有無に関係なく全額が支給されます。加給年金も減額はありませんが、報酬比例部分が全額支給停止になったときは支給停止になります。

70歳になるまでの5年間は厚生年金加入者

① **65歳以降の厚生年金加入期間**：65歳以降も働いて厚生年金の加入条件を満たす人は、70歳になるまで引き続き厚生年金に加入します。一方で、国民年金の加入者（第2号被保険者）ではなくなります。そのため、65歳以上70歳未満で在職していれば、厚生年金加入期間分の厚生年金も増えていきます。65歳以降の加入期間分（保険料負担分）は毎年1回、在職定時改定によって在職老齢年金の受給額に加算されていきます。

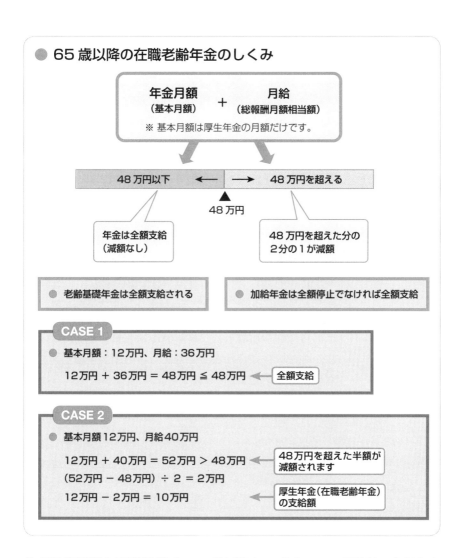

● 65歳以降の在職老齢年金のしくみ

年金月額
(基本月額)
+
月給
(総報酬月額相当額)

※ 基本月額は厚生年金の月額だけです。

48万円以下 ← → 48万円を超える

▲
48万円

年金は全額支給
(減額なし)

48万円を超えた分の
2分の1が減額

● 老齢基礎年金は全額支給される

● 加給年金は全額停止でなければ全額支給

CASE 1

● 基本月額：12万円、月給：36万円

12万円 + 36万円 = 48万円 ≦ 48万円 ← 全額支給

CASE 2

● 基本月額12万円、月給40万円

12万円 + 40万円 = 52万円 > 48万円 ← 48万円を超えた半額が
減額されます

(52万円 − 48万円) ÷ 2 = 2万円

12万円 − 2万円 = 10万円 ← 厚生年金(在職老齢年金)
の支給額

② **70歳以降も調整は続く**：65歳以降も70歳までは、保険料の負担と在職老齢年金による支給調整が行われます。70歳になると厚生年金加入者ではなくなるため、保険料の負担はなくなります（年金額の増額もなくなる）が、在職老齢年金の支給調整だけは引き続き行われます。

在職定時改定により年金額が毎年増える

① **毎年９月１日が基準日**：65歳以降に厚生年金に加入していても、従来、

65歳以降の加入分は在職老齢年金には反映されず、加算されるのは退職時か70歳時でした。法改正により令和4年4月からは、在職中でも毎年1回、加入期間分が加算されて年金額が増額されるようになりました。これを在職定時改定といいます。毎年9月1日が基準日で、過去1年間分を加算した年金額が10月分から支給されるようになります。10月分と11月分は12月に支給されますので、実際の受給は12月からになります。

② **基本的なしくみ**：まず、65歳以降の最初の9月1日（基準日）に65歳の誕生月（誕生日の前日の月）からの月数分が加算され、10月分から年金額が増額されます。次に、翌年9月1日（66歳時）に8月から前年9月までの過去1年間分が加算され、10月分から年金額が増額されます。このようにして69歳の9月1日まで毎年年金額の改定を行います。最後は70歳の誕生月の前月から69歳の9月までの月数分が加算され、最終的な年金額となります。70歳からは厚生年金加入者でなくなるので、在職していても在職定時改定はなくなります。

③ **5年間の年金総額が増える**：在職定時改定のイメージは次頁の図のようになります。この例では、加入期間1年で1.5万円増えますので、65歳から70歳になるまでの5年間の加入期間の年金増額分は7.5万円になります。そのため、65歳時点で120万円の年金額が70歳時点で127.5万円になります。在職定時改定でも最終的な70歳時点の年金額は同額です。しかし、在職中に毎年増額されていくので、在職定時改定がない場合に比べて5年間では約15万円多くもらえます。

在職老齢年金と繰り下げ支給の注意点

① **繰り下げ支給は在職老齢年金の支給部分のみ適用**：在職老齢年金を受給している場合、繰り下げ支給によって増額される年金額は、支給停止されていない支給部分のみが対象です（120～121頁の図参照）。

● 在職定時改定による年金額の増額のイメージ

CASE
- 65歳時点の老齢厚生年金額…………年額120万円
- 65歳以降の1年加入分の年金額……年額1.5万円（給与は変わらないとする）
  ※ 誕生月は7月（初回の在職定時改定は7月、8月の2カ月分）

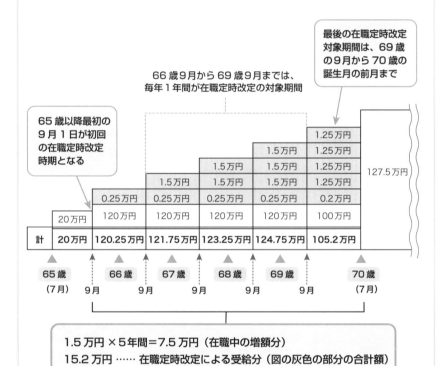

66歳9月から69歳9月までは、毎年1年間が在職定時改定の対象期間

最後の在職定時改定対象期間は、69歳の9月から70歳の誕生月の前月まで

65歳以降最初の9月1日が初回の在職定時改定時期となる

	65歳(7月)	66歳	67歳	68歳	69歳	70歳(7月)	127.5万円
						1.25万円	
					1.5万円	1.25万円	
				1.5万円	1.5万円	1.25万円	
			1.5万円	1.5万円	1.5万円	1.25万円	
		0.25万円	0.25万円	0.25万円	0.25万円	0.2万円	
	20万円	120万円	120万円	120万円	120万円	100万円	
計	20万円	120.25万円	121.75万円	123.25万円	124.75万円	105.2万円	

65歳(7月) ▲ 9月 66歳 ▲ 9月 67歳 ▲ 9月 68歳 ▲ 9月 69歳 ▲ 9月 70歳(7月) ▲

1.5万円×5年間＝7.5万円（在職中の増額分）
15.2万円 …… 在職定時改定による受給分（図の灰色の部分の合計額）

※ 基準日は毎年9月1日なので、初回と最後に反映される年金額は誕生月により異なります。上記事例では、初回は2カ月分、最後は10カ月分になります。誕生月の違いがあっても70歳時の最終増額分は同じです（上記事例では誕生月にかかわらず最終増額分は7.5万円）。
※ 退職した場合は、退職時点で退職時改定が行われます。

第4章　65歳・70歳の年金

② **65歳以降の加入部分は増額にならない**：繰り下げ支給の増額率が適用されるのは、65歳までの加入期間分です。65歳以降の厚生年金加入期間分は本来額で計算され、増額はありません。

③ **繰り下げ待機中の在職定時改定分は加算なし**：厚生年金の繰り下げ支給の待機中の場合、年金を受給していないので在職定時改定もありません。繰り下げ支給を開始後に在職定時改定分を加算されることもありません。

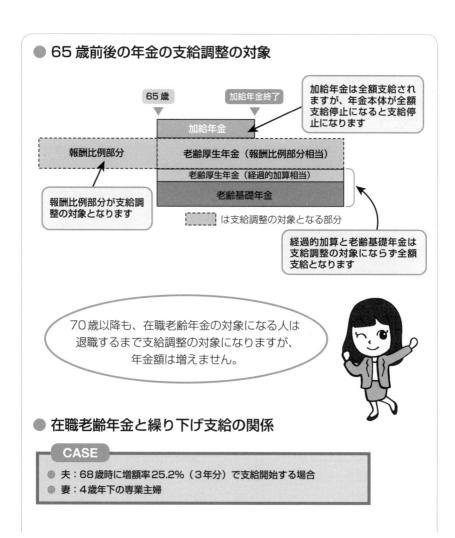

● **65歳前後の年金の支給調整の対象**

加給年金は全額支給されますが、年金本体が全額支給停止になると支給停止になります

65歳　　加給年金終了

加給年金

報酬比例部分

老齢厚生年金（報酬比例部分相当）

老齢厚生年金（経過的加算相当）

老齢基礎年金

報酬比例部分が支給調整の対象となります

　　　　は支給調整の対象となる部分

経過的加算と老齢基礎年金は支給調整の対象にならず全額支給となります

70歳以降も、在職老齢年金の対象になる人は退職するまで支給調整の対象になりますが、年金額は増えません。

● **在職老齢年金と繰り下げ支給の関係**

CASE
● 夫：68歳時に増額率25.2％（3年分）で支給開始する場合
● 妻：4歳年下の専業主婦

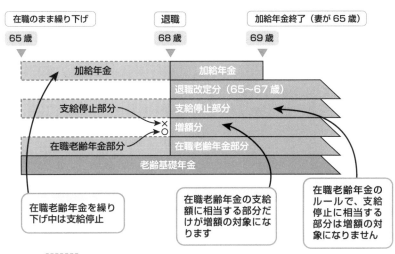

在職のまま繰り下げ	退職	加給年金終了（妻が65歳）
65歳	68歳	69歳

在職老齢年金を繰り下げ中は支給停止

在職老齢年金の支給額に相当する部分だけが増額の対象になります

在職老齢年金のルールで、支給停止に相当する部分は増額の対象になりません

※　□□□□ は支給されない部分になります。
※　退職時改定は、65〜67歳の厚生年金加入期間分の増額分です。

前頁CASEの具体例

- 夫の厚生年金額：月額12万円
- 夫の老齢基礎年金額：月額6万円
- 退職改定分：月額1万円
- 加給年金額：月額3万円
- 夫の月給：42万円

$\{(12万円 + 42万円) - 48万円\} \div 2 = 3万円$ ……………… 支給停止部分
$12万円 - 3万円 = 9万円$ ……………………………… 在職老齢年金部分
$9万円 \times 25.2\% = 2万2,680円 ≒ 約2万円$ ……………………増額分 ❶
$12万円 \times 25.2\% = 3万240円 ≒ 約3万円$ ……………………増額分 ❷

支給停止あり・なしによる年金増額の違い

	実際の金額（支給停止あり）	支給停止なしとした場合の金額
加給年金	3万円	3万円
退職改定分	1万円	1万円
支給停止部分	3万円	0万円
増額分	❶ 2万円	❷ 3万円
在職老齢年金部分	9万円	12万円
老齢基礎年金	6万円	6万円
合　計	24万円	25万円

在職老齢年金部分だけが繰り下げによる増額の対象

65歳になるちょっと前に退職すると、失業保険と年金が両方もらえる?

65歳で退職する場合は、少し前に辞めて雇用保険の基本手当（失業給付）を受けるか、65歳以降に辞めて一時金を受けるかよく考えましょう。

65歳以降の失業給付

① **高年齢求職者給付金**：65歳をすぎて働く場合は、高年齢被保険者として雇用保険の加入者となります。しかし、退職して求職活動をしても雇用保険の失業給付（基本手当）は受けられません。代わりに「**高年齢求職者給付金**」という一時金が支給されます。

② **支給額**：高年齢求職者給付金は、退職翌日から1年以内にハローワークで手続きをします。支給額は、被保険者期間（加入期間）が1年未満の場合、基本手当日額（85頁参照）の30日分、1年以上なら50日分です。全額一時金で支給されます。

③ **年金との調整はされない**：高年齢求職者給付金は、年金との調整はないので、年金との選択や再就職後の在職老齢年金を気にする必要はありません。

65歳直前に退職すれば失業給付が長くもらえる

① **受給総額は得になる**：65歳前なら、たとえ64歳11カ月での退職でも失業給付（基本手当）が受けられます。高年齢求職者給付金は最大でも50日分ですが、失業給付なら被保険者期間が10年未満でも90日分、20年以上なら150日分が受けられます。

② **年金との調整**：65歳前に失業給付を受けると、65歳になるまで厚生年金が支給停止になります。ただし、65歳になると年金と失業給付の両方を受給することができます。

● 65歳前後の失業給付の2つのケース

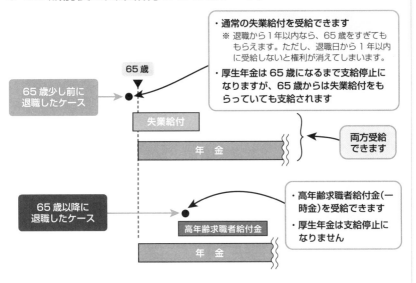

・通常の失業給付を受給できます
※ 退職から1年以内なら、65歳をすぎても
　もらえます。ただし、退職日から1年以内
　に受給しないと権利が消えてしまいます。

・厚生年金は65歳になるまで支給停止に
なりますが、65歳からは失業給付をも
らっていても支給されます

65歳

65歳少し前に
退職したケース

失業給付

年　金

両方受給
できます

65歳以降に
退職したケース

高年齢求職者給付金

年　金

・高年齢求職者給付金（一
時金）を受給できます
・厚生年金は支給停止に
なりません

高年齢求職者給付金をもらうためには

● 失業していて働く意思と能力があること
● 65歳以上の従業員が退職したとき
● 退職日前の1年間に雇用保険の被保険者期間が通算して6カ月以上あること

高年齢求職者給付金の支給額

被保険者期間	1年未満	1年以上
支給額（一時金）	30日分	50日分

計算方法は基本手当の
計算方法と同じです
（次頁参照）

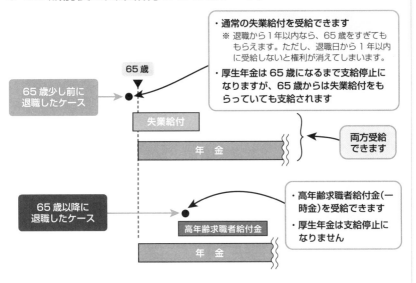

第4章

65歳・70歳の年金

● 高年齢求職者給付金の支給額の計算方法

基本手当の計算方法と同じ

① 退職前6カ月間の合計賃金から賃金日額を計算します。
② 賃金日額に給付率※を掛けて基本手当日額を計算します。
※ 給付率は離職時の年齢によって異なり、65歳以上の場合は、30歳未満の失業手当給付率と同率となります
⇒ 賃金日額 × 給付率（80～50%）＝ 基本手当日額
（上限：賃金日額1万3,670円、基本手当日額6,835円）
※令和5年7月31日まで

● 退職前6カ月間の賃金と高年齢求職者給付金の例

退職前6カ月間の平均月給	賃金日額	基本手当日額	30日分	50日分
382,200円	12,910円	6,455円	193,650円	322,750円
300,000円	10,000円	5,971円	179,130円	298,550円
240,000円	8,000円	5,430円	162,900円	271,500円
210,000円	7,000円	5,037円	151,110円	251,850円
180,000円	6,000円	4,562円	133,740円	228,100円
150,000円	5,000円	4,000円	120,000円	200,000円

一時金で支給

CASE

● 22歳で入社、60歳で再雇用、65歳で退職
● 加入期間：43年間、平均月給：24万円

5,430円 × 50日 ＝ 27万1,500円

加入期間が1年以上なので支給額は50日分

第5章

年金と
60歳以降の
ライフプラン

●ライフプランと年金の受け取り方の変化

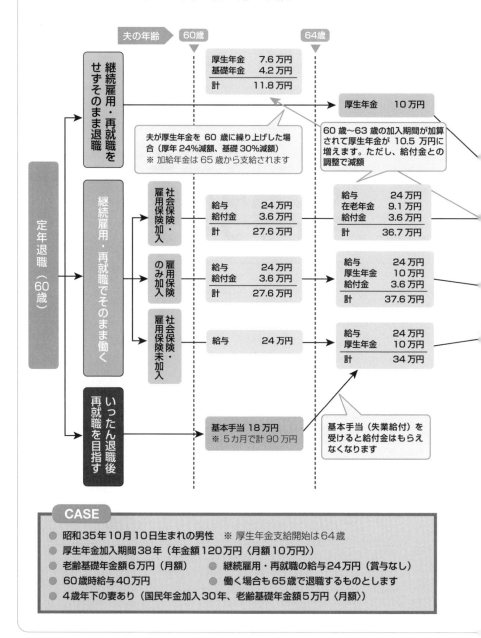

夫の年齢	60歳		64歳

継続雇用・再就職をせずそのまま退職

厚生年金	7.6万円
基礎年金	4.2万円
計	11.8万円

厚生年金	10万円

夫が厚生年金を60歳に繰り上げした場合（厚年24%減額、基礎30%減額）
※加給年金は65歳から支給されます

60歳〜63歳の加入期間が加算されて厚生年金が10.5万円に増えます。ただし、給付金との調整で減額

定年退職（60歳）

継続雇用・再就職でそのまま働く

社会保険・雇用保険加入

給与	24万円
給付金	3.6万円
計	27.6万円

給与	24万円
在老年金	9.1万円
給付金	3.6万円
計	36.7万円

雇用保険のみ加入

給与	24万円
給付金	3.6万円
計	27.6万円

給与	24万円
厚生年金	10万円
給付金	3.6万円
計	37.6万円

社会保険・雇用保険未加入

給与	24万円

給与	24万円
厚生年金	10万円
計	34万円

いったん退職後再就職を目指す

基本手当	18万円

※5カ月で計90万円

基本手当（失業給付）を受けると給付金はもらえなくなります

CASE

● 昭和35年10月10日生まれの男性　※厚生年金支給開始は64歳
● 厚生年金加入期間38年（年金額120万円〈月額10万円〉）
● 老齢基礎年金額6万円（月額）　● 継続雇用・再就職の給与24万円（賞与なし）
● 60歳時給与40万円　　　　　　● 働く場合も65歳で退職するものとします
● 4歳年下の妻あり（国民年金加入30年、老齢基礎年金額5万円〈月額〉）

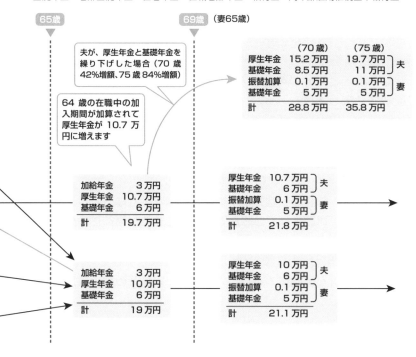

※ 基礎年金＝老齢基礎年金　在老年金＝在職老齢年金　給付金＝高年齢雇用継続基本給付金

65歳　　　　　　　　　**69歳** （妻65歳）

夫が、厚生年金と基礎年金を
繰り下げした場合（70 歳
42%増額、75 歳 84%増額）

	（70 歳）	（75 歳）	
厚生年金	15.2 万円	19.7 万円	夫
基礎年金	8.5 万円	11 万円	
振替加算	0.1 万円	0.1 万円	妻
基礎年金	5 万円	5 万円	
計	28.8 万円	35.8 万円	

64 歳の在職中の加
入期間が加算されて
厚生年金が 10.7 万
円に増えます

加給年金	3 万円
厚生年金	10.7 万円
基礎年金	6 万円
計	19.7 万円

厚生年金	10.7 万円	夫
基礎年金	6 万円	
振替加算	0.1 万円	妻
基礎年金	5 万円	
計	21.8 万円	

加給年金	3 万円
厚生年金	10 万円
基礎年金	6 万円
計	19 万円

厚生年金	10 万円	夫
基礎年金	6 万円	
振替加算	0.1 万円	妻
基礎年金	5 万円	
計	21.1 万円	

定年退職後のライフプランには
さまざまなケースがありますが、選択した
プランによって60歳代は総収入の変化が
大きく違ってきます。ポイントは無年金の期間
（このCASEでは60〜63歳の4年間）と年金の満額
支給（通常は65歳）までの期間の生活資金の確保です。
さらに世帯で考えれば、妻の年金支給開始時期
（このCASEでは夫69歳時）も重要です。

60歳で退職して、働かずに貯蓄と年金で生活するライフプラン

60歳代は年金の種類や額が何度か変更になります。特に年金生活に入る人は、必要な手続きと自分の年金額の変化をしっかり把握して、ライフプランに反映させましょう。

年金の支給開始年齢までの生活設計を考えましょう

① **年金の支給開始年齢まで**：60歳で定年を迎えたら、一般的には雇用保険の失業給付を受給します（②へ）。その後、**年金の支給開始年齢までは無年金となってしまうので**、退職金などの貯蓄で生活ができるか事前に検討しておきます。

② **雇用保険の失業給付**：定年退職で離職するとすぐに失業給付を受給することができます。定年時の給与によって違いますが、60歳到達時点の給与額が高いほうがもらえる年金額も多くなります。とはいっても、失業給付には上限金額（60歳時の月額給与上限は48万円程度）の設定があるのでその上限金額の45％の金額が給付日数分支給されることになり、1カ月あたり21万5,310円（7,177円×30日／令和5年7月まで)が上限額として支給されます。被保険者期間が20年以上あれば、**給付日数は最大150日、5カ月程度の給付期間となります**（85頁参照）。

③ **支給開始年齢に到達したら**：厚生年金をもらうことになりますが、自動的に支給開始になるわけではありません。60歳以降の受給開始年齢の誕生日がきたら、なるべく早めに年金の請求（第6章参照）を行います。

④ **年金証書で年金額を確認**：請求してから年金の支給開始まで2カ月ほどかかりますが、まず「**年金証書**」（171頁参照）が送られてきます。年金証書には、これから受け取る年金額が書かれているのでこれからの年金額を確認します。

ONE POINT
再就職を目指すときの失業給付
厚生年金が60歳支給開始でなくなったため、60歳の定年退職時に雇用保険の失業給付をもらう制約がなくなったと思うかもしれません。しかし、失業給付をもらうときと再就職したときに高年齢雇用継続基本給付金（97頁参照）がもらえなくなります。再就職を目指すなら、失業給付を受けるかどうかの検討をしっかりしましょう。

年金額は毎年変わる
年金額は物価変動などにあわせて毎年4月に改定されます。「年金振込通知書」（毎年6月に送付）で、その年の年金額を確認しておきましょう。

● 60歳で定年退職して働かない「年金生活」

※ 大まかなシミュレーションですが、イメージをしっかりつかみましょう。

CASE

- 性別：男性　● 生年月日：昭和35年10月10日生まれ
- 厚生年金加入期間：38年
- 定年退職時の給与：40万円
- 年金支給開始年齢：64歳
- 受給年金額 厚生年金：120万円、老齢基礎年金：72万円、企業年金：36万円（終身年金）
- 退職後、雇用保険の基本手当を150日間受給、基本手当日額：6,000円
- 妻は昭和39年10月生まれ、厚生年金加入歴なし、国民年金加入期間：30年

具体的な年金額の推移はこうなります

合計額は概算、（　）は月額になります。

		60歳から150日間（月額換算）	失業給付受給後、年金支給開始まで	64歳〜65歳になるまで	65歳〜68歳	69歳以降
夫	失業給付	（月額18万円）	—	—	—	—
	加給年金	—	—	—	40万円	—
	老齢厚生年金（報酬比例部分）	—	—	120万円	120万円	120万円
	老齢基礎年金	—	—	—	72万円	72万円
	企業年金	—	—	36万円	36万円	36万円
妻	振替加算	—	—	—	—	1.5万円
	老齢基礎年金	—	—	—	—	60万円
合計額		90万円（月額18万円）	0円	156万円（月額13万円）	268万円（月額22.3万円）	290万円（月額24万円）

妻が65歳になるまで支給されます

失業給付の総支給額は、90万円（失業給付日額：6,000円×150日、90万円÷5カ月＝18万円）です。
合計額は概算になります。
企業年金は、60歳以降で支給されるケースもあります

この期間をどのように過ごすか事前に検討、よーく考えて！

年金だけで生活できるか夫婦でシミュレーションしましょう

妻の年金の支給が始まることで、夫の加給年金がなくなり、妻の振替加算が始まります。金額は微増します

（次頁に続く）

第5章

年金と60歳以降のライフプラン

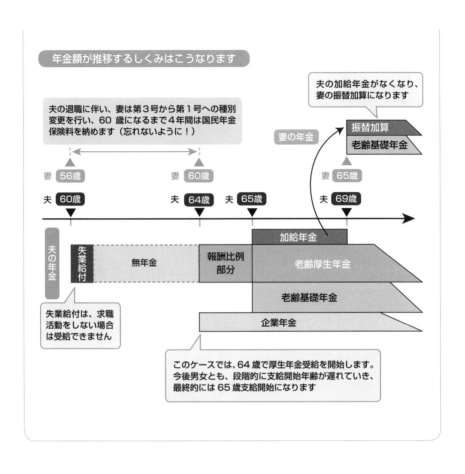

年金額が推移するしくみはこうなります

夫の退職に伴い、妻は第3号から第1号への種別
変更を行い、60歳になるまで4年間は国民年金
保険料を納めます（忘れないように！）

夫の加給年金がなくなり、
妻の振替加算になります

妻の年金

妻 56歳   妻 60歳   妻 65歳

夫 60歳   夫 64歳 夫 65歳   夫 69歳

振替加算
老齢基礎年金

夫の年金

失業給付 無年金 報酬比例部分 加給年金

老齢厚生年金

老齢基礎年金

企業年金

失業給付は、求職
活動をしない場合
は受給できません

このケースでは、64歳で厚生年金受給を開始します。
今後男女とも、段階的に支給開始年齢が遅れていき、
最終的には65歳支給開始になります

年金の受給開始年齢が遅れていくに
したがって、無年金期間が長くなっていくので、
無年金期間の生活資金の確保が
重要なポイントになります。

悠々自適の年金ライフは遠くなりにけり？

　60歳で定年退職したら、年金をもらいながら趣味やライフワーク中心ののんびりしたセカンドライフにシフトするというのも、生き方の選択肢です。残念ながら、現在は少なくとも65歳までは働くのが一般的になりつつあり、今後は悠々自適の年金ライフという選択肢は難しくなっていきます。

　定年後も働く理由としては、「健康を維持したい」「知識や技能を生かしたい」といったものもありますが、年金の制度変更の影響も大きいと思われます。

　厚生年金の支給開始年齢の65歳への引き上げが終盤にさしかかり、65歳前は無年金の期間が大きくなっているからです。60歳時点でもらえる年金を生年月日で比較してみると以下のようになります。

厚生年金の種類	昭和16年4月1日生まれ	昭和24年4月2日生まれ	昭和28年4月2日生まれ以降
加給年金	40万円	なし	なし
報酬比例部分	128万円	117万円	なし
定額部分	91万円	なし	なし
合計額（月額）	259万円（21.6万円）	117万円（10万円）	0円

※ 平均月給36万円、厚生年金加入期間38年、妻ありとしたときの概算額になります。
　昭和16年4月1日生まれ以前の年金額は、上の年代ほどさらに増えていきます。

　総務省の家計調査によれば、高齢者夫婦の1カ月の生活費は税金や社会保険料も合わせて約26万円となっています。月額20万円程度の年金があれば、退職金と合わせて少し貯金があればなんとかやっていけます。しかし、現実には65歳になるまで5年間の無年金期間が生じる時期は目の前です。

　加えて、長寿化が進み、90歳くらいまで生きるのが当たり前の時代に入りつつあります。こうした中で、最も有力な対策は少しでも長く働くことです。実際に60歳〜64歳の就業率は71.5%、65歳〜69歳でも50.3%と半数を超えています（厚生労働省「労働力調査」2021年）。

　一方で、厚生労働省の国民生活基礎調査では、所得に占める公的年金の割合は、2008年には63.5%でしたが、2020年では24.9%に急減しています。これからは、60歳以降も働きながら、iDeCoやNISAといった制度も活用しながら並行して資産形成も続け、老後資金確保をしていくことが大切となっていくでしょう。

働きながら在職老齢年金をもらうライフプラン

定年退職後に働いても、年金はほとんどの場合もらえます。また、定年退職後も継続して厚生年金保険料を支払うことで将来受給できる年金額が増えます。

継続雇用か転職してすぐにフルタイムで働く場合

① **年金の支給開始年齢まで**：「給与」と雇用保険から支給される「高年齢雇用継続基本給付金」の２つが収入源となります。次ページのように単純に給与が下がった分だけ総収入が大きく減るわけではありません。なお、令和７年４月に60歳になる人から給付金の給付率が段階的に引き下げられていきます。

② **年金の支給開始年齢後**：「給与」「在職老齢年金」「高年齢雇用継続基本給付金」の３つが収入源となります。次ページのように単純に給与が下がった分だけ総収入が大きく減るわけではありません。なお、在職老齢年金の支給停止基準が48万円と高いため、38万円くらいまでの給与であれば支給停止を気にする必要はありません。ただし、給付金との支給調整による若干の減額があります。

③ **年金の請求を忘れずにする**：同じ会社での継続雇用にしろ、転職にしろ、支給開始年齢になったら年金の請求をすることが必要です。会社に勤めているとたいていの手続きは会社がやってくれますが、年金の請求手続きは自分でやらなければなりません。

④ **65歳以降**：65歳以降も厚生年金に加入して働き続ける場合は、高年齢雇用継続給付はなくなりますが、老齢基礎年金の支給が始まりますので総収入は65歳前より増えていきます。対象になる妻（配偶者）がいる場合は加給年金の支給も始まります。在職老齢年金の支給停止基準

ONE POINT
企業年金は働いていると出ない場合もある
厚生年金基金などの企業年金は、60歳以後も同じ会社で働いていると減額や支給停止になる場合もあります。企業年金の規約によるので、確認しておきましょう。

65歳で働き方を変えるのも１つの選択
65歳からは満額支給になり、加給年金などの支給も始まるので、フルタイム勤務ではない働き方も選択肢になります。収入確保の必要性が低くなるからです。

65歳時に増額を検討
繰り下げによる増額のチャンスは65歳時の年金請求（166頁参照）をするまでなので、検討したうえで手続きをしましょう。

● 3つの収入を得ながら働く「年金生活」

CASE

- 性別：男性　● 生年月日：昭和35年10月10日生まれ
- 厚生年金加入期間：38年
- 受給年金額 厚生年金：120万円、老齢基礎年金：72万円、企業年金：36万円（終身年金で65歳支給開始とします）
- 60歳以降65歳になるまで継続雇用
- 月給 60歳時：40万円、継続雇用中：24万円（賞与なし）
- 妻は昭和39年10月生まれ、厚生年金加入暦なし、国民年金加入期間：30年

具体的な年金額の推移はこうなります

合計額は概算、（　）は月額になります

給付金だけ受けられます

		60歳まで	60歳から64歳になるまで	64歳	65歳～68歳	69歳以降
夫	年間給与	480万円（40万円）	288万円（24万円）	288万円（24万円）	—	—
	高年齢雇用継続基本給付金	—	43.2万円（3.6万円）	43.2万円（3.6万円）	—	—
	加給年金	—	—	—	40万円	—
	老齢厚生年金（在職老齢年金）	—	—	109万円（9万円）※ 60～63歳の加入分が加算され、126.3万円に増額	128万円（64歳在職分の再計算により増額）	128万円
	老齢基礎年金	—	—	—	72万円	72万円
	企業年金	—	—	—	36万円	36万円
妻	振替加算	—	—	—	—	1.5万円
	老齢基礎年金	—	—	—	—	60万円
合計額		480万円（月額40万円）	331万円（月額28万円）	440万円（月額37万円）	276万円（月額23万円）	298万円（月額25万円）

※ 在職老齢年金の減額1.44万円（高年齢雇用継続給付を受給することにより減額される額）

年金月額 − 雇用保険との調整による減額
＝ 10.5万円 − 1.44万円 ≒ 9万円
が支給されます

（135頁に続く）

第5章

年金と60歳以降のライフプラン

は65歳前と同じ48万円ですので、通常は減額を心配する必要はありません。65歳前と異なるのは繰り下げ支給との関係です。在職定時改定や加給年金の受給ができなくなることがあるからです。老齢基礎年金だけを繰り下げるなど状況によって選択肢はかなり豊富ですので、よく検討するとよいでしょう。

いったん定年退職して失業給付を受け、求職活動を経て働く場合

① **雇用保険の失業の給付を受ける**：いったん定年退職して再就職する場合は、雇用保険（失業給付）を受給するか再就職後の給付金との関係で検討します（下記③参照）。

② **失業給付の受給期間の延長**：定年退職者の特例として、失業給付を「受給できる期間を延長できる制度」があります（84頁参照）。本来、失業給付は退職日の翌日から1年を超えると給付期間中であっても給付が受けられなくなりますが、**この手続きをすることで給付できる期間を1年間延長（合計2年になります）できます。**たとえば定年退職後、奥さんに感謝を込めて世界旅行を2人でゆっくり楽しんでから再就職をするといった場合に延長の手続きをします。ただし、退職の翌日から2カ月以内に手続きをしないと延長ができなくなります。なお、**親の介護で働けないという場合には、本来の受給期間も含めて最大4年間受給期間を延長することができます。**定年退職時に親の介護が必要な状態にある場合は、退職後1カ月してから、さらに次の1カ月が経過する前に手続きをする必要があります。

③ **再就職後の高年齢雇用継続給付**：雇用保険の失業給付を受けたときは、再就職後に高年齢雇用継続基本給付金は受けられなくなります。よって、再就職する前提の場合であれば失業給付を受給するか否かを検討します。ただし、基本手当の給付残日数が100日以上ある場合は高年齢再就職給付金の支給を受けることができます（98頁参照）。

ONE POINT
高年齢再就職給付金も考慮する
失業給付を受けると高年齢雇用継続基本給付金はもらえなくなりますが、高年齢再就職給付金がもらえる場合があります。

失業給付受給途中で就職する場合も検討
再就職は失業給付を受給し終わってから決まるとはかぎりません。総額比較だけでなく、途中で再就職が決まった場合の受給額の比較検討もしておきましょう。

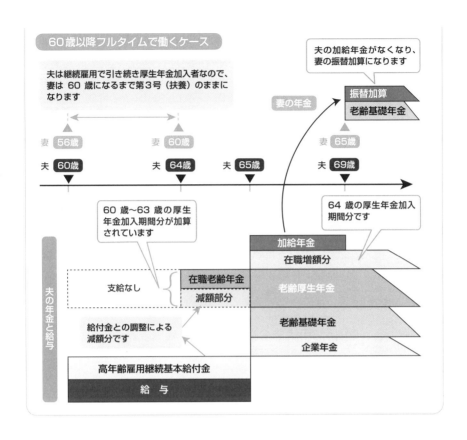

③-2 **再就職する前提の場合の失業給付を受給するか否かの検討方法**：失業給付（基本手当）の額、給与低下見込みに基づいた高年齢雇用継続基本給付金の額を比較します。

長時間パートなどで働く場合

① **正社員でなくても厚生年金に加入できる**：厚生年金に加入して働きたいが、フル勤務までは望まないという場合もあるでしょう。従業員101人以上の企業であれば週20時間以上、100人以下の企業でも週30時間以上の勤務時間などがあれば、パートやアルバイト、契約社員などの雇用形態でも、厚生年金には加入できます（138頁参照）。

② **社会保険加入でアルバイトするケース**：パートなどの場合、賃金がそれほど高くないので、在職老齢年金を減額されずにもらいやすくなります。年金月額が10万円なら、月給38万円（賞与なし）までは年金が減額

社会保険加入要件

正社員の月出勤日数の4分の3以上かつ1日の労働時間が4分の3以上の場合、加入できます。なお、法改正により従業員101人以上の企業は週20時間以上の労働時間で厚生年金加入になりました（令和6年10月からは51人以上）。100人以下の企業でも労使合意で導入している場合があります（138頁参照）。

在職老齢年金は月給との合計48万円まで全額もらえる

月給と年金月額の合計が48万円以内なら、年金は減額されません。

ねんきん定期便は在職老齢年金受給者にも送られる

在職老齢年金の受給者に送られる定期便は、加入期間の増加は記載されていますが、年金見込額は記載されていません。

現役のときほど年金額は増えない

60歳以降の厚生年金加入で増える年金は、現役時代より少なくなります。60歳以降の給与は、給与そのものが大きく下がるだけでなく、賞与がないことが多いので、賞与の分だけ年金額も少なくなるためです。

されません。たとえば、1日6時間勤務で週5日（月4週間として20日）すると社会保険に加入することになります。つまり「時給1,000円 × 6時間 × 20日 ＝ 12万円」が月給となり、「12万円 ＋ 10万円（年金）＋ 1.8万円（高年齢雇用継続給付）＝ 23万8,000円」がもらえることになります。

60歳以降、納めた年金はどのくらい増える？

① **定年後も厚生年金に加入していれば、当然年金額は増える**：在職老齢年金を受けながら働いて、65歳前に退職すると、年金が再計算されて年金額が増えます。増額は、1年間加入につき、月給18万円の人で年額1万2,000円程度、月給30万円の人で年額2万円程度です。65歳のときには、在職か退職しているかに関係なく年金の再計算を行います。

② **特に手続きの必要はない**：在職老齢年金は退職で終了し、退職日の翌月から年金額が増額します。

③ **70歳になるまで働いたときの増額**：65歳で退職せず、そのまま働いた場合は、さらに5年分の厚生年金加入分が増額されます。また、65歳以降は在職定時改定により毎年増額されていく分が積み上がっていきます。ちょうど毎年だんだん増えていく賞与をもらっているようなイメージです。次頁の月額給与24万円の場合、5年間の総額では15.8万円の一時金が受けられるということになります。次頁の表は133頁のCASEの男性が65歳で退職せず、同じ条件でそのまま70歳になるまで働き続けたときの推移です。右端の比較の欄は65歳で退職したときの最終的な夫婦の年金額です。次頁上の増額表の月額給与24万円のところを見ると1年につき1.58万円の増額で5年間では7.9万円（約8万円）増えることがわかります。65歳で退職した最終形と比較して約8万円増えています。

● 60歳以降に厚生年金に加入した場合の年金の増額

> 60歳時点の厚生年金支給額は年額120万円（月額10万円）

月額給与	61歳で退職		65歳で退職		70歳で退職	
	増額分	支給額 （月額）	増額分	支給額 （月額）	増額分	支給額 （月額）
24万円	1.58万円	121.58 （10.13）	7.9万円	127.9 （10.66）	15.8万円	135.8 （11.32）
26万円	1.71万円	121.71 （10.14）	8.55万円	128.55 （10.71）	17.1万円	137.1 （11.43）
28万円	1.84万円	121.84 （10.15）	9.2万円	129.2 （10.77）	18.4万円	138.4 （11.53）
30万円	1.97万円	121.97 （10.16）	9.85万円	129.85 （10.82）	19.7万円	139.7 （11.64）
34万円	2.24万円	122.24 （10.19）	11.2万円	131.2 （10.93）	22.4万円	142.4 （11.87）
38万円	2.5万円	122.5 （10.21）	12.5万円	132.5 （11.04）	25万円	145 （12.08）

※ 月額給与は退職まで変わらないものとします。　　　　　　　　　（単位：万円）
※ 経過的加算は考慮していません。

● 65歳以降も厚生年金に加入した場合の年金額の推移

合計額は概算、（ ）は月額になります

		65歳	66歳	67歳	68歳	69歳	70歳以降	比較
夫	年間給与	288万円 （24万円）	288万円 （24万円）	288万円 （24万円）	288万円 （24万円）	288万円 （24万円）	―	―
	加給年金	40万円	40万円	40万円	40万円	―	―	―
	在職定時改定分	―	1万 5,800円	3万 1,600円	4万 7,400円	6万 3,200円	―	―
	老齢厚生年金 （在職老齢年金）	128万円	128万円	128万円	128万円	128万円	136万円	128万円
	老齢基礎年金	72万円	72万円	72万円	72万円	72万円	72万円	72万円
	企業年金	36万円	36万円	36万円	36万円	36万円	36万円	36万円
妻	振替加算	―	―	―	―	1万 5,000円	1万 5,000円	1万 5,000円
	老齢基礎年金	―	―	―	―	60万円	60万円	60万円
合計額		564万円 （月額 47万円）	566万円 （月額 47.2万円）	567万円 （月額 47.3万円）	569万円 （月額 47.4万円）	592万円 （月額 49.3万円）	306万円 （月額 25.5万円）	298万円 （月額 25万円）

※ 在職定時改定の増額分の5年間の総額は、15.8万円です。

> 133頁のCASEの男性（65歳で退職）
> の最終的な年金額（69歳以降）です

厚生年金に加入せずに
働くライフプラン

厚生年金に加入しないで働けば、年金額と調整されることはありませんが、その場合、健康保険は自分で選択して加入する必要があります。

厚生年金に加入しないで会社に勤める

① **正社員の４分の３未満で働く**：従業員100人以下の企業であれば、厚生年金（社会保険）に加入できるのは、正社員の４分の３以上の勤務時間があることが目安となっています。具体的には、１週間の勤務時間と１カ月の勤務日数の両方が正社員の４分の３以上あることが条件になるので、4分の3未満で働けばよいことになります。

② **厚生年金は減額されない**：厚生年金に加入していないので年金額との調整はありません。厚生年金は賃金額に関係なく全額が支給されます。厚生年金加入期間が伸びることはないので、退職後に厚生年金が増えることはありません。ただし、健康保険に入れないといったデメリットがあります。

③ **高年齢雇用継続基本給付金を受けながら働く**：雇用保険は週20時間以上勤務すれば加入できます。一方で週30時間以上だと正社員の４分の３になるので、厚生年金に加入することになります。つまり、**週20時間以上30時間未満で働くと、厚生年金は減額されることなく高年齢雇用継続基本給付金をもらうことができるのです。**

④ **健康保険は自ら選択**：厚生年金に加入しないということは、保険証（健康保険）ももらえなくなります。このままでは医療保険を受けることができなくなるので、自ら医療保険制度に加入しなければなりません。「**任意継続保険**」「**国民健康保険**」「**家族の扶養になる**」から、最も費用負担が低い制度を選択することがポイントになります。

● 厚生年金に加入しないで働くときの流れ

CASE

- 性別：男性　　● 生年月日：昭和35年10月10日生まれ
- 厚生年金加入期間：38年
- 受給年金額 厚生年金：120万円、老齢基礎年金：72万円
- 退職後、雇用保険の基本手当を150日間受給、基本手当日額：6,000円。その後、週3日の契約社員として65歳まで働く（賃金月額24万円・厚生年金未加入）
- 妻は昭和39年10月生まれ、厚生年金加入歴なし、国民年金加入期間：30年

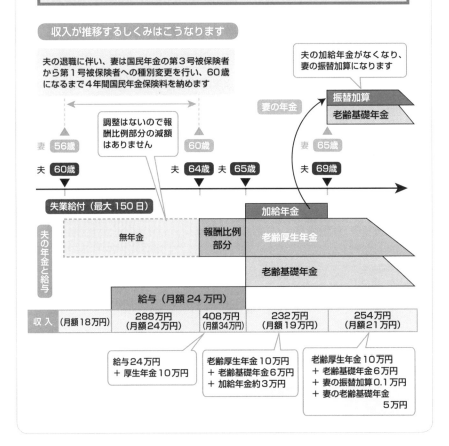

収入が推移するしくみはこうなります

夫の退職に伴い、妻は国民年金の第3号被保険者から第1号被保険者への種別変更を行い、60歳になるまで4年間国民年金保険料を納めます

夫の加給年金がなくなり、妻の振替加算になります

調整はないので報酬比例部分の減額はありません

妻の年金

| | 振替加算 |
| 老齢基礎年金 |

妻 56歳 / 夫 60歳 / 夫 64歳 / 夫 65歳 / 妻 65歳 / 夫 69歳

失業給付（最大150日）

夫の年金と給与

無年金 / 報酬比例部分 / 加給年金 / 老齢厚生年金 / 老齢基礎年金

給与（月額24万円）

| 収入 | （月額18万円） | 288万円（月額24万円） | 408万円（月額34万円） | 232万円（月額19万円） | 254万円（月額21万円） |

給与24万円＋厚生年金10万円

老齢厚生年金10万円＋老齢基礎年金6万円＋加給年金約3万円

老齢厚生年金10万円＋老齢基礎年金6万円＋妻の振替加算0.1万円＋妻の老齢基礎年金5万円

　なぜなら医療機関を受診した際には、どの制度に加入していても自己負担率は3割であることに変わりないからです。

● 厚生年金に加入するための条件

厚生年金に加入するためには

❶ 1週間の勤務時間が正社員の4分の3以上（所定労働時間）
❷ 1カ月の勤務日数が正社員の4分の3以上（所定労働日数）
⇒ ❶と❷を同時に満たしていることが必要条件になります。

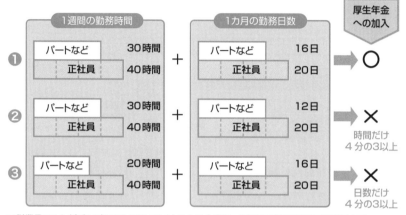

※従業員101人（令和6年10月からは51人）以上の企業は、1週間の勤務時間20時間以上で
月額賃金8万8,000円以上などの場合は、社会保険（健康保険、厚生年金）加入になります。

● 雇用保険に加入するための条件と高年齢雇用継続給付の受給条件

雇用保険に加入するためには

❶ 31日以上の雇用見込みがあること
❷ 1週間の所定労働時間が20時間以上あること
⇒ ❶と❷を同時に満たしていることが必要条件になります。

高年齢雇用継続給付を受給するためには

❶ 60歳以上65歳未満であること
❷ 雇用保険加入期間が通算5年以上必要
　※ 転職しても通算できますが、1年以上間隔が空くと通算できなくなります。
❸ 60歳時点の賃金が75%未満に低下していること
　※ 高年齢再就職給付金の場合は退職時点の賃金（失業給付の賃金日額）になります。
⇒ ❶❷❸を同時に満たしていることが必要条件になります。
　さらに、高年齢再就職給付金の場合は、基本手当（失業給付）の給付残日数が100日以上あることが必要です。

「高年齢雇用継続給付」を活用すれば、会社も大きくコストダウンできる！

　定年退職後の再雇用とはいえ、賃金を下げるのは経営者もつらいものです。かわいそうだから2割カットで8割くらいにとどめておこうかといった温情も働きます。

　実は、2割カットにとどめても4割カットしても、従業員の手取り総収入はそれほど違いが出ません。

　カット割合を大きくすると高年齢雇用継続給付（97頁参照）が利用できるので、収入を補てんすることができるためです。

　たとえば、月給50万円の従業員の賃金を80％に下げると40万円、60％に下げると30万円になります。高年齢雇用継続給付は75％未満に下がらないと使えませんので、80％に下げた場合は利用できません。社会保険料や源泉税を差し引いた手取り総収入は、月給40万円で約32.8万円、月給30万円で約29.3万円です。計算過程は以下のとおりですが、高年齢雇用継続給付の効果が大きいことがわかります。

	月給 ＋ 高年齢雇用継続給付 － 控除（社会保険料、源泉税）＝ 手取り金額
月給が2割カットされた場合の手取り金額	40万円 ＋ 0円 － 7.2万円 ＝ 32.8万円
月給が4割カットされた場合の手取り金額	30万円 ＋ 4.5万円 － 5.2万円 ＝ 29.3万円

　一方、会社の社会保険料負担は月給40万円で約6.55万円、月給30万円で約4.8万円です。どちらにしても従業員は約30万円の手取り収入が確保できるので、賃金カット後の収入にそれほど差が出ないのに対し、会社の社会保険料負担コストは約1.75万円節約できます。単純に10人いれば月に17.5万円の節約になります。

　※健康保険料は令和5年度の協会けんぽの東京都の11.82％（介護保険料含む）、厚生年金保険料は18.3％、雇用保険料は令和5年度の1.55％（労0.3％、使0.95％）、源泉税は令和5年1月以降（復興特別所得税含む）で扶養家族は妻1人として試算しています。健康保険料と厚生年金保険料は労使折半なので、従業員本人負担は健康保険料5.91％、厚生年金保険料9.15％になります。

夫婦の年金で考える ライフプラン

夫婦の場合、世帯としての年金額で考えるとライフプランの広がりが出てきます。特に、妻の年金支給額などの状況をしっかり把握することが大切です。

夫婦であわせると、年金額は月額約23万円になる

① **妻が60歳になるまで夫も働く**：夫が働いて厚生年金に加入していれば、妻は60歳になるまで国民年金の第3号被保険者でいられます。その間は、国民年金の第1号被保険者になる必要がないので、妻の保険料負担がありません（令和5年度現在、国民年金保険料月額1万6,520円）。

② **妻の老齢基礎年金が加わる**：妻が国民年金だけしか加入歴がなくても、満額であれば月額約6万5,000円、世帯として加算されます。定年退職した男性の平均的な年金額は月額17万円（厚生年金と老齢基礎年金の合計額）程度ですから、妻の年金をあわせると、夫婦の年金は月額約23万円になります。

妻の年金加入歴によって差が出てくる

① **妻が年下なら加給年金**：妻が年下なら年の差によって加給年金の支給期間が大きく違ってきます。加給年金とは、妻が65歳になるまで夫に支給される配偶者手当のようなもので、1年につき約40万円支給されます。

② **妻が1年以上厚生年金に加入**：妻がOL時代に1年以上厚生年金に加入していれば65歳前に厚生年金の支給が始まります。支給開始年齢は妻の生年月日によります（41頁参照）。OL時代の厚生年金の保険料が少額であっても、時効の5年前までの年金は受給できるので、なるべく早めに申請することをお勧めします。

ONE POINT
妻の厚生年金の請求を忘れずに
妻の場合、厚生年金の加入期間が短いと、支給開始年齢になっても厚生年金の請求をしない人がいます。1年以上の厚生年金加入期間があれば、65歳の老齢基礎年金支給開始まで待つ必要はありません。

自営業者は上乗せ対策をしておく
自営業者の場合、夫婦とも国民年金だけだと満額でも夫婦で月額約13万円しかありません。iDeCo（個人型拠出年金）や国民年金基金など老後に備えた上乗せの対策を考えておく必要があります。

● 夫が社会保険加入で働く場合と未加入で働く場合の夫婦の年金額

CASE

- 夫：昭和35年10月生まれ
- 夫の報酬比例部分：年額120万円、老齢基礎年金：年額72万円
- 月給 60歳時：40万円
- 妻：昭和39年10月生まれ
- 妻の厚生年金加入期間は3年。そのほかは下表のとおり

具体的な年金額の推移はこうなります

CASE 1 夫が社会保険加入で働く場合

● 週40時間、月額給与24万円、賞与なし

> 64歳の1年間の厚生年金加入期間分が反映されて、年金額が60歳時より8万円増えています

夫の年齢		60～63歳	64歳	65～67歳	68歳	69歳以降
妻の年齢		56～59歳	60歳	61～63歳	64歳	65歳以降
夫	年間給与	288万円	288万円	—	—	—
	高年齢雇用継続基本給付金	43万2,000円	43万2,000円	—	—	—
	加給年金		—	40万円	40万円	—
	老齢厚生年金（在職老齢年金）		109万円	128万円	128万	128万
妻	老齢基礎年金		—	72万円	72万円	72万円
	老齢厚生年金		—	—	6万円	6万円
	振替加算			—	—	1.5万円
	老齢基礎年金		—	—	—	60万円
合計額		331万円 (月額28万円)	440万円 (月額37万円)	240万円 (月額20万円)	246万円 (月額20.5万円)	268万円 (月額22万円)

※ 夫は65歳の退職時に求職活動をすれば、雇用保険の高年齢求職者給付金（一時金）が受けられます。

> 60歳～63歳の4年間の厚生年金加入期間分が加算されて126.3万円になっていますが、給付金との調整で1.44万円×12カ月＝17.28万円減額になっています

> 加給年金がなくなっても、妻の老齢基礎年金と振替加算がカバーして年金額も少し増えます

第5章

年金と60歳以降のライフプラン

（145頁に続く）

ONE POINT
加給年金も取り戻せる
厚生年金の繰り下げ支給により、加給年金を失うのは当面の資金確保としては痛手です。しかし、長期的には84歳までで加給年金の損失分も取り戻すことができます（228頁参照）。短期的に考えるか長期的に考えるかは、夫婦の意向によります。

在職定時改定も確認する

繰り下げ待機期間中は在職定時改定を受けられません。ただし、月給24万円で働いた場合、失うのは15万円程度ですので、1年分の繰り上げ増額分（120万円の年金額なら42％増で約50万円）で十分取り戻せます。なお、加給年金がある場合は妻が5歳年下の場合、約200万円になりますので、在職定時改定と合わせて215万円程度を失うことになります。このようなケースでは、よく検討したほうがよいでしょう。

65歳以降の年金額の変化

65歳からは、本来の年金が満額支給になります。しかし、加給年金の終了、繰り下げ支給の選択、妻の年金の支給開始など、年金額が変化する要素はまだまだあります。自分自身の満額支給までの年金額の変化をきちんと把握しておきましょう。

③ **繰り下げを検討する**：65歳からは、老齢厚生年金と老齢基礎年金を別々に繰り下げ支給することができます。妻も厚生年金を受けられるなら、どれか1つを繰り下げるのも1つの手段です。ただし、**夫の厚生年金は繰り下げると加給年金が支給停止になり、妻の老齢基礎年金を繰り下げると振替加算が支給停止になるので注意が必要です。**

④ **共働き夫婦の年金**：夫婦とも長年働いていた共働き夫婦の場合は、年金額も充実したものになります。ただ、女性の厚生年金額は男性の5割から7割しかありません。女性の給与は男性より低くなっているのが実態なので、給与の額が反映される報酬比例の年金に影響してしまうからです。それでも、夫婦とも定年まで勤めた場合、夫が年額120万円、妻が70万円程度の厚生年金があれば、夫婦で190万円になります。加えて老齢基礎年金は給与に影響されないので、夫婦各々72万円とした場合、厚生年金とあわせた総額は夫婦で334万円（月額27万8,000円）にもなります。なお、夫婦とも20年以上の厚生年金加入期間があると、加給年金はどちらにもつかなくなるので注意が必要です。

65歳に到達したあと（受給開始後）の手続き

① **65歳時にもう一度請求**：受給が始まっても源泉徴収額を少なくするために「**扶養親族等申告書**」の提出や生存確認のための「**現況届**」（住基ネットで確認できない人のみ）などの手続きがあります。また、65歳時には特別支給の老齢厚生年金から本来の老齢厚生年金・老齢基礎年金に切り替えるための「**年金請求書**」（ハガキ様式）を提出する必要があります。ハガキを返送するだけですが、返送しないと年金の支給が一時ストップされてしまうので注意が必要です。

② **年金額の変化を把握する**：60歳代は年金の種類や年金額が変化するので、きちんと把握しておかなければなり

CASE 2 夫が社会保険未加入で働く場合

● 週 20 時間未満、月額給与 15 万円、賞与なし

	夫の年齢	60～63歳	64歳	65～67歳	68歳	69歳以降
	妻の年齢	56～59歳	60歳	61～63歳	64歳	65歳以降
夫	年間給与	180万円	180万円	—	—	—
	高年齢雇用継続基本給付金	—	—	—	—	—
	加給年金	—	—	40万円	40万円	—
	老齢厚生年金	—	120万円	120万円	120万円	120万円
	老齢基礎年金	—	—	72万円	72万円	72万円
妻	老齢厚生年金	—	—	—	6万円	6万円
	振替加算	—	—	—	—	1.5万円
	老齢基礎年金	—	—	—	—	60万円
合計額		180万円 (月額15万円)	300万円 (月額25万円)	332万円 (月額19.3万円)	238万円 (月額19.8万円)	260万円 (月額21.7万円)

※ 夫は高年齢雇用継続基本給付金を受け取れないものとします。

> 社会保険未加入なので、厚生年金は全額もらえます

> 社会保険未加入なので、退職後も厚生年金額は増えません

> 社会保険未加入で働く場合は、厚生年金は減額されずにもらえますが、妻の国民年金（第3号被保険者）や健康保険加入のメリットがなくなります。

ません。まず報酬比例部分の受給から始まり、143頁（CASE 1）のような変化をたどっていきます。特に年金生活の人は、ライフプラン上も何歳のときにどのくらいの年金額がもらえるのか、しっかり把握しておく必要があります。

● さまざまなケースの夫婦の年金額 CASE 1

CASE 1 夫婦とも自営業者の場合

- 夫：昭和35年10月10日生まれ
- 夫の国民年金加入期間38年、厚生年金加入歴なし、国民年金基金（月額5万円）
- 受給年金額 老齢基礎年金72万円、国民年金基金60万円
- 妻：昭和39年10月6日生まれ
- 妻の国民年金加入期間32年（うち付加保険料20年納付）、厚生年金加入歴なし
- 受給年金額 老齢基礎年金62万円、付加年金4.8万円

具体的な年金額の推移はこうなります

> 妻が老齢基礎年金を繰り下げることによって
> ある程度年金額を増やすことができます

● 通常の支給

		60〜64歳	65〜68歳	69歳以降
夫の年齢		60〜64歳	65〜68歳	69歳以降
妻の年齢		56〜60歳	61〜64歳	65歳以降
夫	老齢基礎年金	ー	72万円	72万円
	国民年金基金	ー	60万円	60万円
妻	老齢基礎年金	ー	ー	62万円
	付加年金	ー	ー	4.8万円
合計額		0円	132万円 （月額11万円）	198.8万円 （月額16.6万円）

> 自営業者の場合、65歳前の生活
> 資金確保が課題となります

> 付加年金も本体と同率で
> 増額になります（70歳支
> 給開始の場合42%増し）

● 妻が老齢基礎年金を70歳に繰り下げした場合

		60〜64歳	65〜68歳	69〜73歳	74歳以降
夫の年齢		60〜64歳	65〜68歳	69〜73歳	74歳以降
妻の年齢		56〜60歳	61〜64歳	65〜69歳	70歳以降
夫	老齢基礎年金	ー	72万円	72万円	72万円
	国民年金基金	ー	60万円	60万円	60万円
妻	老齢基礎年金	ー	ー	ー	88万円
	付加年金	ー	ー	ー	6.8万円
合計額		0円	132万円 （月額11万円）	132万円 （月額11万円）	226.8万円 （月額19万円）

> 自営業者の場合、65歳前の生活
> 資金確保が課題となります

> 妻が老齢基礎年金を繰り下げることによって
> ある程度年金額を増やすことができます

146

● さまざまなケースの夫婦の年金額 CASE 2

CASE 2 夫がサラリーマンから転職して自営業者になった場合

- 夫：昭和35年10月10日生まれ
- 夫の厚生年金加入期間28年、国民年金加入期間10年、国民年金基金（月額3万円）
- 受給年金額 厚生年金70万円、老齢基礎年金72万円、国民年金基金36万円
- 妻：昭和39年10月6日生まれ
- 妻の国民年金加入期間32年、厚生年金加入歴なし
- 受給年金額 老齢基礎年金62万円

具体的な年金額の推移はこうなります

	夫の年齢	60～63歳	64歳	65～68歳	69歳以降
	妻の年齢	56～59歳	60歳	61～64歳	65歳以降
夫	加給年金	―	―	40万円	―
夫	老齢厚生年金（報酬比例部分）	―	70万円	70万円	70万円
夫	老齢基礎年金	―	―	72万円	72万円
夫	国民年金基金	―	―	36万円	36万円
妻	老齢基礎年金	―	―	―	62万円
妻	振替加算	―	―	―	1.5万円
合計額		0円	70万円 (月額5.8万円)	218万円 (月額18万円)	242万円 (月額20万円)

無年金が4年間あり、夫が65歳になるまでの1年間は年金が少ないので、ほかの収入が必要です

厚生年金期間が20年以上ある場合は、国民年金基金などで補えば通常の厚生年金受給額程度の年金額を確保することができます

転職で自営業者になり、厚生年金ももらえる場合は、厚生年金の受給額に応じた不足分の検討をします。

● さまざまなケースの夫婦の年金額 CASE 3

CASE 3 夫婦が厚生年金長期間加入の共働きの場合

- 夫：昭和35年10月10日生まれ
- 夫の厚生年金加入期間38年
- **受給年金額** 厚生年金120万円、老齢基礎年金72万円
- 妻：昭和39年10月6日生まれ
- 妻の厚生年金加入期間32年、国民年金加入期間6年
- **受給年金額** 厚生年金70万円、老齢基礎年金72万円

具体的な年金額の推移はこうなります

夫の年齢		60〜63歳	64歳	65〜67歳	68歳	69歳以降
妻の年齢		56〜59歳	60歳	61〜63歳	64歳	65歳以降
夫	加給年金	—	—	40万円	—	—
	老齢厚生年金（報酬比例部分）	—	120万円	120万円	120万円	120万円
	老齢基礎年金	—	—	72万円	72万円	72万円
妻	加給年金	—	—	—	—	—
	老齢厚生年金（報酬比例部分）	—	—	—	70万円	70万円
	老齢基礎年金	—	—	—	—	72万円
合計額		0円	120万円（月額10万円）	232万円（月額19万円）	262万円（月額22万円）	334万円（月額28万円）

夫婦とも厚生年金加入期間が20年以上あるので加給年金はどちらにもつきません。ただし、妻が老齢厚生年金の受給年齢になるまでは支給されます

無年金期間ですが、妻が働いていれば妻の収入があります

老齢基礎年金は給与額に影響されないので、加入期間が同じなら夫婦同額になります

妻の厚生年金加入期間が18年、19年といった場合には、20年になる直前に退職やパートなどに切り替えるなど加給年金をもらえる工夫も検討しましょう。

148

第 **6** 章

年金の請求方法

年金を請求する手続きは
どこに行くのか？

年金は自分で請求しないともらえません。❶ どこへ行くのか、❷ 何を持っていくのか、❸ いつから請求できるのか、しっかり把握しておきましょう。

どこの年金事務所でも手続きはできる

① **管轄の年金事務所ではない場合**：年金を請求するとき、どこの年金事務所でも、窓口に行けば手続きはできます。しかし、管轄の年金事務所でない場合は、管轄窓口の年金事務所に書類を送るため、その分、時間がかかります。

①-2 **担当の年金事務所とは**：最後に加入していた制度によって変わります。**最後の加入が厚生年金だった人は、最後の勤務先の会社を管轄する年金事務所**になります。厚生年金に加入したことがあっても、**最後が厚生年金以外の制度の加入者だった場合は自宅の住所地の年金事務所**になります。国民年金の第3号（サラリーマンの妻）の人は住所地の年金事務所が窓口です。

② **第1号だけの人は市区町村**：自営業者などで、国民年金の第1号被保険者の加入だけの人は、手続き窓口が市区町村の役所になります。

③ **公務員などは共済組合**：共済組合の加入期間だけの人は共済組合が窓口です（年金事務所でも手続きは可）。厚生年金など共済組合以外の加入期間のある人は、共済組合に請求すれば両方に請求する必要はありません。

年金請求手続きの時期

① **手続きは年金の受給権が発生後**：年金の請求は受給権が発生してからでないとできません。年金の受給権が発生する年齢は、厚生年金の場合、生年月日によって異な

● 公的年金の請求の手続き先

● 厚生年金を請求する場合、夫は厚生年金のみ、妻は結婚退職（短期間の厚生年金加入）して専業主婦だった場合

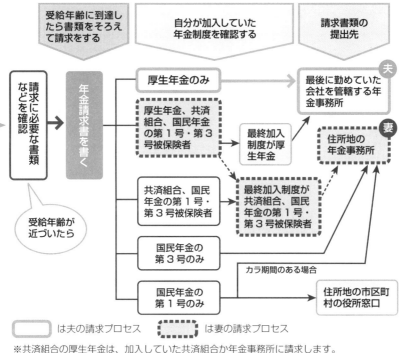

は夫の請求プロセス ▢▢▢▢ は妻の請求プロセス

※共済組合の厚生年金は、加入していた共済組合か年金事務所に請求します。

● 厚生年金基金の請求のポイント

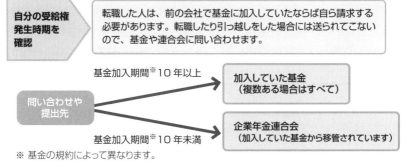

※ 基金の規約によって異なります。

※ 確定給付企業年金の場合は、企業年金連合会に自動的に移管はされません。退職時に連合会への移管を選択した場合は連合会に請求します。

ONE POINT
複数制度加入者も1カ所で請求可能に

厚生年金と共済年金など複数の制度の加入歴のある人は、これまでそれぞれの制度に請求する必要がありました。厚生年金と共済年金が一元化されたことにより、厚生年金と共済年金の両方に加入歴のある人も共済組合か年金事務所のどちらかに請求すればよくなりました。

年金事務所を通して外国の年金を申請

社会保障協定（258頁参照）を結んでいる国であれば、ほとんどの年金請求書は日本の年金事務所で入手できます。日本語が併記されているので書きやすく、必要な添付書類を添えて日本の年金事務所へ提出すれば、請求する国に送ってもらえます。

ります（65歳支給開始へと移行中）。国民年金の受給権発生年齢は65歳です。

② **提出書類の日付**：年金の請求時に添付する書類も、**戸籍謄本や住民票は年金の受給権発生後のものでなければなりません。**

厚生年金基金（連合会）への請求があるケース

厚生年金基金（連合会）にも請求する：厚生年金基金に加入していた人は、基金にも請求手続きが必要です。基金により異なりますが、一般的には基金の加入期間が10年以上の場合は加入していた基金に、10年未満の場合は企業年金連合会に請求します。

会社を退職したときに一時金をもらったので、請求する金額はないと思っている人がたくさんいます。基金は厚生年金の一部を代行しています。よって、厚生年金分は年金で基金（または企業年金連合会）から支給されます。なお、退職時に受領した一時金は、基金の上乗せ部分にあたり、厚生年金とは別の独自給付部分となります。

海外で年金保険料を納めていたケース

① **海外在住者は日本の最終住所地の窓口で手続き**：海外で日本の年金に加入して保険料を納めていた場合、年金の請求手続きは、請求時に帰国して日本に在住していれば、日本で加入している人と請求先は同じです。**請求時に海外に住んでいる場合は、日本での最終住所地の受付機関の窓口になります。**国民年金のみの加入者は、最終住所地の市区町村の役所の窓口、厚生年金加入期間がある場合は最終住所地の年金事務所です。また、共済組合の厚生年金は加入していた共済組合になります。

② **外国の年金は加入国へ請求**：海外で外国の年金に加入していて年金の受給権がある場合は、加入していた国に請求します。なお、社会保障協定を結んでいる国であれば、日本の年金事務所で請求手続きができます。

年金を請求するときの
手続き

年金をもらえる年齢になったら、必要な書類を入手して年金の請求を行います。年金請求書は、年金支給開始年齢（65歳前または65歳）に到達する月の3カ月前に郵送されてきます。

年金請求書は事前に送られてくる

① **年金の請求手続きのしかた**：「年金請求書」と「必要に応じた添付書類」を出さなければなりません。

② **年金請求書が送られてくる時期**：年金請求書（裁定請求書）は、受給権の発生する月（誕生日の前日の属する月）の3カ月前に本人宛に郵送されてきます。65歳前に厚生年金がもらえる人は60～64歳、老齢基礎年金（国民年金）だけの人などは65歳で受給権が発生します。

③ **請求は受給年齢に達してから**：受給権が発生する年齢とは、老齢基礎年金（国民年金）は65歳、厚生年金は生年月日や性別によって異なります。たとえば、昭和39年4月1日生まれの女性は63歳に到達してから厚生年金の受給権が発生します（次々頁参照）。

④ **送付されてこないとき**：引っ越しなどで年金請求書が届かない場合は、最寄りの年金事務所でもらいます。

年金の時効

請求しないと5年で時効：年金の請求は少々手続きが遅れても問題ありませんが、5年で時効になり、5年より前の年金はもらえなくなります。特に結婚退職した女性は、自分が厚生年金をもらえないと思っていて、65歳の老齢基礎年金請求ではじめて気づくことがあります。慌てて手続きしても2、3カ月分時効にかかって損するということになりかねないので、念のため最寄りの年金事務所で確認しておきましょう。

153

● 公的年金の請求に必要な書類

- 年金請求書（157頁参照）
- 振込先金融機関の通帳（公金受取口座を指定する場合は不要）
- 戸籍謄本、住民票など生年月日が確認できる書類（取得後6カ月以内、支給年齢到達日以降のものであること）
- その他、状況に応じて必要となる書類（雇用保険被保険者証、配偶者の非課税証明書、年金手帳〈基礎年金番号と違う場合〉など）

※単身者で日本年金機構にマイナンバーが登録（収録）されている場合は、戸籍謄本など（生年月日が確認できる書類）は原則として不要になります。最も簡易なケースでは、年金請求書とマイナンバーカード（提示またはコピー添付）だけで手続きができます。

● 厚生年金基金の請求に必要な書類

退職年金	選択一時金
<ul><li>裁定請求書（退職年金裁定請求書）</li><li>年金手帳（基礎年金番号が記載されたページのコピー）または基礎年金番号通知書</li><li>厚生年金基金加入員証（コピー可の場合もある）</li><li>住民票または戸籍抄本（取得後6カ月以内、支給年齢到達日以降のものであること）</li><li>年金証書のコピー（厚生年金などをすでに受給している場合）</li><li>印鑑</li></ul>	<ul><li>裁定請求書（選択一時金裁定請求書）</li><li>退職年金の主な添付書類に加えて、退職所得申告書（193頁参照）、退職所得の源泉徴収票など</li></ul>

※ 基金によって必要な書類が異なるので、事前に確認する必要があります。

● 性別・生年月日・年金制度別の受給権の発生時期

厚生年金男性の生年月日 （厚生年金女性）	受給権発生年齢	
	厚生年金・共済年金	国民年金のみ
昭和28年4月1日以前 （昭和33年4月1日以前）	60歳	65歳
昭和28年4月2日〜30年4月1日 （昭和33年4月2日〜35年4月1日）	61歳	65歳
昭和30年4月2日〜32年4月1日 （昭和35年4月2日〜37年4月1日）	62歳	65歳
昭和32年4月2日〜34年4月1日 （昭和37年4月2日〜39年4月1日）	63歳	65歳
昭和34年4月2日〜36年4月1日 （昭和39年4月2日〜41年4月1日）	64歳	65歳

昭和36年4月2日以降 （昭和41年4月2日以降）	65歳	65歳

※ 国民年金のみは、国民年金第1号被保険者（自営業者など）、第3号被保険者（専業主婦）
だけの加入期間の人になります。
厚生年金と共済年金の通算加入期間が1年未満の人は、65歳で受給権が発生します。
公務員の女性は厚生年金の男性と同じになります。

● 年金請求手続きの注意点

自分の受給権 発生時期を確認	年金請求書の入手（受給権発生時期の3カ月前をすぎても送られてこないときは、最寄りの年金事務所に問い合わせます）
必要なタイミングで書類をそろえ、書類がそろったら速やかに請求手続きをします	年金請求の受付は受給権発生以降になりますが、必要な書類をあらかじめ確認しておきましょう。年金手帳など事前に準備できるものは準備しておきます。**住民票や戸籍謄本などは、提出前6カ月以内のもの**とされており、受給権発生後のものでも請求が遅れると使えなくなる場合があります

● 「年金に関するお知らせ」ハガキサンプル
（65歳で受給権が発生する人）

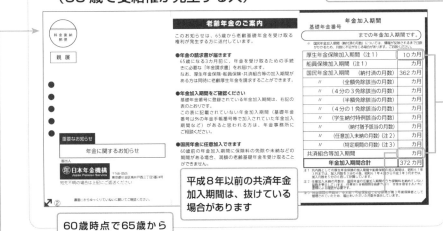

12カ月以上あれば、65歳前の厚生年金が受給できます

平成8年以前の共済年金加入期間は、抜けている場合があります

60歳時点で65歳からの年金の受給資格を満たしている場合

　60歳時点で受給資格を満たして65歳で受給権が発生する人や年金の受給資格（原則10年以上加入）が確認できない人には、60歳になる3カ月前に「**年金に関するお知らせ**」というハガキが届きます。

年金請求書の書き方

はじめて年金を請求するときに送られてくる

年金請求書は事前送付の様式と年金事務所などで入手する様式があります。書く内容は同じですが、事前送付では印字内容を再確認します。

基本情報の確認と必要事項の記入（1頁目）

ここから事前送付の年金請求書を例に、書き方のポイントを説明していきます。年金請求書の1頁目（次頁図）から見ていきましょう。

① **請求者本人の情報**：請求者本人の基本事項（住所、氏名、性別、基礎年金番号、生年月日、年金加入記録など）は、あらかじめほとんどが印字されているので、内容を確認します。印字以外の必要事項は自分で記入します。印字確認では、たとえば、名前の漢字が正しくても、フリガナが間違っているようなケースもあります。このような場合、記録漏れになりやすく、年金額にも直結してくるので、よく確認しましょう。全体を確認したら氏名欄にサイン（署名）します。

② **訂正のしかた**：もし間違いがあったときは、二重線で消して訂正します。

③ **年金の受取口座の指定**：年金が振り込まれる本人名義の口座情報を記入します。

年金の加入状況の記入（3頁目・4頁目）

① **転職のある人は空白期間を確認**：請求書3頁目の加入記録の印字は、特に転職がある人は、空白期間に加入漏れがないかよく確認してください。

② **加入漏れがある場合の加筆のしかた**：請求書4頁目に、例（159頁参照）のように記入します。

● 請求者本人の基本事項（年金請求書1頁目）

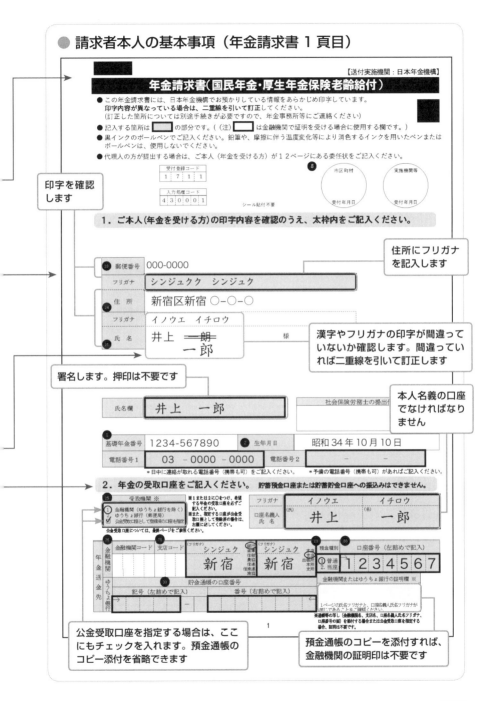

【送付実施機関：日本年金機構】

年金請求書（国民年金・厚生年金保険老齢給付）

● この年金請求書には、日本年金機構でお預かりしている情報をあらかじめ印字しています。
印字内容が異なっている場合は、二重線を引いて訂正してください。
（訂正した箇所については別途手続きが必要ですので、年金事務所等にご連絡ください）
● 記入する箇所は ▢ の部分です。（（注）▢ は金融機関で証明を受ける場合に使用する欄です。）
● 黒インクのボールペンでご記入ください。鉛筆や、摩擦に伴う温度変化等により消色するインクを用いたペンまたはボールペンは、使用しないでください。
● 代理人の方が提出する場合は、ご本人（年金を受ける方）が12ページにある委任状をご記入ください。

受付登録コード
1 7 1 1

入力処理コード
4 3 0 0 0 1

シール貼付不要

市区町村　　　　　　実施機関等

受付年月日　　　　　受付年月日

1. ご本人（年金を受ける方）の印字内容を確認のうえ、太枠内をご記入ください。

印字を確認します

郵便番号	000-0000
フリガナ	シンジクク　シンジュク
住所	新宿区新宿 ○−○−○
フリガナ	イノウエ　イチロウ
氏名	井上 ~~一朗~~ 一郎　様

住所にフリガナを記入します

漢字やフリガナの印字が間違っていないか確認します。間違っていれば二重線を引いて訂正します

署名します。押印は不要です

氏名欄	井上　一郎

社会保険労務士の提出代行

本人名義の口座でなければなりません

基礎年金番号	1234-567890	生年月日	昭和34年10月10日
電話番号1	03 − 0000 − 0000	電話番号2	− −

*日中に連絡が取れる電話番号（携帯も可）をご記入ください。　*予備の電話番号（携帯も可）があればご記入ください。

2. 年金の受取口座をご記入ください。 貯蓄預金口座または貯蓄貯金口座への振込みはできません。

受取機関 ※
① 金融機関（ゆうちょ銀行を除く）
ゆうちょ銀行（郵便局）
公金受取口座に既に登録済の口座を指定

※1または3に○をつけ、希望する年金の受取口座を必ずご記入ください。
また、指定する口座が公金受取口座として登録済の場合は、左端に○をつけてください。
公金受取口座については、最終ページをご参照ください。

フリガナ	イノウエ	イチロウ
口座名義人氏名	井上	一郎

年金送金先 ゆうちょ銀行	金融機関コード	支店コード	シンジュク 新宿	シンジュク 新宿	預金種別 ①普通 2.当座	口座番号（左詰めで記入） 1234567

貯金通帳の口座番号
記号（左詰めで記入） − 番号（右詰めで記入）

金融機関またはゆうちょ銀行の証明欄 ※

1ページの氏名フリガナと、口座名義人氏名フリガナが相違していることを確認ください。
普通預金番号等（金融機関名、支店名、口座名義人名フリガナ、口座番号の等）が確認または公金受取口座を指定する場合、証明は不要です。

1

公金受取口座を指定する場合は、ここにもチェックを入れます。預金通帳のコピー添付を省略できます

預金通帳のコピーを添付すれば、金融機関の証明印は不要です

年金の受給状況と雇用保険の加入状況の記入（6頁目）

ONE POINT
退職後7年たてば雇用保険被保険者証は不要
転職しても雇用保険被保険者証の番号は引き継がれますが、退職後6年間しかハローワークでは記録を保存していません。そのため、退職後7年経過してしまうと再発行できないため年金請求書への添付も不要になります。

共済組合加入の人は要注意
公務員など共済組合の年金制度に加入したことのある人は、特に平成8年以前の記録が抜けている場合があります。事前送付の年金請求書の印字を確認したうえで、漏れがある場合は、共済組合から「年金加入期間確認通知書」を交付してもらい、年金請求書に添付して年金事務所に提出します。

現金で受け取れるのは郵便局のみ
年金の受取方法は口座振込が一般的ですが、現金で受け取ることもできます。ただし、金融機関は郵便局（ゆうちょ銀行）にかぎられます。

① **雇用保険被保険者証を提出できない場合**：事由書の該当する項目を選んで署名します。

② **厚生年金を請求する場合**：定年退職などで厚生年金を請求する人は、「**雇用保険被保険者証**」の提出が必要です。通常は会社が保管していて退職時に渡してくれます。紛失した場合は、退職後7年経過していなければハローワークで再発行してもらえます。

配偶者や18歳未満の子の状況の記入（8・10・18頁目）

① **加給年金をもらうための情報**：加給年金や振替加算の支給の判定のために、配偶者や18歳未満の子のいる人は配偶者や子の状況についても記入が必要です。請求書の8頁、10頁、18頁が記入欄になります。

② **ほとんどの人がもらえる**：加給年金は、生計維持関係を満たしていることが条件です。1つは生計を同じくしていることで、もう1つは年収850万円（所得655万5,000円）未満であることです。長い期間共働きでなければ、よほどのことがないかぎり、条件をはずれることはないでしょう。

③ **初回の扶養親族等申告書は年金請求書にある**：請求書の最後の18頁目は、毎年提出が必要な「**扶養親族等申告書**」（185頁参照）ですが、初回は年金請求書の書類の1つに含まれています。年金からの控除の判定と計算に使われるので、扶養親族や障害者など各種控除の対象者がいる場合に提出が必要です。ただ一定の年金額（65歳未満108万円、65歳以上158万円）未満で各種控除がない単身者である場合（基礎控除と公的年金等控除のみ）は、記入不要です。

④ **事実婚の場合**：加給年金の対象にはなりますが、控除対象配偶者の対象にはならないので注意が必要です。

● 年金の加入状況（年金請求書3頁目）

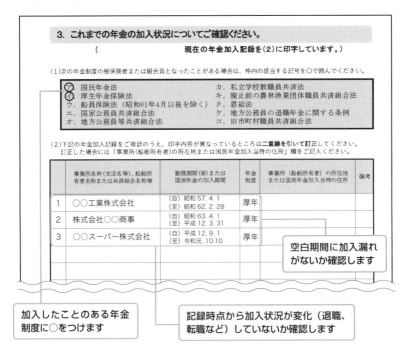

3. これまでの年金の加入状況についてご確認ください。

（　　　　　　　　　　現在の年金加入記録を(2)に印字しています。）

(1)次の年金制度の被保険者または組合員となったことがある場合は、枠内の該当する記号を○で囲んでください。

㋐	国民年金法	カ. 私立学校教職員共済法
㋑	厚生年金保険法	キ. 廃止前の農林漁業団体職員共済組合法
ウ.	船員保険法（昭和61年4月以後を除く）	ク. 恩給法
エ.	国家公務員共済組合法	ケ. 地方公務員の退職年金に関する条例
オ.	地方公務員等共済組合法	コ. 旧市町村職員共済組合法

(2)下記の年金加入記録をご確認のうえ、印字内容が異なっているところは**二重線を引いて訂正**してください。
訂正した場合には「事業所(船舶所有者)の所在地または国民年金加入当時の住所」欄をご記入ください。

	事業所名称(支店名等)、船舶所有者名称または共済組合名称等	勤務期間(※)または国民年金の加入期間	年金制度	事業所(船舶所有者)の所在地または国民年金加入当時の住所	備考
1	○○工業株式会社	(自) 昭和57.4.1 (至) 昭和62.2.28	厚年		
2	株式会社○○商事	(自) 昭和63.4.1 (至) 平成12.3.31	厚年		
3	○○スーパー株式会社	(自) 平成12.9.1 (至) 令和元.10.10	厚年		

> 空白期間に加入漏れがないか確認します

> 加入したことのある年金制度に○をつけます

> 記録時点から加入状況が変化（退職、転職など）していないか確認します

● 印字以外に漏れている年金の加入状況（年金請求書4頁目）

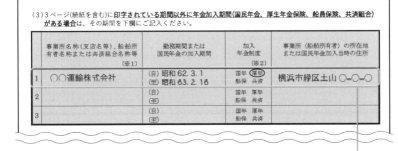

(3)3ページ(続紙を含む)に**印字されている期間以外に年金加入期間**(国民年金、厚生年金保険、船員保険、共済組合)**がある場合**は、その期間を下欄にご記入ください。

	事業所名称(支店名等)、船舶所有者名称または共済組合名称等 (※1)	勤務期間または国民年金の加入期間	加入年金制度 (※2)	事業所(船舶所有者)の所在地または国民年金加入当時の住所
1	○○運輸株式会社	(自) 昭和62.3.1 (至) 昭和63.2.18	国年 厚年 船保 共済	横浜市緑区土山○-○-○
2		(自) (至)	国年 厚年 船保 共済	
3		(自) (至)	国年 厚年 船保 共済	

> 3頁目の空白期間に加入漏れがある場合は、わかる範囲で記入します

● 年金の受給状況と雇用保険の加入状況（年金請求書6頁目）

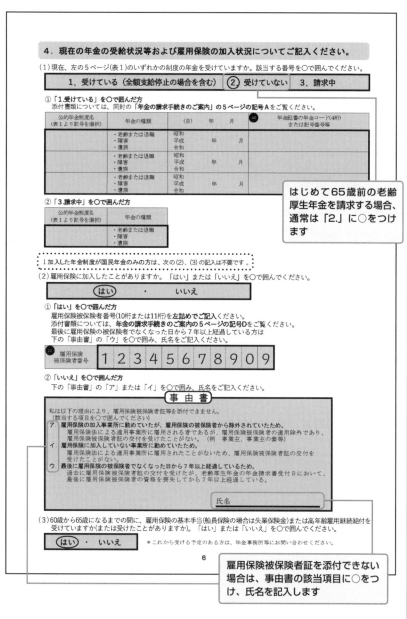

4．現在の年金の受給状況等および雇用保険の加入状況についてご記入ください。

（1）現在、左の5ページ（表1）のいずれかの制度の年金を受けていますか。該当する番号を○で囲んでください。

1．受けている（全額支給停止の場合を含む）　②　受けていない　3．請求中

①「1.受けている」を○で囲んだ方
　添付書類については、同封の「年金の請求手続きのご案内」の5ページの記号Aをご覧ください。

公的年金制度名 （表1より記号を選択）	年金の種類	（自）　年　月	年金証書の年金コード(4桁) または記号番号等
	・老齢または退職 ・障害 ・遺族	昭和 平成　　年　　月 令和	
	・老齢または退職 ・障害 ・遺族	昭和 平成　　年　　月 令和	
	・老齢または退職 ・障害 ・遺族	昭和 平成　　年　　月 令和	

> はじめて65歳前の老齢
> 厚生年金を請求する場合、
> 通常は「2.」に○をつけ
> ます

②「3.請求中」を○で囲んだ方

公的年金制度名 （表1より記号を選択）	年金の種類
	・老齢または退職 ・障害 ・遺族

┈┈┈┈┈┈┈┈┈┈┈┈┈┈┈┈┈┈┈┈┈┈┈┈┈┈┈┈┈┈┈
↓加入した年金制度が国民年金のみの方は、次の（2）、（3）の記入は不要です。
┈┈┈┈┈┈┈┈┈┈┈┈┈┈┈┈┈┈┈┈┈┈┈┈┈┈┈┈┈┈┈

（2）雇用保険に加入したことがありますか。「はい」または「いいえ」を○で囲んでください。

（はい）　・　いいえ

①「はい」を○で囲んだ方
　雇用保険被保険者番号（10桁または11桁）を左詰めでご記入ください。
　添付書類については、年金の請求手続きのご案内の5ページの記号Dをご覧ください。
　最後に雇用保険の被保険者でなくなった日から7年以上経過している方は
　下の「事由書」の「ウ」を○で囲み、氏名をご記入ください。

雇用保険
被保険者番号　| 1 | 2 | 3 | 4 | 5 | 6 | 7 | 8 | 9 | 0 | 9 |

②「いいえ」を○で囲んだ方
　下の「事由書」の「ア」または「イ」を○で囲み、氏名をご記入ください。

事　由　書

私は以下の理由により、雇用保険被保険者証等を添付できません。
（該当する項目を○で囲んでください）

ア 雇用保険の加入事業所に勤めていたが、雇用保険の被保険者から除外されていたため。
　雇用保険法による適用事業所に雇用される者であるが、雇用保険被保険者の適用除外であり、
　雇用保険被保険者証の交付を受けたことがない。（例 事業主、事業主の委嘱）
イ 雇用保険に加入していない事業所に勤めていたため。
　雇用保険法による適用事業所に雇用されたことがないため、雇用保険被保険者証の交付を
　受けたことがない。
ウ 最後に雇用保険の被保険者でなくなった日から7年以上経過しているため。
　過去に雇用保険被保険者証の交付を受けたが、老齢年金の年金請求書受付日において、
　最後に雇用保険被保険者の資格を喪失してから7年以上経過している。

氏名

（3）60歳から65歳になるまでの間に、雇用保険の基本手当（船員保険の場合は失業保険金）または高年齢雇用継続給付を
　受けていますか（または受けたことがありますか）。「はい」または「いいえ」を○で囲んでください。

（はい）　・　いいえ　　＊これから受ける予定のある方は、年金事務所等にお問い合わせください。

6

> 雇用保険被保険者証を添付できない
> 場合は、事由書の該当項目に○をつ
> け、氏名を記入します

● 配偶者・子の状況（年金請求書8頁目）

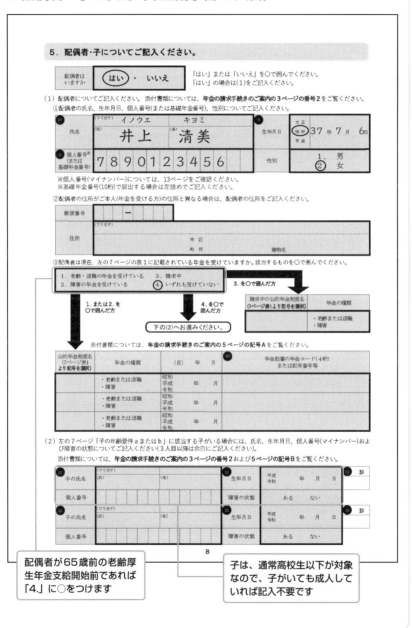

5. 配偶者・子についてご記入ください。

配偶者は
いますか？　　はい ・ いいえ

「はい」または「いいえ」を○で囲んでください。
「はい」の場合は(1)をご記入ください。

(1) 配偶者についてご記入ください。添付書類については、**年金の請求手続きのご案内の3ページの番号2**をご覧ください。
①配偶者の氏名、生年月日、個人番号(または基礎年金番号)、性別についてご記入ください。

㉛ 氏名	(フリガナ) イノウエ　キヨミ (氏) 井上　(名) 清美	④ 生年月日	大正 昭和 平成 37 年 7 月 6 日
㉟ 個人番号※ (または 基礎年金番号)	7 8 9 0 1 2 3 4 5 6	性別	1. 男 ② 女

※個人番号(マイナンバー)については、13ページをご確認ください。
※基礎年金番号(10桁)で届出する場合は左詰めでご記入ください。

②配偶者の住所がご本人(年金を受ける方)の住所と異なる場合は、配偶者の住所をご記入ください。

郵便番号	－
住所	(フリガナ) 　　　　　　　市 区 町 村　　　　　　　　　　　建物名

③配偶者は現在、左の7ページの表1に記載されている年金を受けていますか。該当するものを○で囲んでください。

1. 老齢・退職の年金を受けている　　3. 請求中
2. 障害の年金を受けている　　　④ いずれも受けていない

3. を○で囲んだ方

請求中の公的年金制度名 (7ページ表1より記号を選択)	年金の種類
	・老齢または退職 ・障害

1. または2. を　　　　　　4. を○で
○で囲んだ方　　　　　　囲んだ方

下の(2)へお進みください。

添付書類については、**年金の請求手続きのご案内の5ページの記号A**をご覧ください。

公的年金制度名 (7ページ表1 より記号を選択)	年金の種類	(自) 年 月	㊼ 年金証書の年金コード(4桁) または記号番号等
	・老齢または退職 ・障害	昭和 平成 令和　　年　月	
	・老齢または退職 ・障害	昭和 平成 令和　　年　月	
	・老齢または退職 ・障害	昭和 平成 令和　　年　月	

(2) 左の7ページ「子の年齢要件aまたはb」に該当する子がいる場合には、氏名、生年月日、個人番号(マイナンバー)および障害の状態についてご記入ください(3人目以降は余白にご記入ください)。

添付書類については、**年金の請求手続きのご案内の3ページの番号2および5ページの記号B**をご覧ください。

㉜ 子の氏名	(フリガナ) (氏)　　　　(名)	㉝ 生年月日	平成 令和　　年 月 日	㉝ 診
個人番号		障害の状態	ある　　ない	
㉝ 子の氏名	(フリガナ) (氏)　　　　(名)	㉝ 生年月日	平成 令和　　年 月 日	㉝ 診
個人番号		障害の状態	ある　　ない	

8

配偶者が65歳前の老齢厚生年金支給開始前であれば「4.」に○をつけます

子は、通常高校生以下が対象なので、子がいても成人していれば記入不要です

● 加給年金額に関する生計維持の申し立て（年金請求書 10 頁目）

6．加給年金額に関する生計維持の申し立てについてご記入ください。

8ページで記入した配偶者または子と生計を同じくしていることを申し立てる。

請求者氏名	井上　一郎

【生計維持とは】

以下の2つの要件を満たしているとき、「生計維持されている」といいます。

①生計同一関係があること
　例）・住民票上、同一世帯である。
　　　・単身赴任、就学、病気療養等で、住所が住民票上は異なっているが、生活費を共にしている。

②配偶者または子が収入要件を満たしていること
　年収850万円（所得655.5万円）を将来にわたって有しないことが認められる。

> 申し立てた場合は、同居の事実を明らかにする住民票が必要です（配偶者や子のマイナンバーを記入した場合は不要）

ご本人（年金を受ける方）によって、生計維持されている配偶者または子がいる場合

（1）該当するものを〇で囲んでください（3人目以降の子については、余白を使用してご記入ください）。

配偶者または子の年収は、850万円未満ですか。		機構確認欄
配偶者について	はい　・　いいえ	（　）印
子（名：　　　　）について	はい　・　いいえ	（　）印
子（名：　　　　）について	はい　・　いいえ	（　）印

「はい」を〇で囲んだ方は、添付書類について、**年金の請求手続きのご案内の3ページの番号4**をご覧ください。

（2）（1）で配偶者または子の年収について「いいえ」と答えた方は、配偶者または子の年収がこの年金の受給権（年金を受け取る権利）が発生したときから、おおむね5年以内に850万円（所得655.5万円）未満となる見込みがありますか。該当するものを〇で囲んでください。

はい　・　いいえ	機構確認欄　（　）印

「はい」を〇で囲んだ方は、添付書類が必要です。**年金の請求手続きのご案内の3ページの番号4**をご覧ください。

> 「はい」となるのは、共働きで年収850万円以上の妻が、妻自身の定年退職によって収入が減るようなケースが考えられます

令和　00　年　00　月　00　日　　提出

> 提出日を記入します

> 収入を証明する書類（所得証明書か非課税証明書）が必要です（配偶者や子のマイナンバーを記入した場合は不要）

10

● 扶養親族等申告書（年金請求書 18 頁目）

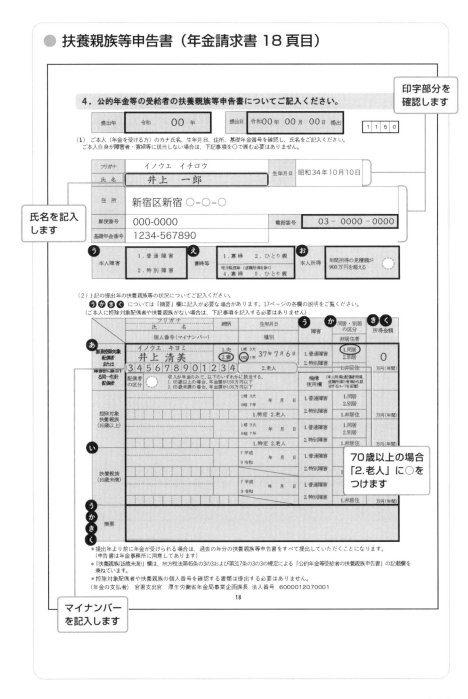

4．公的年金等の受給者の扶養親族等申告書についてご記入ください。

印字部分を
確認します

| 提出年 | 令和 **00** 年 | 提出日 | 令和**00**年 **00**月 **00**日 提出 |

1150

(1) ご本人（年金を受ける方）のカナ氏名、生年月日、住所、基礎年金番号を確認し、氏名をご記入ください。
ご本人自身が障害者・寡婦等に該当しない場合は、下記事項を○で囲む必要はありません。

フリガナ	イノウエ　イチロウ	生年月日	昭和 34 年 10 月 10 日
氏名	**井上　一郎**		
住所	新宿区新宿 ○−○−○		
郵便番号	000-0000	電話番号	03 − 0000 − 0000
基礎年金番号	1234-567890		

氏名を記入
します

| **う** 本人障害 | 1．普通障害　2．特別障害 | **え** 寡婦等 | 1．寡婦　2．ひとり親　地方税控除（退職所得を除く）　4．寡婦　5．ひとり親 | **お** 本人所得 | 年間所得の見積額が 900 万円を超える |

(2) 上記の提出年の扶養親族等の状況についてご記入ください。

う か き く については「摘要」欄に記入が必要な場合があります。17ページの各欄の説明をご覧ください。
（ご本人に控除対象配偶者や扶養親族がない場合は、下記事項を記入する必要はありません）

	フリガナ 氏名 個人番号（マイナンバー）	続柄	生年月日 種別	**う** 障害	**か** 同居・別居の区分 非居住者	**き く** 所得金額
あ 源泉控除対象配偶者または障害者控除対象の同一生計配偶者	イノウエ　キヨミ **井上　清美** 3 4 5 6 7 8 9 0 1 2 3 4	1.夫 ②妻	1明 3大 5昭 ⑦平 37年 7月 6日 2.老人	1.普通障害 2.特別障害	①同居 2.別居 非居住者	0 万円（年間）
	配偶者の区分 ○	収入が年金のみで、以下のいずれかに該当する。1．65歳以上の場合、年金額が158万円以下 2．65歳未満の場合、年金額が108万円以下		機構 使用欄	（本人所得と配偶者所得、退職所得（が無い場合す）るマイコードを起動）	
控除対象扶養親族（16歳以上）			1明 3大 5昭 7平 年 月 日 1.特定 2.老人	1.普通障害 2.特別障害	1.同居 2.別居 非居住	万円（年間）
			1明 3大 5昭 7平 年 月 日 1.特定 2.老人	1.普通障害 2.特別障害	1.同居 2.別居 非居住	万円（年間）
い 扶養親族（16歳未満）			7平成 9令和 年 月 日	1.普通障害 2.特別障害	1.同居 2.別居 非居住	万円（年間）
			7平成 9令和 年 月 日	1.普通障害 2.特別障害	1.同居 2.別居 非居住	万円（年間）
う か き く	摘要					

70歳以上の場合
「2.老人」に○を
つけます

＊提出月より前に年金が受けられる場合は、過去の年分の扶養親族等申告書をすべて提出していただくことになります。
　（申告書は年金事務所に用意してあります）
＊「扶養親族(16歳未満)」欄は、地方税法第45条の3の3および第317条の3の3の規定による「公的年金等受給者の扶養親族申告書」の記載欄を兼ねています。
＊控除対象配偶者や扶養親族の個人番号を確認する書類は提出する必要はありません。
（年金の支払者）官署支出官　厚生労働省年金局事業企画課長　法人番号　6000012070001

18

マイナンバー
を記入します

163

年金の請求に必要な書類一式

年金請求書のほかに、生年月日を確認できる書類など共通の書類のほか、さまざまな添付書類があります。特に配偶者のいる人は、加給年金をもらうための配偶者に関する書類が必要です。ここでは、ケースごとに必要となる添付書類を中心に見ていきます。

住民票、戸籍謄本、雇用保険被保険者証などが必要

① **生年月日確認書類と預金通帳は共通**：年金の請求ですべての人が必要な添付書類は、生年月日を確認する書類（住民票、戸籍謄本など）と年金を振り込んでもらう金融機関の預金通帳です。年金手帳（基礎年金番号通知書）は老齢年金の場合、状況に応じて必要になります。

② **年金の種類によって必要な書類**：老齢厚生年金であれば、雇用保険に加入していた場合、雇用保険被保険者証も必要です。障害年金であれば医師の診断書、遺族年金であれば死亡診断書や死亡した人の年金証書も必要です。

③ **雇用保険被保険者証**：雇用保険被保険者証は、最後の加入から7年をすぎていれば提出は不要です。

配偶者のいる人は収入を証明する書類などが必要

① **加給年金を受けるための書類**：加給年金の受給資格がある場合には、戸籍謄本、住民票（世帯全員のもの）、配偶者の収入を証明する書類（所得証明書、非課税証明書など）が必要です。子の加給年金の場合には、在学証明書（高校生以上）も必要です。

② **厚生年金基金の添付書類**：厚生年金基金の請求には、基金の裁定請求書のほか、厚生年金基金加入員証、住民票、年金手帳などの基礎年金番号のコピー、年金受給者は年金証書のコピーなどの添付書類が必要です。

● 年金を請求するときに必要な年金請求書と主な添付書類

主な書類	単身者	配偶者（子）あり	遺族年金	障害年金	備　考
年金請求書（裁定請求書）	◎	◎	◎	◎	
請求者の生年月日を確認できる書類	△※	△※	△※	△※	住民票、戸籍抄本、戸籍謄本など
預金通帳	◎	◎	◎	◎	公金受取口座を指定する場合は不要
年金手帳（基礎年金番号通知書）	△	△	◎	◎	・老齢年金は、基礎年金番号以外の年金手帳がある場合など ・提出できないときはその理由書
配偶者の年金手帳（基礎年金番号通知書）		△	△	△	遺族年金は死亡者のもの
配偶者（子）の生年月日や請求者との身分関係を明らかにできる書類		◎	◎	○	・戸籍謄本など ・遺族年金の場合は死亡した人と請求者との身分関係
世帯全員の住民票		◎※	◎※	○※	別居の場合は生計同一に関する書類も必要
配偶者（子）の生計維持を申し立てする書類		◎※	◎※	○※	・所得証明書、非課税証明書、源泉徴収票など ・遺族年金の場合は死亡した人と請求者との生計維持関係
雇用保険に関する書類	◎	◎			雇用保険被保険者証、事由書など
年金加入期間確認通知書	△	△	△	△	厚生年金のほかに共済組合の加入期間がある場合
医師（歯科医師）の診断書				◎	レントゲンフィルムが必要な場合もある
受診状況等証明書				○	初診時と診断書の医療機関が異なる場合
病歴・就労状況等申立書				◎	
死亡を証明する書類			◎		死亡診断書など
年金証書	△	△	◎	△	・請求者や配偶者がすでに何かの年金を受けている場合 ・遺族年金の場合は死亡した人の年金証書

◎必ず提出　○必要に応じて提出（よくあるケース）　△必要に応じて提出（レアケース）

※印の書類は、年金請求書にマイナンバーを記載してあれば不要です。ただし、マイナンバーカードのコピーなどの添付が必要です。

年金請求書の書き方

65歳のときに送られてくる

65歳前に年金を受給していても、65歳から本来の支給が始まるので、改めて請求書を提出しなければなりません。

65歳時の年金請求書はハガキを出すだけ

ONE POINT
ハガキは2種類ある
65歳時の年金請求書には、加給年金対象者なし（下図）と加給年金対象者あり（115頁参照）の2種類があります。

① **65歳の誕生月までに受給者に送付**：65歳前の年金を受給していた人には、65歳時には日本年金機構からハガキ様式の年金請求書が郵送されてきます（114頁参照）。

② **誕生月末までに提出**：ハガキは受給継続だけでなく、繰り下げ支給の申込書の役割も兼ねています。

● 65歳時の年金請求書（加給年金対象者のない場合）

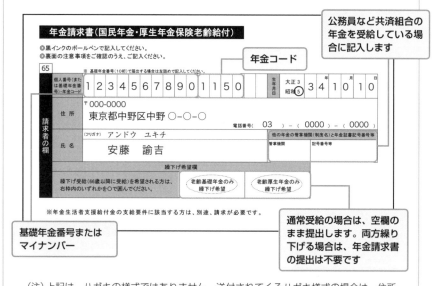

公務員など共済組合の年金を受給している場合に記入します

基礎年金番号またはマイナンバー

通常受給の場合は、空欄のまま提出します。両方繰り下げる場合は、年金請求書の提出は不要です

（注）上記は、ハガキの様式ではありません。送付されてくるハガキ様式の場合は、住所、氏名などがあらかじめ印字されているので、内容を確認します。

166

第**7**章

年金支給開始と
その後の手続き

年金の支給日と支給方法

年金は1度に支給されるのではなく、2カ月ごとの偶数月に年6回に分けて支給されます。公的年金は15日、厚生年金基金は1日が支給日です。

偶数月の15日に支給される

① **支給開始日**：年金の支給は受給権の発生した日（誕生日の前日）の翌月から始まります。そのため、1日生まれの人だけは誕生月から支給が開始されます。

② **受給方法**：受給方法は銀行か郵便局の本人の指定した口座に振り込まれます。郵便局にかぎり、窓口で直接受け取ることもできます。

③ **初回の支給**：年金請求の手続きをすると、国で受給資格の確認が行われ、「**年金決定通知書**」と「**年金証書**」が本人に郵送されてきます。その後、年金の支給が始まるので、初回の支給は手続きから2カ月か3カ月後になります。

④ **手続きが遅れても初回に一時金**：年金は2カ月ごとに年6回支給されます。**支給月は2月、4月など偶数月の15日です**。ただし、初回は奇数月に支給される場合もあり、2カ月分3カ月分がまとめて支給されるので、手続きが少し遅れたからといって、もらい損ねることはありません。また15日が土日祝日など、金融機関の休日にあたる場合は前日（直近の営業日）になります。

厚生年金基金は1年に1度の場合もある

① **厚生年金基金の支給日**：厚生年金基金の支給日も原則年6回で、偶数月の1日になります。なお、年金額が年額27万円未満のときは、年3回または年2回となり、年額6万円未満の場合は年1回の支給になります。年6回未満の支払月は、基金によって異なります。請求が遅れても、5年以内の分は初回に一時金で支給されます。

② **企業年金の支給日**：各種企業年金は企業によって支給日

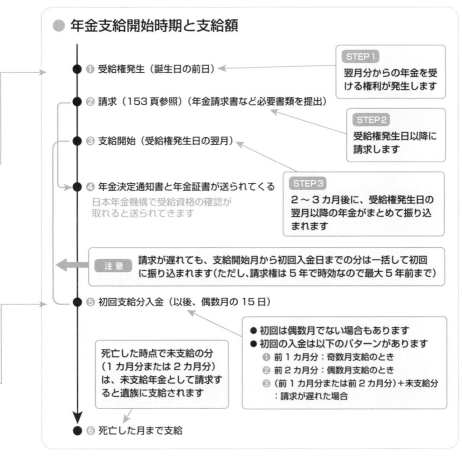

年金支給開始時期と支給額

❶ 受給権発生（誕生日の前日）

STEP1
翌月分からの年金を受ける権利が発生します

❷ 請求（153頁参照）（年金請求書など必要書類を提出）

STEP2
受給権発生日以降に請求します

❸ 支給開始（受給権発生日の翌月）

❹ 年金決定通知書と年金証書が送られてくる
日本年金機構で受給資格の確認が取れると送られてきます

STEP3
2～3カ月後に、受給権発生日の翌月以降の年金がまとめて振り込まれます

注意 請求が遅れても、支給開始月から初回入金日までの分は一括して初回に振り込まれます（ただし、請求権は5年で時効なので最大5年前まで）

❺ 初回支給分入金（以後、偶数月の15日）

死亡した時点で未支給の分（1カ月分または2カ月分）は、未支給年金として請求すると遺族に支給されます

● 初回は偶数月でない場合もあります
● 初回の入金は以下のパターンがあります
  ❶ 前1カ月分：奇数月支給のとき
  ❷ 前2カ月分：偶数月支給のとき
  ❸ （前1カ月分または前2カ月分）＋未支給分：請求が遅れた場合

❻ 死亡した月まで支給

年金の支給日は公的年金も厚生年金基金も偶数月ですが、厚生年金基金は1日、公的年金は15日です。

や支給方法が異なります。確定給付企業年金などは厚生年金基金と同じ場合が多いですが、個別に確認しておきましょう。

● 年金の支給日と支給される該当分

年金の支給

- 年6回、偶数月の15日に前の2カ月分が支給（休日のときは前営業日）されます
- 毎年4月に年金額が改定され6月の支給（4月・5月分）より適用されます

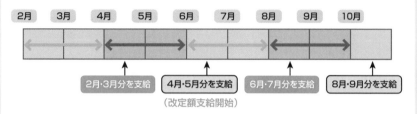

| 2月 | 3月 | 4月 | 5月 | 6月 | 7月 | 8月 | 9月 | 10月 |

2月・3月分を支給　4月・5月分を支給　6月・7月分を支給　8月・9月分を支給

（改定額支給開始）

厚生年金基金の支給日

年金額	6万円未満	6万円以上 15万円未満	15万円以上 27万円未満	27万円以上
支払回数	年1回	年2回 （6月、12月）	年3回 （4月、8月、12月）	年6回（偶数月）

※ 支払月の1日に支給されます（休日のときは翌営業日）

● 初回の年金支給が変則になった例

通常の支給パターン

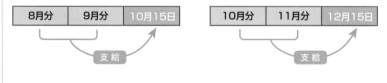

| 8月分 | 9月分 | 10月15日 |

支給

| 10月分 | 11月分 | 12月15日 |

支給

事務処理の都合で初回のみ変則

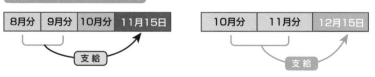

| 8月分 | 9月分 | 10月分 | 11月15日 |

支給

| 10月分 | 11月分 | 12月15日 |

支給

※ 例外的に奇数月の11月に支給される例です。12月以降は通常の支給パターンに戻ります。

● 年金証書サンプル

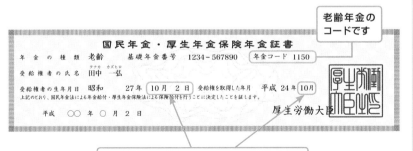

老齢年金の
コードです

国民年金・厚生年金保険年金証書

| 年 金 の 種 類 | 老齢 | 基礎年金番号 | 1234-567890 | 年金コード 1150 |

受給権者の氏名　田中　一弘（タナカ　カズヒロ）

受給権者の生年月日　昭和　27年 10月 2日　受給権を取得した年月　平成 24年 10月

上記のとおり、国民年金法による年金給付・厚生年金保険法による保険給付を行うことに決定したことを証します。

平成　〇〇 年 〇 月 2 日　　　　　厚生労働大臣

生年月日の前日の月が受給権取得月になります

● 年金決定通知書サンプル

月数の合計が加入月数になります

厚生年金保険　年金決定通知書

年金の種類と年金決定の根拠となった厚生年金保険法の条文　老齢　厚生年金　厚生年金保険法　2　第　8　条の
年金額の内訳

支払開始年月	基本となる 年金額（円）	加給年金額 または加算額（円）	繰上げ・繰下げによる 減額・加算額（円）	支払停止額（円）	年金額（円）
元号　年　月 平成 24 11	1,080,600	0	0	0	1,080,600
支払停止理由		支払停止期間	年　月～	年　月まで	

加入期間の内訳		平均標準報酬額等の内容		

加入期間	月数
①厚生年金保険の加入期間	451 月
②厚生年金保険の戦時加算期間	月
③船員保険の戦時加算期間	月
④沖縄農林期間	月
⑤沖縄免除期間	月
⑥離婚分割等により加入者と みなされた期間	月
⑦旧令共済組合期間	月

厚生年金保険の加入期間の種類	月数	平均標準報酬額 （平均標準報酬月額）
①平成15年3月までの期間	337 月	326,521 円
②平成15年4月以降の期間	114 月	374,620 円
③平成15年3月までの厚生年金基金期間	月	円
④平成15年4月以降の厚生年金基金期間	月	円
⑤昭和61年3月までの坑内員または船員であった期間	月	円
⑥昭和61年4月～平成3年3月の坑内員または船員であった期間	月	円
⑦昭和61年3月までの坑内員であった厚生年金基金期間	月	円
⑧昭和61年4月～平成3年3月の坑内員であった厚生年金基金期間	月	円

加給年金対象者等の内訳			
加給年金額対象者 配偶者　（区分　）子　人 遺族加算区分			

国民年金　年金決定通知書

年金の種類と年金決定の根拠となった国民年金法の条文　厚生年金　国民年金法　第　条の
年金額の内訳

※ 診断書の種類は、裏面をご覧ください。

Ⅲ　障害基礎・障害厚生年金の障害状況

障害の等級	級	号
診断書の種類		
次回診断書提出年月	年	月

000-0000

　中野区中野 〇-〇-〇

　　安藤　諭吉　　　　　　　　様

平成 24 年　11　月　2 日

上記のとおり決定しましたので
通知します。

厚生労働大臣

年金受給開始後に必要な手続き

年金の受給開始後も必要に応じてさまざまな手続きをしなくてはなりません。特に重要なのは、生存を確認する毎年の「現況届」ですが、原則いらなくなりました。

毎年生きているかどうかの確認と死亡した場合

① **現況届とは**：年金が受給できるのは、生きている間だけです。そこで、毎年、「生きていますよ」と知らせなければなりません。この生存確認のことを「**現況確認**」といいます。以前は、年金受給者に毎年、誕生月のはじめごろまでに「現況届」というハガキが郵送されていました。ハガキを誕生月末までに返送しないと、一時的に年金の支給が止まるしくみでした。

② **現況届は原則不要になった**：現在は、住基ネット（住民基本台帳ネットワークシステム）で現況確認ができるようになったので、原則として現況届は送られてきません。しかし、住基ネットで確認できない人は現在でも現況届の提出が必要です。

③ **現況届が必要な人**：現況届の提出が必要なのは、（1）日本年金機構の基本情報と住基ネットの情報が異なっている人、（2）外国人、（3）海外居住の人などとなります。

④ **死亡したときの届け出**：年金受給者が死亡したときは、「**死亡届**」や「**遺族年金の請求**」（次頁参照）が必要になります。加えて、年金は死亡した月まで支給されますが、本人は死亡しているので、「**遺族による未支給の年金**」の請求手続きが必要になります。

65歳のときにもう一度年金の請求手続きがいる

① **65歳前の年金を受けている人**：65歳の誕生月のはじめごろ「**ハガキ様式の年金請求書**」（115頁参照）が送られてきます。これは、65歳から本来の年金に切り換わる

● 年金受給開始後に必要となる手続き一覧

毎年の手続き	現況届	・生存確認の目的で毎年誕生月末までに「現況届」のハガキ（誕生月のはじめごろまでに送られてくる）を返送 ・住基ネットで確認できる場合は提出不要 ※ 提出しないと年金が一時ストップする
	扶養親族等申告書（185 頁参照）	・毎年 9 月中旬ごろから郵送されてくる（課税の人のみ） ・内容を確認し、遅くとも 12 月中旬ごろまでに返送 ・提出しておくと年金の源泉徴収額を減らせる ※ 提出しないと確定申告が必要になる
変更などがあったとき	氏名の変更※	・「年金受給権者氏名変更届」を提出 ・「年金証書」を添付 ※ 厚生年金は 10 日以内、国民年金は 14 日以内
	住所や年金の受取先の変更※	・「年金受給権者住所・支払機関変更届」を提出 ※ 厚生年金は 10 日以内、国民年金は 14 日以内
	年金証書の紛失	・「年金証書再交付申請書」を提出
受給権の発生など	65 歳で本来の厚生年金を受給するとき	・65 歳の誕生月のはじめごろ送られてくる「ハガキ様式の年金請求書」（115 頁参照）を誕生月末日までに返送 ・繰り下げの希望も選択 ※ 返送しないと年金が一時ストップする
	2 つ以上の年金を受給できる権利が発生	「年金受給選択申出書」を提出
	加給年金の対象者である配偶者の老齢（退職）年金・障害年金受給	・受給できるようになったときは、「老齢・障害給付加給年金額支給停止事由該当届」を提出 ・受給できなくなったときは、「老齢・障害給付加給年金額支給停止事由消滅届」を提出
死亡など	受給者の死亡※	・「年金受給権者死亡届」を提出 ・「年金証書」「死亡診断書」などを添付 ※ 厚生年金は 10 日以内、国民年金は 14 日以内
	未支給年金の請求	・「未支給年金（保険給付）請求書」を提出 ・「年金証書」「戸籍謄本」「生計同一証明書類」などを添付
	遺族年金の請求	・「年金請求書（国民年金・厚生年金保険遺族給付）」を提出 ・「死亡診断書」「除籍謄本」などを添付
	加給年金・加算の対象者の死亡・離縁・養子縁組など	・「加算額・加給年金額対象者不該当届」を提出 ※ 厚生年金は 10 日以内、国民年金は 14 日以内

※マイナンバーが日本年金機構で確認できる場合は、原則として届け出不要

ためで、厚生年金と国民年金がセットになっています。誕生月の末日までに返送すれば、引き続き年金が継続して支給されます。

② **第1号被保険者は65歳から年金が発生する**：自営業者などの第1号被保険者は老齢基礎年金のみとなるので、65歳より支給されます。よって65歳以降に年金請求します。

年金からの天引き
65歳以上の場合

65歳以上は所得税、介護保険料、医療保険料、住民税など、さまざまなものが年金から天引きされます。

税金（所得税・地方税）の天引き制度

① **所得税天引き対象者**：老齢年金からは、所得税が源泉徴収（天引き）されます。しかし、公的年金等控除という有利な所得控除があります（178頁参照）。そのため、**65歳未満では年金受給額108万円未満、65歳以上では年金受給額158万円未満までは源泉徴収されません**。公的年金だけの収入の人は、この金額までの年金なら実質非課税になります。

② **住民税の天引き**：その年の4月1日現在65歳以上の受給者は、住民税が年金から天引きされます。**年金額が年額18万円以上の人が対象です**。

③ **天引き対象となる年金**：老齢年金（老齢基礎年金、旧法の厚生年金・共済年金）が天引きの対象となります。遺族年金、障害年金は非課税年金なので天引きされることはありません。なお、天引き制度は本人による希望ではありません。

社会保険料の天引き制度

① **介護保険料の天引き**：65歳前の年金受給者は、健康保険料や介護保険料は年金とは切り離して徴収されます。しかし、**65歳になると年額18万円以上の年金受給者の介護保険料は、年金から天引きされるようになります**。65歳からは介護保険の第1号被保険者になるためです。

② **医療保険の天引き**：国民健康保険に加入している65歳以上75歳未満の年金受給者は、**年金額が年額18万円以**

ONE POINT
65歳未満の在職者は給与から住民税が天引きされる
65歳未満の在職者で給与分の住民税が源泉徴収されている人は、年金分の住民税もあわせて給与から源泉徴収されます。

65歳以上の在職者は介護保険料が分離される
65歳になると給与から介護保険料の天引きがなくなり、年金から天引きされることになります（年額18万円未満の年金受給者は直接市区町村へ納付します）。給与からは健康保険料の徴収だけになります。

介護保険料は遺族年金からも天引きされる
遺族年金や障害年金は非課税なので、税金は天引きされません。しかし、65歳以上の介護保険料や医療保険料は天引きされます（次頁参照）。

● 年金から天引きされる税金と社会保険料一覧

天引き（特別徴収）されるもの		年金からの天引きの条件
税金	所得税	65歳未満は年金額108万円以上、65歳以上は158万円以上
	住民税	対象は65歳以上 ・年金額18万円（年額）以上 ・住民税額が所得税と社会保険料を控除した額より少ない ※老齢年金額が18万円以上でも、被扶養者なしで年金額148万円以下、被扶養者1人で年金が192万8,000円以下の人は非課税になります。 ※65歳以上の給与所得者は、給与と年金それぞれから天引きされます。 **65歳未満は年金から天引きはない** ※65歳未満の給与所得者は、給与と年金との合算で給与から天引きとなります。年金の住民税だけを普通徴収に切り替える選択もできます。
社会保険料	国民健康保険料	対象は65歳以上75歳未満の人で、以下のすべてを満たすこと ❶ 世帯主が国民健康保険の加入者 ❷ 国民健康保険の加入者全員が、65歳以上75歳未満 ❸ 年金額が年額18万円以上あり、介護保険料とあわせて年金額の2分の1を超えないこと
	介護保険料	65歳以上の人 ・年金額が年額18万円以上
	後期高齢者医療制度保険料	75歳以上の人 ・年金額が年額18万円以上 ・介護保険料と後期高齢者医療保険料の合計額が年金額の2分の1以下（2分の1を超える場合は介護保険料のみ天引き）

※ 天引きの対象となる年金は、税金では老齢年金だけですが、社会保険料は障害年金や遺族年金からも天引きされます。新法の老齢厚生年金や老齢福祉年金は天引きの対象とはなりません。
複数の年金を受給している場合、合算ではなく単独で年額18万円以上の年金があることが天引きの条件となります。
年金や給与からの天引きを「特別徴収」、口座振替や納付書による現金払いを「普通徴収」といいます。

上の人は原則年金から天引きされます。また、75歳以上の後期高齢者医療制度の保険料も、年額18万円以上の年金からの天引きになります。
③ **天引き対象となる年金**：老齢年金（老齢基礎年金、旧法の厚生年金・共済年金）だけでなく、遺族年金、障害年金も天引きの対象となります。

後期高齢者医療制度の保険料は天引きをやめることもできる

　社会保険料は、社会保険料控除として所得から差し引くことができますが、非課税の人には所得控除の意味がありません。しかし、社会保険料は本人以外の配偶者や子どもなどの家族が納めることができます。

　高齢夫婦で夫は課税で妻が非課税の場合、夫が妻の分を納めれば夫の所得から控除できます。

　同様に親が非課税の場合には、同居している息子が納めれば息子の所得から控除できます。

　つまり、世帯として節税できることになります。そのためには、後期高齢者医療制度の保険料の年金天引きをやめ、夫や息子など課税所得者の銀行口座への口座振替に切り替えます。

　なお、介護保険料は現在、口座振替への変更が認められていません。

会社で社会保険に加入している人は、
給与から社会保険料が天引きされるので、
年金からは税金だけが天引きされます。
しかし、65歳以降は介護保険料、75歳以降は
医療保険が年金から天引きされるので、
会社の給与からは引かれなくなります。

第**8**章

年金にも
税金がかかる

公的年金等控除　年金の優遇税制

年金への課税は「公的年金等控除」という優遇税制があるため、一般の所得課税より有利になります。65歳以上は控除額がさらに上がります。

老齢年金は雑所得として税金の対象になります

① **一定額以上の年金には税金がかかる**：年金には税金がかからないと思っている人がいますが、一定以上の年金額の人には、所得税と住民税がかかります。**年金は、所得のうち「雑所得」に分類されます。**

①-2 **雑所得とは**：税法で区分されている給与所得や退職所得、不動産所得、事業所得といった特定の所得に該当しない所得のことをいいます。

② **他の所得とあわせた総合課税**：年金は、他の所得とあわせた総合課税となります。次頁の算式のように、他の所得と合計した所得から基礎控除や社会保険料控除などの所得控除を差し引いた課税所得金額に所得税率を掛けたものが所得税額です。

③ **遺族年金と障害年金は非課税**：税金がかかるのは、老齢基礎年金、老齢厚生年金、退職共済年金といった老齢年金だけで、遺族年金と障害年金は非課税で税金はかかりません。

④ **住民税もかかる**：年金には所得税だけでなく住民税もかかります。平成21年10月から年額18万円以上の老齢年金の受給者（65歳以上にかぎります）の場合、年金から天引きで源泉徴収されています。

公的年金等の対象は公的年金だけではありません

① **公的年金等控除**：収入から必要経費を差し引いたものが所得になります。給与所得でいうと、必要経費にあたるものとして給与所得控除があります。年金収入の場合、「**公**

ONE POINT
年金以外の雑所得
公的年金等以外の雑所得は、「他の雑所得」として区分されます。本業でない人の原稿料・講演料、インターネットのオークションで売って得た代金などがあります。先物取引の差金決済やFX（外国為替証拠金取引）、ビットコインなどの仮想通貨（暗号資産）の利益なども雑所得です。一般的な株式売買の利益は譲渡所得になります。なお、年金でも、民間の個人年金は「他の雑所得」になります。

年金からの住民税
老齢年金から源泉徴収される住民税は年金の部分だけです。給与所得や事業所得の部分は別途納めます。なお、65歳未満の給与所得者は給与から年金の分もあわせた住民税が源泉徴収されます。

● 年金にかかる税金のしくみ

〔（公的年金等の金額 − 公的年金等控除額 ）+ 他の雑所得 + 他の所得 〕

（公的年金等の金額 − 公的年金等控除額）+ 他の雑所得 の部分が **雑所得**

− 所得控除 ＝ 課税所得金額

課税所得金額 × 所得税率 ＝ **所得税額**

※ 民間の生命保険契約の個人年金は、他の雑所得になります。
　 他の雑所得は、必要経費を差し引いたあとの金額になります。

　　例 個人年金の必要経費 ＝
　　その年の年金受給額 ×（過去に支払った保険料の総額 ÷ 年金受給の総見込み額）
　　他の所得には、利子所得、配当所得、不動産所得、事業所得、給与所得、譲渡所得、
　　一時所得などがあります。
　　他の所得は必要経費を差し引いたあとの金額

　　例
　　給与所得の場合は、必要経費にあたる給与所得控除（最低55万円）

● 公的年金等控除が適用される主な公的年金等の種類

	年金の種類	公的年金等控除 の適用
公的年金	老齢基礎年金（国民年金）、厚生年金、共済年金、恩給（一時恩給を除く）	○
そのほかの 公的制度の年金	国民年金基金、確定拠出年金（個人型〈iDeCo〉）、小規模企業共済の共済金	○
企業年金	厚生年金基金、確定給付企業年金、適格退職年金、確定拠出年金（企業型）、中小企業退職金共済の給付金、特定退職金共済の給付金	○
	個別の自社年金	×
民間の個人年金	生命保険会社などの個人年金	×

※ 公的年金等控除が適用される企業年金などを、年金ではなく一時金で受け取るときは、退職所得とみなされ、退職所得控除が適用されます。

的年金等控除」が必要経費にあたります。**公的年金等控除は一般の所得にない税制優遇控除**となっています。そのため、実際には税金がかからない人もいます。具体的な金額は183頁を参照。

② **企業年金にも公的年金等控除が適用**：公的年金等控除が適用されるのは、老齢基礎年金（国民年金）、厚生年金、共済年金といった基本的な公的年金だけではありません。前頁の表のように、**企業年金や任意加入の公的制度である国民年金基金、iDeCo（個人型確定拠出年金）といった年金にも公的年金等控除が適用されます**。ただし、企業年金の場合、法的に税制優遇のない会社独自の自社年金には公的年金等控除は適用されません。

民間の個人年金は別分類の雑所得

① **公的年金等控除が適用されない雑所得**：同じ雑所得でも、公的年金等控除が適用されるものと適用されないものに分けられます。**民間の個人年金は、公的年金等控除が適用されない雑所得になります**。

② **控除のしくみ**：公的年金や企業年金など、公的年金等控除が適用される年金はすべて合算して公的年金等控除額を差し引きます。控除額は、公的年金等の合計額に応じて183頁の表のようになっています。

年金からは税金や社会保険料が
引かれるので、手取り額がいくらになるかを
知っておきましょう。

180

年金にかかる税金の計算

年金額から控除される金額は、給与所得時よりも大きな金額です。計算
は、国で行い、その金額が年金から控除されます。

⚠ **基礎控除とは**
すべての人が対象となる所得控除のことです。所得税で48万円、住民税で43万円を基礎控除として原則無条件で所得から差し引くことができます。

ONE POINT
自営業者の年金は非課税
自営業者の場合、老齢基礎年金しかなければ満額受給しても約80万円です。老齢基礎年金の支給開始は65歳なので、公的年金等控除だけでも110万円の控除があるので、実質非課税になります。

住民税にも復興特別税
東日本大震災の復興特別税は、2014年度から2023年度までの10年間、住民税からも徴収されます。個人住民税の均等割に年額1,000円上乗せされて、均等割が4,000円から5,000円にアップしました。2023年度で終了しますが、2024（令和6）年度からは「森林環境税」として同額の年額1,000円が課税されることになっています。そのため、住民税額の負担に変更はありません。

公的年金等控除の計算

① **公的年金等控除額**：公的年金等控除額は、65歳前と65歳以上で違ってきます。年金額410万円超の区分は変わりませんが、410万円以下の区分が異なり、65歳以上は控除額がぐんとアップします。

② **年金以外の所得にも基準がある**：以前は公的年金等控除額を計算するときは、対象となる公的年金等（公的年金や企業年金）の収入金額から計算するだけでした。しかし、税制改正により、令和2年分の所得税から「公的年金等に係る雑所得以外の所得に係る合計所得金額」も公的年金等控除額の判定基準に加わりました。わかりにくい名称ですが、要するに公的年金等以外のすべての所得の合計額ということです。具体的には、公的年金等を除いた雑所得、給与所得、不動産所得などです。年金でも、民間の個人年金は公的年金等以外の雑所得の分類になります。また、退職所得（一時金でもらう退職金）や株式の利益といった分離課税の所得も含まれます。ただし、収入金額ではなく各種控除額（給与所得控除、退職所得控除など）を差し引いた後の課税所得金額になります。通常であれば、1,000万円以下に収まるので、それほど心配はないでしょう。

③ **非課税になる年金額**：60歳から64歳までは60万円の控除ができるので、基礎控除48万円とあわせて108万円までの年金なら非課税になります。さらに、**65歳以上は、110万円に控除額が引き上げられるので、基礎控除48万円とあわせて158万円までの年金なら非課税です。**な

お、そのほかの控除は人によって違うので、実際にはさらに年金額が多くても非課税になることがあります。

④ **納付方法**：年金にかかる税金は、支給される年金から源泉徴収で天引きされます。このとき、扶養親族等申告書を提出しているかいないかで、源泉徴収額が変わってきます（188頁参照）。

復興特別所得税も加算される

① **2037年まで徴収**：2011（平成23）年3月11日に発生した東日本大震災の復興財源を確保するため、2013年1月から2037年12月までの25年間、復興特別所得税が徴収されることになりました。国外居住者も含め、年金からも源泉徴収されます。

② **課税額**：復興特別所得税の額は、源泉徴収後の税額に対して2.1％です（課税所得額からは復興特別所得税を含めて10.21％を掛けます）。

---

column

生命保険の満期金は一時所得となる

　年金を受給する年齢になると養老保険（生命保険）の満期金を受け取ることがあります。個人年金を毎年受け取るときは雑所得となりますが、満期金として一時金を受け取るときは一時所得となります（保険料負担者・受取人とも本人の場合）。一時所得の場合、所得金額（課税対象額）の計算方法が以下のようになります。個人年金（雑所得）の計算と異なりますので注意しましょう。

一時所得＝（満期金－払込み保険料総額－50万円）÷2

　※一時所得では特別控除として一律50万円を差し引くことができます

例 満期保険金500万円、払込み保険料総額380万円

一時所得金額＝（500万円－380万円－50万円）÷2＝35万円

● 公的年金等控除の額

65歳未満

公的年金等の 収入金額（A）	公的年金等に係る雑所得以外の所得に係る合計所得金額		
	1,000万円以下	1,000万円超 2,000万円以下	2,000万円超
130万円以下	60万円	50万円	40万円
130万円超 410万円以下	（A）×25％＋ 27万5,000円	（A）×25％＋ 17万5,000円	（A）×25％＋ 7万5,000円
410万円超 770万円以下	（A）×15％＋ 68万5,000円	（A）×15％＋ 58万5,000円	（A）×15％＋ 48万5,000円
770万円超 1,000万円以下	（A）×5％＋ 145万5,000円	（A）×5％＋ 135万5,000円	（A）×5％＋ 125万5,000円
1,000万円超	195万5,000円	185万5,000円	175万5,000円

65歳以上

公的年金等の 収入金額（A）	公的年金等に係る雑所得以外の所得に係る合計所得金額		
	1,000万円以下	1,000万円超 2,000万円以下	2,000万円超
330万円以下	110万円	100万円	90万円
330万円超 410万円以下	（A）×25％＋ 27万5,000円	（A）×25％＋ 17万5,000円	（A）×25％＋ 7万5,000円
410万円超 770万円以下	（A）×15％＋ 68万5,000円	（A）×15％＋ 58万5,000円	（A）×15％＋ 48万5,000円
770万円超 1,000万円以下	（A）×5％＋ 145万5,000円	（A）×5％＋ 135万5,000円	（A）×5％＋ 125万5,000円
1,000万円超	195万5,000円	185万5,000円	175万5,000円

※1　公的年金等控除額の区分年齢はその年の12月31日現在の年齢になります。

※2　「公的年金等に係る雑所得以外の所得（＝公的年金等の雑所得以外の所得）」には、個人年金など他の雑所得、給与所得、不動産所得のほか、退職所得や株式の利益など分離課税の所得も含めます。なお、住民税の場合は退職所得は含めません。

● 公的年金等控除額の計算例

CASE 1

● 64歳、厚生年金120万円、企業年金30万円、個人年金60万円、給与120万円
の場合

※ 個人年金は、毎年60万円を10年間受給、払込み保険料総額540万円とします

`公的年金等の雑所得以外の所得`

給与所得＝120万円－55万円（給与所得控除）＝65万円

※ この事例ではさらに所得金額調整控除（公的年金等所得と給与所得の合計が10万
円を超える場合）が10万円加算され、給与所得は55万円となります

雑所得（公的年金等以外）＝6万円（個人年金）

※ 個人年金の雑所得は、以下のように計算します

> **雑所得（課税対象額）＝年金額（年額）－必要経費**
> **＝60万円－｛60万円×（540万円／600万円）｝＝6万円**
> ＊**必要経費**＝年金額（年額）×（払込み保険料総額／年金受給総額）

公的年金等の雑所得以外の所得合計額
＝55万円（給与所得）＋6万円（雑所得）＝61万円

`公的年金等の雑所得と公的年金等控除額`

公的年金等の合計額＝120万円＋30万円（企業年金）＝150万円

※ 個人年金60万円は公的年金等に含まれません（公的年金等の雑所得以外の雑所得
になります）

公的年金等控除額＝150万円×25%＋27万5,000円＝65万円

※ 公的年金等の雑所得以外の所得合計金額は61万円なので公的年金等控除額の表の
1,000万円以下の欄が該当します

CASE 2

● 65歳、厚生年金120万円、老齢基礎年金70万円、企業年金30万円、個人年金
60万円、給与120万円の場合

`公的年金等の雑所得以外の所得`

公的年金等の雑所得以外の所得合計額
＝55万円（給与所得）＋6万円（個人年金）＝61万円

`公的年金等の雑所得と公的年金等控除額`

公的年金等の合計額＝120万円＋70万円＋30万円（企業年金）＝220万円
公的年金等控除額＝110万円

※ 公的年金等の雑所得以外の所得合計金額は61万円なので公的年金等控除額の表の
1,000万円以下の欄が該当します

扶養親族等申告書の提出で源泉徴収額を少なくできる

年金の所得税は支給時に源泉徴収されますが、「扶養親族等申告書」の提出をすることで徴収される額が少なくなる場合があります。確定申告との関連も覚えておきましょう。

ONE POINT
「扶養親族等申告書」
が提出不要な人

年金額が65歳未満で108万未満、65歳以上で158万円未満の人は、源泉徴収されないので、扶養親族等申告書は送られてきません。なお、令和2年分からは、源泉徴収税率が5.105%に統一されました（以前は提出しないと10.21%）。そのため、基礎控除と公的年金等控除以外の人的控除などのない人は申告書の提出は不要になりました。

ONE POINT
基金も源泉徴収される

厚生年金基金や企業年金連合会の年金にも源泉徴収があります。ただし、65歳以上の人は年額80万円以上の場合になります。65歳未満は公的年金と同じ108万円以上です。9月ごろから基金や企業年金連合会から扶養親族等申告書が送付されるので、提出期限（10月末から12月中旬ごろ）までに返送します。

扶養親族等申告書の提出で源泉徴収額が異なる

① **年金額108万円以上だと源泉徴収**：前述のとおり、支給される年金から所得税が源泉徴収されるのは、65歳未満で年額108万円以上、65歳以上で158万円以上の場合です。これより少ない場合は非課税になるので、源泉徴収されません。

② **申告書の提出で天引きを減らせる**：「公的年金等の受給者の扶養親族等申告書」（以下、扶養親族等申告書）を提出しておくと、源泉徴収のときに各種所得控除額が適用されるなど、源泉徴収額を減らすことができます（下記参照）。なお、単身者（配偶者、扶養家族がいない人）で、障害者控除や寡婦・ひとり親控除の対象でなければ源泉徴収額は変わらないので提出は不要です。

提出すると人的控除反映により負担軽減

① **軽減対象は扶養家族のいる人など**：次頁の式のように、年金額（基礎控除と公的年金等控除後の額）に一律5%（復興特別所得税を含めて5.105%）の源泉徴収税率で源泉徴収されます。扶養家族や障害者控除、寡婦・ひとり親控除などがある人は扶養親族等申告書を提出することにより、これら人的控除が反映されて源泉税額を低くすることができます。

② **社会保険料控除後の額に源泉徴収される**：65歳以上の場合、介護保険料などが年金から天引きされます。天引

きの社会保険料がある場合は、差し引いた年金額から源泉徴収額が計算されます。

③ **源泉徴収方法**：税金は年を単位として課税されるので、下記の計算式で税額は算出されます。しかし、**源泉徴収は年金の支給のつど差し引かれるので、月額単位に換算して2カ月分の税額が差し引かれます**。188頁の「主な各種所得控除の種類と控除額」の表も月額で示されています。

申告書は毎年12月上旬までに提出

① **初回は年金請求書と一緒に提出**：「扶養親族等申告書」は、年金請求書の書類の1つになっているので、**初回は年金請求書と一緒に提出します**。

② **申告書は毎年提出する**：年金受給開始後は、日本年金機構から、毎年9月中旬ごろから扶養親族等申告書が郵送されてきます。2回目以降は前回の内容が印字されてくるので、誤りがないか確認します。提出期限は10月末ですが扶養親族の変更（同居している親の死亡など）があれば、訂正をして遅くとも12月中旬ごろまでに返送します。

● 年金の源泉徴収のしくみ

扶養親族等申告書を提出しない場合

源泉徴収税額 ＝（ 年金額 － 基礎的控除額 ）× 5.105%

※ 復興特別所得税
0.105%含む

扶養親族等申告書を提出する場合

源泉徴収税額 ＝（ 年金額 － 各種所得控除額 ）× 5.105%

※ 復興特別所得税
0.105%含む

※ 1円未満の端数は切り捨てになります。
65歳以上で社会保険料（介護保険料、国民健康保険料、後期高齢者医療保険料）を年金から天引きされている人は、年金額から社会保険料も控除されます。
各種所得控除には、基礎的控除額（基礎控除と公的年金等控除）と人的控除額（配偶者控除や障害者控除など人に関する控除）があります。

公的年金等の受給者の扶養親族等申告書サンプル（新規用）

表面　　　　　　　　　　**Ａ欄からＤ欄の事項をご記入ください**

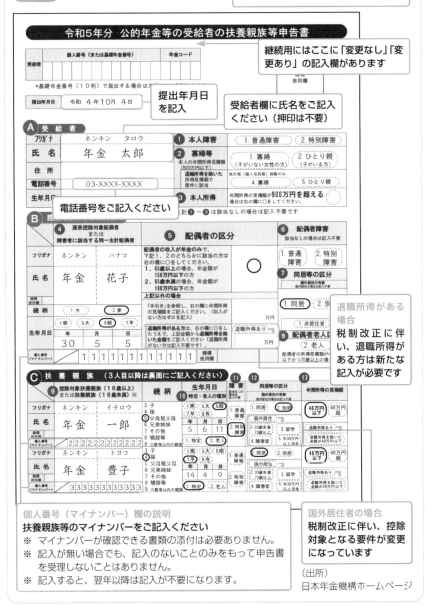

令和5年分　公的年金等の受給者の扶養親族等申告書

継続用にはここに「変更なし」「変更あり」の記入欄があります

受給者　個人番号（または基礎年金番号）　年金コード

*基礎年金番号（10桁）で届出する場合は

提出年月日　令和 4 年10月 4日　→ **提出年月日を記入**

受給者欄に氏名をご記入ください（押印は不要）

Ａ 受給者

フリガナ	ネンキン　タロウ
氏 名	年金 太郎
住 所	
電話番号	03-XXXX-XXXX
生年月日	

電話番号をご記入ください

① 本人障害　1. 普通障害　2. 特別障害
② 寡婦等　本人の年間所得見積額（500万円以下）　1. 寡婦（子がいない方）　2. ひとり親（子がいる方）
退職所得を除いた所得見積額で要件に該当　地方税（個人住民税）判定のみ　4. 寡婦　5. ひとり親
③ 本人所得　年間所得の見積額が900万円を超える場合は右の欄に〇をしてください。

※記①～③は該当なしの場合は記入不要です

Ｂ

	④ 源泉控除対象配偶者または障害者に該当する同一生計配偶者		⑤ 配偶者の区分	⑥ 配偶者障害 該当なしの場合は記入不要
フリガナ	ネンキン	ハナコ	配偶者の収入が年金のみで、下記1、2のどちらかに該当の方は右の欄に〇をしてください。 1. 65歳以上の場合、年金額が158万円以下の方 2. 65歳未満の場合、年金額が100万円以下の方	⑥ 1. 普通障害　2. 特別障害
氏 名	年金	花子	上記以外の場合	⑦ 同居等の区分 国外居住の有無 国外居住の場合は記入が必要
続 柄	1.夫　(2.妻)		「手引き」を参照し、右の欄に年間所得の見積額をご記入ください。（収入がない方はゼロです） 万円	1. 同居　2. 別 1. 非居住者
生年月日	年 30 　月 5 　日 5		退職所得がある方は、右の欄に〇をしたうえで、上記金額から退職所得を除いた金額をご記入ください〔退職所得がない方は記入不要です〕 退職所得あり 万円	⑧ 配偶者老人等 1. 老人 配偶者の所得見積額が 以下かつ70歳以上の場
個人番号（マイナンバー）	1 1 1 1 1 1 1 1 1 1 1 1			

退職所得がある場合　税制改正に伴い、退職所得がある方は新たな記入が必要です

Ｃ 扶養親族　（3人目以降は裏面にご記入ください）

	⑨ 控除対象扶養親族（16歳以上）または扶養親族（16歳未満）※	続 柄	生年月日 ⑩ 特定・老人の種別	⑪障害	⑫同居等の区分 国外居住の有無 国外居住の場合は記入が必要	⑬年間所得の見積額
フリガナ	ネンキン　イチロウ	3 子 4 孫 ⑤ 父母祖父母 6 兄弟姉妹 7 その他 8 婚姻等 9 三親等以内の親族	1.明 3.大 (5.昭) 1.平 9.令 年 5 月 6 日 11 1.特定 2.老人	1. 普通障害 2. 特別障害 3. 障害者	1. 同居 2. 別居 1. 国外居住 2. 30歳未満 70歳以上 3. 留学 4. 障害者	(48万円以下) 48万円超 退職所得あり 退職所得を除いた見積額48万円以下
氏 名	年金 一郎					
個人番号（マイナンバー）	2 2 2 2 2 2 2 2 2 2 2 2					
フリガナ	ネンキン　トヨコ	3 子 ④ 孫 5 父母祖父母 6 兄弟姉妹 7 その他 8 婚姻等 9 三親等以内の親族	1.明 3.大 5.昭 (7.平) 9.令 年 14 月 4 日 9 1.特定 2.老人	1. 普通障害 2. 特別障害 3. 障害者	(1. 同居) 2. 別居 1. 国外居住 2. 30歳未満 70歳以上 3. 留学 4. 障害者	(48万円以下) 48万円超 退職所得あり 退職所得を除いた全額48万円以下
氏 名	年金 豊子					
個人番号（マイナンバー）	3 3 3 3 3 3 3 3 3 3 3 3					

個人番号（マイナンバー）欄の説明
扶養親族等のマイナンバーをご記入ください
※ マイナンバーが確認できる書類の添付は必要ありません。
※ 記入が無い場合でも、記入のないことのみをもって申告書を受理しないことはありません。
※ 記入すると、翌年以降は記入が不要になります。

国外居住者の場合
税制改正に伴い、控除対象となる要件が変更になっています

（出所）
日本年金機構ホームページ

● 主な各種所得控除の種類と控除額

控除の分類	控除の種類	控除額（月額）	
基礎的控除	公的年金等控除および基礎控除	65歳未満	年金月額×25％＋6万5,000円 ※最低9万円
		65歳以上	年金月額×25％＋6万5,000円 ※最低13万5,000円
人的控除	配偶者控除（老人控除対象配偶者の場合）	3万2,500円（4万円）	
	扶養控除（特定扶養親族、老人扶養親族の場合）	3万2,500円（5万2,500円、4万円）×人数	
	障害者控除（特別障害者控除） ※本人が障害者の場合	2万2,500円（3万5,000円）	
	寡婦控除（ひとり親控除）	2万2,500円（3万円）	

※ 老人控除対象配偶者、老人扶養親族とは、70歳以上になります。
　 特定扶養親族とは、19歳以上23歳未満になります。
　 配偶者や扶養親族が障害者の場合は、加算の控除があります。

● 源泉徴収税額の計算例

> **CASE**
>
> ● 65歳・年金月額20万円・介護保険料6,000円・配偶者（62歳）
>
> 扶養親族等申告書を提出しない場合
>
> 源泉徴収税額（月額）
> ＝{（20万円 － 6,000円）－ 13万5,000円} × 5.105%
> ＝ 3,011円
>
> 扶養親族等申告書を提出した場合
>
> 源泉徴収税額（月額）
> ＝{（20万円 － 6,000円）－（13万5,000円 ＋ 3万2,500円）} × 5.105%
> ＝ 1,352円
>
> ※ 年金月額から介護保険料を差し引いた額に、控除率や源泉徴収税率を掛けます。
> 　 上記事例では、基礎的控除が13万5,000円未満なので基礎的控除は13万5,000円になります。
> 　 3万2,500円は人的控除の配偶者控除です。
> 　 年金の支給は1回に2カ月分なので、上記の2倍（2カ月分）の金額が源泉徴収されます。

確定申告との関係

公的年金の受給総額が400万円以下で他の所得が20万円以下であれば、
確定申告は不要です。しかし、確定申告が必要な人、確定申告をすると
還付がある人もいます。

確定申告との関係

① **確定申告が必要な人**：扶養親族等申告書の提出に関係な
く、確定申告が必要な人もいます。年金のほかに収入が
ある場合です。主に、年金と給与をもらっている人や事
業所得など、年金以外の所得が所得控除を上回る人、2カ
所以上から年金を受けている人（例：厚生年金と基金）
などです。

② **還付がさらにある場合**：年金は源泉徴収されているの
で、**確定申告が必要な人以外は、確定申告の義務はあり
ません**。しかし、確定申告をしないと還付金を受け取る
ことができないので、還付金を受け取れる人は確定申告
をします。たとえば、10カ月以上に渡って医療費の支出
があった人、住宅ローン控除を受けられる人、災害や盗
難にあった人、家族の社会保険料を支払った人などです
（ONE POINT参照）。

③ **一定の年金受給者は確定申告不要**：公的年金の受給総
額が400万円以下で他の所得が20万円以下（所得税法）
であれば、**確定申告は不要です**。ただ、住民税の申告は
所得が20万円以下でも申告の必要があるので注意が必要
です。なお、在職している年金受給者も多くいますが、
その人たちは給与があるので、原則として確定申告が必
要になります。

④ **退職金の確定申告**：退職所得申告書を提出していれば、
通常は退職金の確定申告は不要（193頁参照）です。しか
し、例外的に確定申告をすると還付が受けられることが
あります。たとえば、退職して退職金を受け取り、その

● 年金受給者が確定申告をするとよい場合

CASE	メリット
扶養親族等申告書を提出しなかった人	扶養家族がいる場合などは人的控除が適用されて納めすぎの分が還付される
退職金をもらうとき退職所得の受給に関する申告書を提出しなかった人	申告書を提出しないと20％（復興特別所得税を含めて20.42%）の税率が源泉徴収されているので、還付を受けられる
個人年金の受取額に源泉徴収されている人	個人年金の源泉徴収分が還付される
医療費控除が受けられる場合	1年間に10万円（所得200万円以下の場合は所得の5%）を超える医療費を払った場合など、超える分が医療費控除で還付される
各種住宅控除が受けられる場合	家を購入したり、増改築した場合、一定の控除分が還付される
65歳以上で、年金から源泉徴収されていない社会保険料がある場合	年金から源泉徴収されていない社会保険料（親や配偶者の社会保険料）の還付を受けられる

※ 源泉徴収額のない人は、確定申告しても還付はありません。

年に再就職しなかった場合です。年間給与所得が低く、配偶者控除などの所得控除が使い切れない場合は、確定申告によって退職所得から控除し切れない分を差し引き、還付を受けることができます。再就職した人は、年末調整をするので確定申告の必要はありません。

老齢年金受給者には、毎年1月中旬ごろに日本年金機構から源泉徴収票（はがき）が送られてきます。源泉徴収額が0であれば、源泉徴収はされていません。

退職所得控除 企業年金を一時金で受給したときの税金

企業年金を一時金でもらった場合には退職所得となり、退職所得控除が受けられます。勤続年数38年なら、2,060万円まで非課税になります。

ONE POINT
企業年金の税金は2つの顔がある
企業年金は、一時金でもらうか毎年の年金でもらうかで適用される税制が違ってきます。一時金でもらう場合は退職所得（退職所得控除が適用される分離課税）、年金でもらう場合は雑所得（公的年金等控除が適用される総合課税）として課税されます。

年金を一時金でもらうと退職金として課税されます

① **退職金は退職所得になる**：確定給付企業年金や確定拠出年金などの企業年金は、一部または全部を一時金で受け取ることもできます。一時金で受け取る場合には、退職金（退職一時金）として扱われるので、退職所得として課税されます。別途、退職金が支給される場合は、その**退職金と一時金として受け取る年金を合計した額が、退職所得計算の収入となります。**

② **退職所得控除が適用**：退職金は「退職所得控除」という非常に有利な控除額を差し引くことができます。退職所得控除を適用することによって、通常は大きく税額が引き下げられたり、ほとんど税金がかからなくなります。

退職所得控除は長期勤務者ほど大きくなる

① **控除額の計算**：次頁の表のように、退職所得控除額は勤続年数をもとに計算されます。勤続年数20年で区分があり、20年以下は40万円に勤続年数を掛けた額になります。ただし、最低保証控除額が80万円になるので、勤続年数が2年までの人は80万円は控除されます。なお、1年未満は1年に切り上げて計算します。

② **長期勤務者に有利な制度**：退職所得控除額は勤続年数が増えるほど大きくなりますが、20年を超える部分は、1年につき40万円から70万円に大きくアップします。そのため40年前後勤めた定年退職者なら2,000万円を超える退職金をもらっても非課税になります。

ONE POINT
確定拠出年金と退職金の勤続年数が違う場合
確定拠出年金を一時金で受け取る場合の勤続年数は、掛け金を支払っていた期間になります。
しかし、別途支給される退職金などと勤続年数が異なる場合は、長いほうの勤続年数になります。

191

● 退職所得控除額と退職所得課税の計算式

$$\left[\begin{array}{c}\text{退職金などの収入} - \text{退職所得控除額} \\ \text{(退職金と一時金で受け} \\ \text{取る年金の合計額)}\end{array}\right] \times \dfrac{1}{2} = \text{課税退職所得金額}$$

課税退職所得金額 × 税率 ＝ **退職所得税額**

※ 勤続年数5年以下の「役員や公務員など」は1/2を掛けません。
また、勤続年数5年以下の「一般の会社員」の場合は、300万円を超える部分は
1/2を掛けません。

● 退職所得控除額の計算方法

勤続年数	退職所得控除額
20年以下	40万円 × 勤続年数（80万円以下は80万円）
20年超	{70万円 ×（勤続年数－20年）}＋（40万円 ×20年）

※ 勤続年数1年未満の端数は1年に切り上げます。

● 退職所得控除額の計算例

CASE 1

● 勤続年数18年8カ月（※勤続20年以下のケース）
退職所得控除額 ＝ 40万円 × 19年 ＝ 760万円

CASE 2

● 勤続年数37年1カ月（※勤続20年超のケース）
退職所得控除額 ＝{ 70万円 ×（38 － 20年）}＋（40万円 × 20年）
＝ 2,060万円

● 退職所得控除額で退職金が非課税になる額

勤続年数	退職所得控除額	非課税になる退職金等の収入金額
20年	800万円	800万円以下
30年	1,500万円	1,500万円以下
38年	2,060万円	2,060万円以下
40年	2,200万円	2,200万円以下

退職所得申告書 退職金から控除される税金の計算方法と手続き

企業年金を一時金でもらった場合、退職所得申告書を会社に提出することで税金の計算が低くなります。また、税金は退職金から控除されます。

ONE POINT

障害が原因の退職には上乗せ

障害者になったことが原因で退職した場合には、退職所得控除額は100万円加算されます。

退職時期で控除が増やせる

退職所得控除は1年未満を切り上げるので、退職時期を1カ月ずらすだけで40万円または70万円の退職所得控除を増やすことができます。

分離課税と総合課税

分離課税とは、ほかの所得と合算せずに切り離されて課税される方式です。これに対して、総合課税はほかの所得と合算した所得に課税される方式で、他の所得によって税額が変わってきます。分離課税の代表的なものに預金利息があり、利息の20%（復興特別所得税を含めて20.315%）が源泉分離課税されます。株式の配当や売却益にも預金利息と同じ税率で課税されますが、分離課税か総合課税かを選択できます。

税金は退職金から源泉徴収されます

① **課税退職所得は2分の1に軽減される**：退職所得が優遇されているのは、退職所得控除だけではありません。退職所得控除後の額に2分の1を掛けたものが課税退職金額になるからです（勤続年数5年以下の場合を除く）。

② **所得税計算方法**：退職所得控除をした段階で残額がなくなってしまえば、退職金は非課税になります。退職所得控除後に残額があれば、残額の半分が課税退職所得となり、税率を掛ければ退職所得税額になります。この税額が退職金から源泉徴収されます。税率は、次頁のように一般の所得税と同じです。

③ **住民税は10%**：退職金は、所得税だけでなく住民税も源泉徴収されます。住民税は課税退職所得金額に10%を掛けた金額です。

退職所得の受給に関する申告書

① **申告書の効果**：退職金を受け取る際には、「**退職所得の受給に関する申告書**」（以下、退職所得申告書）を会社に提出しておきます。**退職所得は、年金受給のような総合課税ではなく分離課税なので、退職所得申告書を提出しておけば、原則として確定申告は不要です。**

② **申告書を提出しないと一律20%が引かれる**：退職所得申告書を提出しないと、退職所得控除が適用されず、退職金の額に一律20%（復興特別所得税を含めて20.42%）で課税されて源泉徴収されるので、税金がかなり高くなります。ただし、確定申告をすれば戻ってきます。

● 課税退職所得金額に対する税率と退職所得税額の計算方法

課税退職所得金額 （A）	所得 税率	控除額	退職所得税額
195万円以下	5%	—	（A）× 5%
195万円超330万円以下	10%	9万7,500円	（A）× 10% －　　9万7,500円
330万円超695万円以下	20%	42万7,500円	（A）× 20% －　42万7,500円
695万円超900万円以下	23%	63万6,000円	（A）× 23% －　63万6,000円
900万円超1,800万円以下	33%	153万6,000円	（A）× 33% － 153万6,000円
1,800万円超4,000万円以下	40%	279万6,000円	（A）× 40% － 279万6,000円
4,000万円超	45%	479万6,000円	（A）× 45% － 479万6,000円

※ 課税退職所得金額は1,000円未満切り捨て
　退職所得税額に、さらに復興特別所得税率102.1%を掛けます。

● 退職所得申告書を提出しなかった場合の退職所得税額の計算方法

退職金等の収入 × 20.42% ＝ 退職所得税額

※ 税率には復興特別所得税0.42%含みます。
　申告書を提出しない場合は、一律20.42%課税なので、上表の控除額は
　考慮されません。

● 退職所得税額の計算例

CASE

● 勤続年数37年1カ月・退職金などの収入2,300万円
（退職金1,500万円、企業年金の一時金受給800万円）

❶ 退職所得控除額 ＝ { 70万円 ×（38 － 20年）} ＋ 800万円 ＝ 2,060万円
❷ 課税所得金額 ＝（2,300万円 － 2,060万円）× 1 / 2 ＝ 120万円
❸ 退職所得税額 ＝ 120万円 × 5% × 102.1% ＝ 6万1,260円
❹ 住民税額 ＝ 120万円 × 10% ＝ 12万円
❺ 退職金の手取り額 ＝ 2,300万円 － 18万1,260円 ＝ 2,281万8,740円

退職所得申告書を提出しない場合

❶ 退職所得税額 ＝ 2,300万円 × 20.42% ＝ 469万6,600円
❷ 住民税額 ＝ 2,300万円 × 10%＝ 230万円
❸ 退職金の手取り額 ＝ 2,300万円 － 699万6,600円 ＝ 1,600万3,400円

第**9**章

気になる年金、遺族年金

遺族年金とは

遺族年金は、「遺族基礎年金」と「遺族厚生年金」に分かれます。2つの
遺族年金は支給額も支給要件も支給対象者も違います。

遺族基礎年金

① **概要**：国民年金に加入中の者、老齢基礎年金の受給資格
期間を満たしている者が亡くなったとき、生計を維持さ
れていた者の生活保障を目的としています。

② **対象者**：「18歳到達年度の末日までにある子（障害等級
の1級2級は20歳未満）のいる配偶者」または「子」に
支給されます。

③ **金額**：加入期間には関係なく、定額で子の加算がつきま
す。令和5年度年金額は、67歳以下の人は102万3,700
円（子が1人の配偶者の場合）。子の加算は2人まで1人
22万8,700円、3人目以降1人7万6,200円。

④ **要件①**：国民年金に加入中の者が死亡したとき、被保険
者であった60歳から65歳未満の者で日本に住んでいる者
が死亡したときは、保険料納付要件があります。

  （1）亡くなった日のある月の前々月までの公的年金の加
入期間の3分の2以上の期間について、保険料が納付
または免除されていること

  （2）亡くなった日のある月の前々月までの1年間に保険料
の未納がないこと

⑤ **要件②**：老齢基礎年金を受給している人、受給資格期間
（ただし25年以上加入）を満たした人。

遺族厚生年金

① **特徴**：厚生年金は国民年金に比べて遺族の範囲が広く、
金額も死亡した人の標準報酬月額（給与額）や加入月数
により違います。

● 遺族年金の年金額（令和5年度）

子どもが18歳到達年度の末日で終了 ▼

──────────────────────────────────→

遺族年金
遺族基礎年金（定額）

配偶者（と子）の場合：79万5,000円（＋子の加算）
子だけの場合：79万5,000円（＋2人目以降の加算）

※ 子の加算は2人まで1人22万8,700円、3人目以降
　1人7万6,200円支給されます。子だけの場合、1人
　のときは加算はありません。
※ 67歳以下の金額。68歳以上の人は「792,600円＋
　子の加算」となります。

終 了

遺族厚生年金（報酬比例計算額）

老齢厚生年金額 × $\dfrac{3}{4}$

※ 加入期間の短い人でも、300カ月（25年）分が保障されます（短期要件／208
　頁参照）。
　妻の場合は、条件に該当すれば40～64歳の間59万6,300円の中高齢寡婦加
　算（210頁）が上乗せ支給されます。

● 遺族年金の保険料納付要件

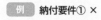

❶または❷のどちらかを満たしていればよい

❶ 死亡日の前々月末までに被保険
　者義務期間の3分の2以上の保
　険料を納めている

例　納付要件① ×

起算日　就職　死亡日
20歳　22歳　23歳

滞納　納付

3年間のうち2年以上
保険料納付が必要

❷ 死亡日の前々月末までの1年間
　に滞納がない

例　納付要件② ×

起算日　就職　死亡日
20歳　22歳　22歳8カ月

滞納　納付

直近1年間

※ 国民年金保険料の免除期間や第3号被保険者期間は保険料を納めた期間とみなします。

妻といっても、通常は配偶者の意味なので夫も含まれます。ただし、遺族年金にかぎっては、妻は年齢の条件なし、夫は55歳以上などと分けられているので注意が必要です。なお、法改正により平成26年4月から子のある夫も遺族基礎年金の対象になりました。

② **対象者**：次の順に支給されます。
  （1）配偶者（夫は55歳以上）または18歳未満（障害等級の1級・2級は20歳未満）の子
  （2）55歳以上の父母
  （3）18歳未満（障害等級の1級・2級は20歳未満）の孫
  （4）55歳以上の祖父母
  ※ 子のある配偶者（妻または夫）または子には、遺族基礎年金も併せて支給されます。

③ **金額**：老齢厚生年金額の4分の3。

④ **要件①**：厚生年金に加入している人、厚生年金加入中に病気やけがの初診日から5年以内に死亡した人、1級・2級の障害厚生年金を受けられる人が死亡したとき。

⑤ **要件②**：老齢厚生年金を受給している人、受給資格期間（ただし25年以上）を満たした人が死亡したとき。

遺族の範囲は複雑

① **遺族基礎年金の遺族とは**：子と配偶者だけが遺族になります。遺族の範囲が非常に狭くなっているので注意が必要です（次頁参照）。

② **受給資格があれば加入者でなくてももらえる**：老齢基礎年金の受給資格（ただし25年以上加入）を得た人で、厚生年金や共済年金に加入していた人は、死亡した時点で加入者でなくても、加入していた制度の遺族厚生年金をもらうことができます。

国民年金には共通の給付と独自給付がある

① **遺族基礎年金は共通**：国民年金から支給される遺族基礎年金は、自営業者などの第1号被保険者もサラリーマンである第2号被保険者にも共通に支給されます。

② **第1号には独自給付もある**：第1号には「**寡婦年金**」と「**死亡一時金**」という独自給付があります（204頁参照）。そのため、国民年金の遺族に関する給付は遺族基礎年金、寡婦年金、死亡一時金の3種類になります。

遺族年金をもらえる遺族の範囲

「遺族」の範囲と順位は年金制度ごとに決められています。遺族年金の遺族の範囲は非常に複雑です。

ONE POINT
妻は事実婚でもよい
年金制度でいう妻は、法律上の妻だけではなく、事実上婚姻関係にある人も含みます。

ONE POINT
兄弟姉妹が遺族になる場合
生計を同じくしていることを条件に、「国民年金の死亡一時金」「未支給年金の請求」「労災保険の遺族補償年金」においては、兄弟姉妹が遺族になれます。

ONE POINT
受給している遺族が亡くなれば終了
遺族厚生年金は再婚などで失権しない限り原則として死ぬまでもらえます。しかし、受給者が死亡した時点で終了になります。たとえば、第1順位の妻が死亡した時点で第2順位の母がいたとしても遺族厚生年金の受給を引き継ぐこと(転給)はできません。

年金制度によって違う遺族の範囲

① **国民年金は子のあることが条件**：国民年金から支給される**遺族基礎年金**は、「子」か「子のある配偶者」しか遺族になれないので、遺族の範囲が非常に狭くなっています。妻や夫であっても子がなければもらえません。

② **遺族厚生年金は妻なら何歳でももらえる**：厚生年金では、配偶者(妻または夫)、子、父母、孫、祖父母が遺族になります。妻以外は年齢に条件(年齢要件)がありますが、**妻は年齢要件なしで遺族**になれます。

③ **兄弟姉妹は年金制度では遺族ではない**：遺族といっても、公的年金でいう遺族は、一般にいう遺族よりはかなり狭い範囲にかぎられます。年金制度によっても違いがありますが、**原則として兄弟姉妹は遺族**になれません。

遺族年金が受けられる優先順位や条件

① **配偶者と子が第1順位**：厚生年金では複数の遺族が生じますが、次頁のように優先順位が決められていて、優先順位の最も高い遺族に支給されます。

② **保険料納付要件が必要な場合がある**：遺族年金には、196頁のように国民年金の保険料納付要件(一定以上保険料を納めていること)が問われる場合があります。

③ **年収要件**：死亡した人に生計を維持されていたことも条件になります(生計維持要件)。一般的には考えなくてよいのですが、**年収850万円以上だと遺族年金を受給する**ことはできません。

● 遺族の範囲と優先順位、条件

	年金の種類	遺族の範囲と順位	受給権発生の条件
国民年金の遺族給付	遺族基礎年金 （201 頁参照）	①子 ①子のある配偶者 ※子は 18 歳未満	配偶者が受ける場合は、子は受給停止 ※配偶者が死亡などで失権すれば子の受給権の停止が解除される
	死亡一時金 ※第 1 号被保険者の独自給付 （204 頁参照）	①配偶者（妻または夫） ②子 ③父母 ④孫 ⑤祖父母 ⑥兄弟姉妹	・3 年以上第 1 号被保険者として保険料を納めた人が年金をもらわずに死亡 ・遺族基礎年金が受けられない ・寡婦年金の受給権も発生したときはどちらかを選択
	寡婦年金 ※第 1 号被保険者の独自給付 （204 頁参照）	妻	・第 1 号被保険者として 10 年以上保険料を納めた人が年金をもらわずに死亡 ・10 年以上結婚期間があり、65 歳未満 ・遺族基礎年金が受けられない

年金の種類	遺族の範囲と順位	受給権発生の条件
遺族厚生年金 （206 頁参照）	①配偶者（妻または夫）、子 ②父母 ③孫 ④祖父母	妻は年齢の条件がなく、原則支給制限もなし。夫、父母、祖父母は死亡時に 55 歳以上（ただし、受給権が発生しても 60 歳になるまで支給停止。なお、夫に遺族基礎年金が支給される場合は 60 歳未満の夫にも支給される）

年金の種類	遺族の範囲と順位	受給権発生の条件
遺族共済年金 ※平成 27 年 10 月の厚生年金との統合後に死亡した場合は、共済年金受給者の死亡でも、遺族は遺族厚生年金の受給となる	①配偶者（妻または夫）、子 ②父母 ③孫 ④祖父母	・妻は年齢の条件がなく、原則支給制限もなし。夫、父母、祖父母は年齢要件はないが、60 歳になるまで支給停止 ・子と孫は障害等級 1 級か 2 級に該当していれば年齢の制限なし

共通の条件 チェックリスト	☐ 最も優先順位の高い遺族だけに受給権が発生。受給権停止以外の遺族は失権。 ☐ 死亡した人に生計維持（遺族の年収 850 万円未満）されていたことが必要 ☐ 妻と子の場合、子は支給停止。夫（遺族基礎年金は除く）と子の場合、夫は支給停止 ☐ 妻と子、夫と子以外の同順位の複数の遺族がいる場合は均等割で受給する ☐ 子と孫は 18 歳未満の 3 月 31 日までの子（障害等級の 1 級・2 級は 20 歳未満）で未婚。

※ ①〜⑥は受給権発生の優先順位

国民年金の遺族基礎年金

遺族基礎年金は18歳未満の子がいないと支給されません。子のある配偶者、あるいは子だけが受給するケースに分かれます。そのほか、国民年金には寡婦年金と死亡一時金があります。

第9章

気になる年金、遺族年金

遺族基礎年金受給要件

ONE POINT
遺族年金の保険料納付要件
障害年金の保険料納付要件の「初診日」を「死亡日」に置き換えると、遺族年金の保険料納付要件になります。

① **死亡時期**：受給権の発生は、次の3つの場合にかぎります。
  (1) 国民年金（厚生年金）加入中の死亡
  (2) 以前、国民年金に加入していた人で、日本に住む人の60歳以上65歳未満での死亡
  (3) 老齢基礎年金の受給資格（ただし25年以上）を満たした人または受給中の人（25年以上で受給権のある人）の死亡
② **保険料納付要件**：上記の（1）（2）の人は、下記のいずれかを満たしている必要があります。
  (1) 死亡日の前々月末までに被保険者義務期間の3分の2以上の保険料を納めている
  (2) 死亡日の前々月末までの1年間に滞納がない

遺族の要件と支給期間

ONE POINT
18歳の年度末までもらえる
年金制度で条件となる18歳とは、18歳になった年の年度末（3月末）のことをいいます。つまり、高校卒業まで支給するという趣旨です。障害児の20歳は、そのまま誕生日になります。

免除でも満額支給
保険料免除を受けた期間は、年金額の計算で減額されてしまいますが、遺族基礎年金は免除期間中の死亡でも満額が支給されます。

① **支給期間**：国民年金から支給される遺族基礎年金は、子が受ける場合と子のある配偶者が受ける場合があります。どちらも、子が18歳の年度末（障害等級の1級・2級は20歳の誕生日）を迎えると打ち切りになります。
② **最後の子が18歳になるまで支給**：子が複数いれば、最後の子が18歳になるまで遺族基礎年金は支給されます。ただし、人数が減った分だけ子の加算額は減っていきます。
③ **厚生年金加入者の妻ももらえる**：厚生年金の加入者は、同時に国民年金加入者ですから、条件を満たしていればこれらの加入者が死亡した場合も、配偶者や子は遺族基

201

礎年金をもらうことができます。

④ **法改正で子のある夫も対象に**：平成24年8月に公布された年金機能強化法により、平成26年4月からこれまで遺族基礎年金の対象外だった夫が加えられることになりました。ほかの要件を満たした「子のある夫」も遺族基礎年金を受給できるようになりました。

配偶者は子が1人なら約100万円がもらえる

① **しくみ**：基本の年金額＋子の加算額（子どもの数で増える）

② **基本の年金額**：遺族基礎年金の額は定額で、加入期間とは関係ありません。支給額は、老齢基礎年金の満額と同額で67歳以下は79万5,000円（令和5年度）です。

③ **子の加算**：子の人数に応じて、次頁のように子の加算がつきます。配偶者がもらう場合は、最低でも子が1人いることで約100万円かそれ以上になります。一方、子がもらう場合は、次頁のように1人であれば、基本額だけで子の加算はつきません。

国民年金には寡婦年金と死亡一時金

子のない妻への支給：自営業者など国民年金の第1号被保険者（国民年金だけの加入者）が死亡して、遺族基礎年金がもらえない場合には独自給付があります。寡婦年金と死亡一時金ですが、条件は204頁のようになります。

ONE POINT
事実婚の妻ももらえる
遺族年金の妻には、いわゆる内縁関係にある事実婚の妻も含まれます。

ONE POINT
第1号の独自給付は保険料掛け捨て防止策
遺族基礎年金は遺族の範囲が狭いため、自営業者など第1号だけの加入者は保険料が無駄になってしまうおそれがあります。そこで子のない妻に寡婦年金、3年以上保険料を納めた人に死亡一時金という補足的な給付が設けられています。

厚生年金の加入者の子のない妻は、遺族基礎年金はもらえなくても「遺族厚生年金」はもらえます。

202

● 遺族基礎年金が支給される死亡とは

① 国民年金（厚生年金）加入中の死亡
② 以前、国民年金に加入していた人で、日本に住む人の 60 歳以上 65 歳未満での死亡
③ 老齢基礎年金の受給資格（ただし25年以上）を満たした人または25年以上の受給資格で受給中の人（受給権のある人）の死亡

＋

①と②は、保険料納付要件（197 頁参照）が問われる

● 遺族基礎年金額と子の加算は

遺族基礎年金額	子の加算	
	妻と子	子だけ
年額 79 万 5,000 円 （79 万 2,600 円） ※ 令和 5 年度（67歳以下。下段カッコ内は 68 歳以上）	・子2人まで 　1人につき 22 万 8,700 円 ・3人目以降 　1人につき 7 万 6,200 円	・子1人　加算なし ・子2人 　2人目の分 22 万 8,700 円 ・3人目以降 　1人につき 7 万 6,200 円

遺族基礎年金額　＋　子の加算

CASE

● 妻と18歳未満の子3人

第1子が 18 歳になるまで	第2子が 18 歳になるまで	第3子が 18 歳になるまで	第3子が 18 歳以降
79 万 5,000 円 22 万 8,700 円 22 万 8,700 円 7 万 6,200 円 計 132 万 8,600 円	79 万 5,000 円 22 万 8,700 円 22 万 8,700 円 計 125 万 2,400 円	79 万 5,000 円 22 万 8,700 円 計 102 万 3,700 円	支給打ち切り

※ 令和5年度（67歳以下のケース）

● 子だけ（18 歳未満の子3人）の場合は以下のようになります

第1子が 18 歳になるまで	第2子が 18 歳になるまで	第3子が 18 歳になるまで	第3子が 18 歳以降
79 万 5,000 円 22 万 8,700 円 7 万 6,200 円 計 109 万 9,900 円	79 万 5,000 円 22 万 8,700 円 計 102 万 3,700 円	79 万 5,000 円 計 79 万 5,000 円	支給打ち切り

※ 合計額を子の数で割った額が1人当たりの支給額

国民年金の寡婦年金と死亡一時金

国民年金の保険料を３年以上納めて死亡した場合、ほかに何ももらえない場合は「死亡一時金」が支給されます。遺族基礎年金をもらえなかった妻には寡婦年金があります。

ONE POINT
妻が60歳を過ぎた場合
妻が60歳以上65歳未満の場合の寡婦年金受給は、65歳になるまでの期間になります。たとえば、夫の死亡時に62歳なら3年間の受給になります。

ONE POINT
夫の代わりに妻が受給
寡婦年金は、例えば夫が59歳で死亡し、子が18歳以上であるために遺族基礎年金が受給できない（本来であればあと数年で年金が受給できた）ケースを救済するための制度です。夫がもらえるべき老齢基礎年金を妻が受給するというイメージです。

繰り上げに注意
寡婦年金は繰り上げに注意。夫、妻いずれも年金の受給権があると支給されません。よって60歳以降の繰り上げ制度を活用しようと考えている夫婦はデメリットとして寡婦年金の受給がなくなることを認識したうえで請求してください。

死亡一時金

① **支給要件**：国民年金の第1号被保険者として保険料を納めた月数が36カ月（3年）以上ある人が、老齢基礎年金・障害基礎年金を受けることなく亡くなったとき。ただし、遺族が、遺族基礎年金の支給を受けられるときは支給されません。寡婦年金も受けられる場合には、どちらか一方を選択します。

② **受給者**：亡くなった人と生計を同じくしていた遺族で、①配偶者、②子、③父母、④孫、⑤祖父母、⑥兄弟姉妹の中で優先順位が高い人が受けることができます。

③ **年金額**：保険料納付済み期間による12万円から32万円（次頁・支給額参照）。付加保険料を納めた月数が36カ月以上ある場合は、8,500円が加算されます。

④ **時効**：死亡日の翌日から2年です。

寡婦年金

① **支給要件**：国民年金の第1号被保険者として保険料を納めた期間（免除期間を含む）が10年以上ある夫が亡くなったときに10年以上継続して婚姻関係にあり、生計維持されていた妻が60歳から65歳になるまでの間支給されます。

② **支給されないケース**：次の2つの場合、寡婦年金は支給されません。

(1) 亡くなった夫が、障害基礎年金の受給権者であった場合、老齢基礎年金を受けたことがある場合は支給されません。

● 自営業者の独自給付

	寡婦年金	死亡一時金
受給条件	・死亡した夫は、国民年金第1号被保険者として保険料を納めた期間（免除期間含む）が10年以上ある ・死亡した夫は老齢基礎年金や障害基礎年金を受けていない	・死亡した人は、国民年金第1号被保険者として保険料を納めた期間（一部免除期間は納めた比率で換算）が3年以上ある ・死亡した人は老齢基礎年金や障害基礎年金を受けていない
受給できる遺族	・繰り上げ支給の老齢基礎年金を受けていない妻 ・結婚期間10年以上（事実婚含む）の扶養されていた妻	・遺族が遺族基礎年金を受けられない ・受給できる遺族と順位は、 ①配偶者（妻または夫）、②子、③父母、④孫、⑤祖父母、⑥兄弟姉妹 ・遺族は死亡した人と生計を同じくしていた人で年齢制限はない
支給期間	・支給期間は妻が60歳以上65歳未満の5年間	・一時金で支給
支給額	・夫が受け取れるはずだった老齢基礎年金の4分の3 例 79万5,000円 × $\dfrac{3}{4}$ = 59万6,250円	保険料納付済み期間　　　金額 3年以上15年未満　　　12万円 15年以上20年未満　　14万5,000円 20年以上25年未満　　17万円 25年以上30年未満　　22万円 30年以上35年未満　　27万円 　　　　35年以上　　32万円 ※付加保険料を3年以上納めている場合は、一律8,500円加算

死亡一時金も受けられる場合にはどちらかを選択しなくてはなりません。

ポイント　一般的には、死亡一時金よりも寡婦年金のほうが得です

(2) 妻が繰り上げ支給の老齢基礎年金を受けている場合は支給されません。

③ **年金額**：夫の第1号被保険者期間だけで計算した老齢基礎年金額の4分の3となります。

死亡一時金か寡婦年金のいずれかを選択する

　一般的には、死亡一時金よりも寡婦年金のほうが得です。理由は、金額のみならず60歳から65歳までの間、妻自身の老齢年金を繰り上げ請求する必要がなくなります。よって、**有期ではありますが、寡婦年金は子のない妻には有利な制度です。**

厚生年金の遺族厚生年金

遺族厚生年金は、死亡した人によって生計を維持されていた遺族に老齢
厚生年金の４分の３が支給されます。子がいる場合は遺族基礎年金と遺
族厚生年金が支給されます。

ONE POINT
**子があれば遺族基礎年
金ももらえる**
18 歳未満の子がいる場
合には、遺族基礎年金の
要件も満たすので、遺族
基礎年金も併せてもらう
ことができます。

**遺族年金は２階部分
だけの場合もある**
18 歳未満の子がいなけ
れば１階部分の遺族基礎
年金はもらえません。つ
まり、遺族厚生年金には
１階部分がなくて２階部
分だけということもあり
ます。ただし、40 歳以
上の妻であれば一般的に
は中高齢寡婦加算（210
頁参照）で補うことがで
きます。

遺族厚生年金の受給要件

① **厚生年金の受給要件**：次頁にあるように、厚生年金加入
者（在職中の者）には保険料納付要件があります。よって、
大卒新入社員は、学生時代に国民年金の保険料未納があ
ると、保険料納付要件を満たさないおそれがあります（197
頁参照）。入社前１年間に国民年金の未納がある場合は、
保険料を納めて未納期間をなくしておきましょう。これ
は、障害年金でも同じです（236 頁参照）。

② **厚生年金脱退後（退職後）の死亡：遺族厚生年金は、
在職中の人の死亡が対象になります。** しかし、退職して
いても、在職中の病気やケガが原因で死亡した場合にか
ぎり支給されます。在職中に初診日（はじめて治療を受
けた日）があり、初診日から５年以内の死亡であることが
条件です。

③ **年金受給中の死亡**：現役を引退し、老齢厚生年金を受給
するようになってから死亡した場合も、もちろん遺族厚
生年金が支給されます。年金の受給資格期間（ただし 25
年以上）を満たして厚生年金加入期間があれば、厚生年
金を受給していなくても遺族厚生年金が支給されます。

遺族厚生年金の遺族の範囲

① **遺族の順位**：①配偶者（妻または夫）、子、②父母、③孫、
④祖父母の順番になります。
妻は年齢の条件がなく、原則支給制限もなし。夫、父母、
祖父母は死亡時に 55 歳以上（ただし、受給権が発生して
も 60 歳になるまで支給停止）。なお、夫は遺族基礎年金を

● 遺族厚生年金が支給される死亡とは

短期要件

❶ 厚生年金加入中の死亡
❷ 厚生年金加入中に初診日のある人が退職
　後、初診日から5年以内に死亡

＋

❶と❷は、保険料納付要件
（197頁参照）が問われる

長期要件

❹ 老齢厚生年金の受給資格（ただし25年以上）を満たした人または25年以上
　の受給資格で受給中の人（受給権のある人）の死亡

● 遺族厚生年金の計算式

$$\left\{ \left(\begin{array}{c} 平均標準 \\ 報酬月額 \end{array} \times \frac{7.125^{※}}{1,000} \times \begin{array}{c} 被保険者 \\ 月数 \end{array} \right) + \left(\begin{array}{c} 平均標準 \\ 報酬額 \end{array} \times \frac{5.481^{※}}{1,000} \times \begin{array}{c} 被保険者 \\ 月数 \end{array} \right) \right\} \times \frac{3}{4}$$

　　❶　　　　　　　　　　　　　　　　❷

平成15年3月までの被保険者期間分　　　　平成15年4月以降の被保険者期間分

短期要件（加入期間300カ月未満）の場合

$$(❶+❷) \times \frac{300カ月}{全被保険者期間} \times \frac{3}{4}$$

※ 老齢厚生年金（報酬比例部分）の計算式（第1章11参照）に4分の3を掛けます。
　短期要件の場合は、支給乗率は一律7.125と5.481で計算します。

受けられる場合にかぎり、支給停止にならず55歳から支給されます。

② **妻の条件**：年齢要件なし（30歳未満の子のない妻に対する遺族厚生年金
　は、5年間の有期給付）。仮に苗字が違っていても問題ありません。事実
　上婚姻関係と同様の事情にある者（内縁関係にある者）も含みます。

③ **子と孫の条件**：死亡の当時、18歳到達年度の末日までにある子（障害等
　級の1級・2級は20歳未満）で、結婚をしていないこと。ちなみに、**死亡
　当時、胎児であった子が出生した場合は、遺族の範囲に含まれます。**

④ **夫・父母・祖父母の条件**：死亡の当時55歳以上であること。ただし、
　60歳になるまでは支給停止されます。

ONE POINT
複数の場合は頭割り
遺族厚生年金の受給権は、同順位者であれば複数に発生することがあります。たとえば、祖父と祖母なら2人、子どもが3人など、配偶者以外の場合、受給権者全員に頭割りで分割して支給されます。妻に受給権が発生した場合、子は支給停止、夫に受給権が発生した場合は子に支給されて、夫は支給停止になります。

子のある夫は55歳から支給
妻の死亡時に、55歳以上の夫は遺族厚生年金の受給権が発生しますが、60歳になるまで支給停止です。しかし法改正により、平成26年4月から子が遺族基礎年金を受けられる場合は、60歳前でも遺族厚生年金を併せて受給することができるようになりました。

年金額の計算は短期要件と長期要件の2種類ある

① **300カ月（25年）未満の加入期間の人は短期要件**：遺族厚生年金は、老齢厚生年金と同じように、全期間の報酬の平均に支給乗率と加入期間を掛けて年金額を計算します。しかし、若い人の死亡では加入期間が短いため、年金額が少なくなってしまいます。そこで、300カ月（25年）未満の加入期間の場合は、300カ月とみなして計算してもらえます。つまり、**入社直後の死亡でも25年分が保障されるのです。これを「短期要件」といいます。**

② **受給資格を満たした人は長期要件**：年金の受給資格期間を満たした人や厚生年金受給中の人が死亡した場合（ただし25年以上の受給資格に限る）は、実際の加入期間で計算します。これを「長期要件」といいます。

年金額は老齢厚生年金の4分の3

① **基本の計算式**：遺族厚生年金の年金額の計算式は、基本的には老齢厚生年金（報酬比例部分）と同じで、計算結果に4分の3を掛けます。

② **短期要件の支給乗率は一律**：遺族厚生年金の年金額を計算するときは、**短期要件の場合、支給乗率は一律です。平成15年3月までの期間は1,000分の7.125、平成15年4月以降の期間は1,000分の5.481です。**

③ **長期要件の計算**：昭和21年4月1日生まれ以前の人は、生年月日に応じて支給乗率が高くなります。**平成15年3月までの期間は1,000分の7.230〜1,000分の9.5、平成15年4月以降の期間は1,000分の5.562〜1,000分の7.308となります**（巻末資料274頁の表参照）。

こんなところにも注意しておこう

再婚すれば遺族年金はもらえなくなる：遺族厚生年金にかぎりませんが、遺族厚生年金をもらっている妻などが再婚した場合、遺族年金は打ち切りになります。再婚相手と離婚しても遺族年金が復活することはありません。

ONE POINT
停止と失権は違う
支給停止は停止の条件がなくなれば支給が開始されます。しかし、打ち切り、終了などの失権はその時点で受給権がなくなるので2度と復活しません。

● 遺族厚生年金の計算例

- 夫は昭和52年4月2日生まれ35歳で死亡。厚生年金加入期間13年（156カ月）
- 平成15年3月までの厚生年金加入期間4年（48カ月）、平均標準報酬月額25万円
  平成15年4月以降の厚生年金加入期間9年（108カ月）、平均標準報酬額33万円
- 扶養家族は3歳年下（32歳）の妻、長男8歳、長女6歳

❶ 遺族基礎年金

基本額　　　　　　　　　　子の加算額

79万5,000円 ＋（22万8,700円 × 2人）＝ 125万2,400円

❷ 遺族厚生年金（加入期間25年未満なので短期要件に該当）

短期要件なので支給乗率は一律

$$\left\{ \left(25万円 \times \frac{7.125}{1,000} \times 48カ月 \right) + \left(33万円 \times \frac{5.481}{1,000} \times 108カ月 \right) \right\}$$

$$\times \frac{300カ月}{156カ月} \times \frac{3}{4} = 40万5,062円$$

（❶ ＋ ❷）＝ 165万7,462円（月額約13.8万円）……妻の遺族年金受給額

※ 便宜的に令和5年度額で計算

遺族年金額の変動

妻32歳（夫死亡時）	妻42歳（長男18歳）	妻44歳（長女18歳）
遺族厚生年金 40万5,062円	遺族厚生年金 40万5,062円	遺族厚生年金 40万5,062円
遺族基礎年金 （子の加算2人） 125万2,400円	遺族基礎年金 （子の加算1人） 102万3,700円	中高齢寡婦加算 （妻が64歳まで） 59万6,300円
計 165万7,462円 （月額約13.8万円）	計 142万8,762円 （月額約11.9万円）	計 100万1,362円 （月額約8.3万円）

※ 子が18歳になったら、遺族基礎年金は受給できなくなります。
　中高齢寡婦加算は本章210頁参照。
　端数処理で加算がつく場合は、合算してから1円未満を四捨五入します。

遺族厚生年金の 上乗せ中高齢寡婦加算

中高齢寡婦加算は遺族厚生年金の加算給付として、40歳から64歳までの妻の遺族厚生年金に上乗せされます。

子のない40歳以上の妻のための加算

① **在職中の死亡**：以下の妻が受ける遺族厚生年金には、40歳から65歳になるまでの間、中高齢の寡婦加算（定額）が加算されます。なお、在職中の死亡でなければ夫が厚生年金に20年以上加入していたことが条件です。

② **支給要件①**：夫が死亡したときに40歳以上で子のない妻。

③ **支給要件②**：遺族基礎年金を受けている妻で、子が18歳（障害児20歳）になって遺族基礎年金をもらえなくなった（失権）時点で40歳以上の妻。

④ **中高齢の加算額**：中高齢寡婦加算は年額59万6,300円（令和5年度）です。遺族基礎年金の4分の3にあたる額です。

⑤ **支給期間**：妻が65歳になると自分の老齢基礎年金が受けられるため、中高齢の寡婦加算はなくなります。

65歳からは経過的寡婦加算に切り換わる

65歳になると打ち切り：中高齢寡婦加算は妻が65歳になると打ち切りです。その代わり、経過的寡婦加算が生涯にわたってつくようになります。ただし、昭和31年4月2日生まれ以降の妻には経過的寡婦加算はありません。

30歳未満の子のない妻は5年間

30歳未満の子のない妻：遺族厚生年金は、妻だけは年齢制限がなく、一生涯受け取れます。しかし、30歳未満

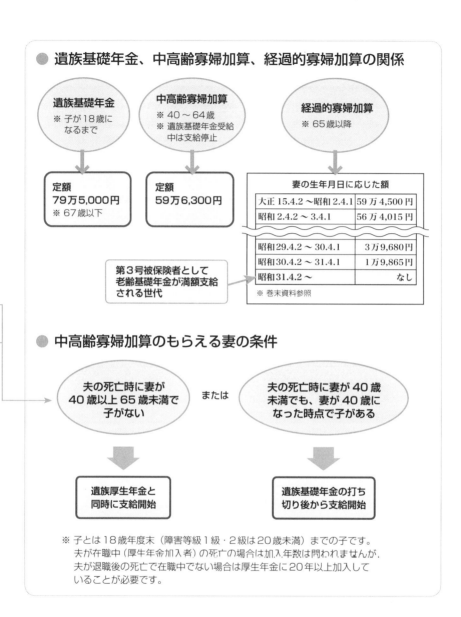

● 遺族基礎年金、中高齢寡婦加算、経過的寡婦加算の関係

遺族基礎年金
※ 子が18歳に
なるまで

中高齢寡婦加算
※ 40〜64歳
※ 遺族基礎年金受給
中は支給停止

経過的寡婦加算
※ 65歳以降

定額
79万5,000円
※ 67歳以下

定額
59万6,300円

妻の生年月日に応じた額	
大正 15.4.2〜昭和 2.4.1	59 万 4,500 円
昭和 2.4.2〜 3.4.1	56 万 4,015 円
昭和29.4.2〜30.4.1	3 万 9,680 円
昭和30.4.2〜31.4.1	1 万 9,865 円
昭和31.4.2〜	なし

第3号被保険者として
老齢基礎年金が満額支給
される世代

※ 巻末資料参照

● 中高齢寡婦加算のもらえる妻の条件

夫の死亡時に妻が
40 歳以上 65 歳未満で
子がない

または

夫の死亡時に妻が 40 歳
未満でも、妻が 40 歳に
なった時点で子がある

遺族厚生年金と
同時に支給開始

遺族基礎年金の打ち
切り後から支給開始

※ 子とは18歳年度末（障害等級1級・2級は20歳未満）までの子です。
夫が在職中（厚生年金加入者）の死亡の場合は加入年数は問われませんが、
夫が退職後の死亡で在職中でない場合は厚生年金に20年以上加入して
いることが必要です。

の子のない妻にかぎっては、5年間の有期年金になります。

中高齢寡婦加算も受け取れません。子のない若い妻は自立できるという趣
旨です。子のある妻は30歳未満でも生涯、遺族厚生年金が受けられます。

● 中高齢寡婦加算のつく遺族厚生年金の計算例

- 昭和25年4月2日生まれ62歳で死亡。厚生年金加入期間38年（456カ月）
- 平成15年3月までの厚生年金加入期間31年（372カ月）、平均標準報酬月額35万円
  平成15年4月以降の厚生年金加入期間7年（84カ月）、平均標準報酬額46万円
- 扶養家族は4歳年下（昭和29年生まれ58歳）の妻（国民年金28年加入）のみ

❶ 遺族厚生年金（厚生年金受給中の死亡なので長期要件に該当）

$$\left\{ \left(35\,万円 \times \frac{7.125}{1,000} \times 372\,カ月 \right) + \left(46\,万円 \times \frac{5.481}{1,000} \times 84\,カ月 \right) \right\}$$

$$\times \frac{3}{4} = 85\,万4,596\,円$$

❷ 中高齢寡婦加算　59万6,300円

（❶ + ❷）＝ 145万896円（月額約12万円）……妻の遺族年金受給額

※ 便宜的に令和5年度額で計算

遺族年金額の変動

妻58歳（夫死亡時）		妻65歳	
遺族厚生年金 85万4,596円		遺族厚生年金 85万4,596円	
中高齢寡婦加算（妻が64歳まで） 59万6,300円		経過的寡婦加算（妻が65歳以降） 3万9,680円	
		老齢基礎年金（妻自身の28年分） 55万6,500円	
計 145万896円 （月額約12万円）		計 145万776円 （月額約12万円）	

中高齢寡婦加算は、子のない妻に
遺族基礎年金の補てんをしてくれる
役割があります。

65歳からは遺族年金と老齢年金

遺族年金の支給方法は65歳前と65歳からでは大きく異なります。65歳前は妻自身の厚生年金との選択になります。また、課税の有無にも注意しましょう。

65歳前は自分の年金か遺族年金かを選択

① **65歳前からもらえる妻の厚生年金**：遺族厚生年金を受けていた妻も60歳を迎えると少し事情が変わってきます。妻自身に1年以上の厚生年金加入期間があれば、**65歳前の一定の年齢から妻も自分の厚生年金（特別支給の老齢厚生年金）がもらえる**ようになります。

② **遺族厚生年金のほうが多い**：原則としては、2つの年金を同時にもらうことはできないので、自分の厚生年金か遺族厚生年金の選択になります。しかし、一般的には4分の3でも遺族厚生年金のほうが額が高いので、遺族厚生年金を選択することになります。

65歳からは自分の年金との差額になる

① **まず自分の年金をもらう**：65歳からは、妻に老齢厚生年金がある場合、まず、自分の老齢厚生年金が支給されます。さらに、遺族厚生年金（経過的寡婦加算含む）との差額がある場合、差額分だけが遺族厚生年金として支給されます。

② **もう1つの支給方法**：遺族厚生年金（経過的寡婦加算含む）の3分の2と妻自身の老齢厚生年金の2分の1の合計額のほうが多くなる場合は、この額が支給されます。自動的に改定されるので手続きは必要ありません。

③ **老齢基礎年金は全額支給**：65歳になると妻自身の老齢基礎年金の支給も始まります。**老齢基礎年金は、併給調整はないので、遺族年金とは関係なく全額が支給されます。**

⚠ へいきゅうちょうせい
併給調整とは？

2つ以上の年金の受給権がある場合、原則としてはどちらか1つの選択となります。これを「**併給調整**」といいます。

ONE POINT
非課税も考慮して比較

共働きで妻自身の厚生年金が夫の遺族厚生年金より高い場合は、60歳時点で自分の厚生年金を選択する場合もあります。その際、「自分の厚生年金は課税」になりますが、「遺族厚生年金は非課税」だということも考慮して比較しましょう。

障害基礎年金との組みあわせもできる

65歳からは、1階部分は妻自身の老齢基礎年金の受給になります。妻が障害基礎年金を受けている場合は、障害基礎年金と遺族厚生年金という組みあわせも可能です。障害基礎年金のほうが金額が多い場合は、障害基礎年金との組みあわせが有利になります。ただし、経過的寡婦加算は支給停止になります。

● 65歳未満の遺族年金と自分の年金のもらい方

CASE

- 死亡した夫は厚生年金加入期間38年、老齢厚生年金額は年額120万円（遺族厚生年金 = 120万円 × 3/4 = 90万円）
- 妻は夫より3歳年下で厚生年金加入期間30年、老齢厚生年金額は年額70万円、65歳からの老齢基礎年金は72万円
- 妻は中高齢寡婦加算（年額約59万円・40〜64歳）と経過的寡婦加算（年額約4万円・65歳以上）を受けられるものとします

夫の遺族厚生年金
90万円
中高齢寡婦加算
+   59万円
149万円

← どちらかの選択 →

妻自身の
老齢厚生年金
70万円

● 65歳からの遺族年金と自分の年金のもらい方

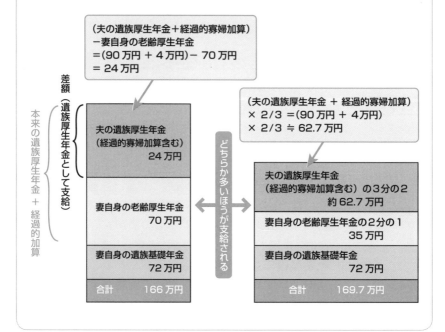

（夫の遺族厚生年金＋経過的寡婦加算）
－妻自身の老齢厚生年金
＝（90万円 + 4万円）－ 70万円
＝ 24万円

（夫の遺族厚生年金 + 経過的寡婦加算）
× 2/3 ＝（90万円 + 4万円）
× 2/3 ≒ 62.7万円

差額（遺族厚生年金として支給）

本来の遺族厚生年金 + 経過的加算

| 夫の遺族厚生年金
（経過的寡婦加算含む）
24万円 |
| 妻自身の老齢厚生年金
70万円 |
| 妻自身の遺族基礎年金
72万円 |
| 合計　　166万円 |

← どちらか多いほうが支給される →

| 夫の遺族厚生年金
（経過的寡婦加算含む）の3分の2
約62.7万円 |
| 妻自身の老齢厚生年金の2分の1
35万円 |
| 妻自身の遺族基礎年金
72万円 |
| 合計　　169.7万円 |

第10章

気になる年金、離婚分割と繰り上げ繰り下げ

離婚時の年金分割

離婚した際に、結婚している期間に支払った保険料は夫婦が共同で納め
たものとみなして年金額を計算する、という考え方が年金分割です。

離婚分割の概要と分割方法

① **概要**：従来は離婚した際に一般的には女性の年金額が低額であることが問題とされていました。改正により、**平成19年4月以降の離婚からは、結婚している間の夫が払った保険料の一部（最大で半分）を妻が払ったものとして、将来の年金額が計算されることになります**。また、共稼ぎの場合は、2人の報酬月額を足して2で割って半分ずつまで分割できます。

② **分割方法**：年金の離婚分割には、夫婦で配分を話しあって決める「**合意分割**」と専業主婦期間の夫の年金の2分の1を自動的にもらう「**3号分割**」とがあります。

②-2 **夫婦の合意で決める合意分割**：結婚期間中の夫婦の年金を合計し、夫婦が話しあって分割割合を決めるのが「合意分割」という方法です。

②-3 **自動的に分割される3号分割**：妻（配偶者）の第3号被保険者（いわゆる専業主婦）の期間の夫の年金を分割するのが「3号分割」です。分割割合は2分の1の1種類だけで、自動的に分割されます。

③ **分割対象期間と年金の範囲**：分割できるのは結婚期間中の部分の年金だけで、結婚前の部分の年金は分割の対象になりません。また、**分割されるのは「老齢厚生年金」と「退職共済年金」だけで、老齢基礎年金は分割できません**。

離婚した場合の試算は、夫婦のどちらかの請求

① **相手の同意なしに試算ができる**：離婚分割で分割できる年金の情報（試算は50歳以上）は、夫婦のどちらかの

● 離婚分割の情報提供の流れ

請求者

・夫婦一緒でも、一方の請求でも可能
・離婚前でも離婚後でも可能

必要書類と添付書類

年金分割のための情報提供請求書
請求者の年金手帳（基礎年金番号通知書）
結婚期間がわかる書類（戸籍謄本など）

年金事務所

提供される情報

年金分割のための情報通知書
（分割対象期間、分割割合、分割後の年金見込額など）
※ 年金見込額の試算は50歳以上または障害年金受給権者のみ

夫婦一緒に請求の場合は夫婦それぞれに交付され、片方の場合は請求者だけに交付されます。ただし、離婚後の請求の場合は片方の請求でも2人に交付されます。

● 離婚分割の請求手続きに必要な書類

分割の種類	提出書類と添付書類
合意分割	標準報酬改定請求書 夫婦の年金手帳（基礎年金番号通知書）、結婚期間がわかる書類（戸籍謄本など）、分割割合を決めた書類（合意書、公正証書など）、離婚後の夫婦それぞれの戸籍謄本など
3号分割	標準報酬改定請求書 請求者の年金手帳（基礎年金番号通知書）、結婚期間がわかる書類（戸籍謄本など）

※ 提出先は年金事務所になります。標準報酬改定請求書は離婚後に提出（2年以内）します。請求書提出後、改定結果は標準報酬改定通知書として双方に通知されます。

請求で可能です。同意は必要ないので、夫に内緒で妻が試算の請求を出して確認することもできます。ただし、自宅への郵送だと夫にばれるおそれがあるので、直接取りにいくほうが無難です。

② **金額だけなら離婚分割は不利**：妻側にとっては、金額だけを考えるなら、離婚分割は決して得策ではありません。夫の年金をもらえるといっても、結婚期間の最大2分の1です。夫の全加入期間の2分の1の厚生年金がもらえるのではありません。離婚しないでいれば夫婦の合算の年金額を使うことができますし、夫が死亡すれば遺族厚生年金は夫の全加入期間の4分の3になり、中高齢寡婦加算などもつきます。

合意分割と３号分割の違い

分割は厚生年金の額のみが対象となります。また、元配偶者が死亡して
も各自の厚生年金には影響はありません。

合意分割は最大で夫婦の厚生年金合計の半分

① **夫婦の厚生年金の合計を分割**：結婚期間の夫婦の厚生
年金を合計し、夫婦の話しあいによって分割割合を決め
るのが、合意分割の基本的な考え方です。分割割合は自
由に決められますが、最大でも合計の半分ずつにしなけ
ればなりません。年金額の多い側（多くは夫）を少ない
側（多くは妻）より少なくしたり、少ない側の年金をさ
らに少なくするような分割はできません。

② **合意できなければ裁判所に決めてもらえる**：お互いに
主張を譲らず、夫婦の話しあいで合意ができなければ、
家庭裁判所に申し出て分割割合を決めてもらうことがで
きます。

③ **分割は２年以内に申請**：離婚分割の申請には期限があり
ます。**離婚から２年を経過すると夫婦とも請求できなく
なる**ので注意が必要です。

３号分割は自動的に夫の厚生年金を半分にする

① **夫の厚生年金を半分に分割**：結婚期間中の第３号被保険
者期間（いわゆる専業主婦時代）の部分は、**合意ではな
く自動的に夫の厚生年金が２分の１に分割されます。**こ
れを「**３号分割**」と呼んで区別しています。申請は、合意
分割と同様に離婚後２年以内です。

② **平成20年４月以降の部分のみ対象**：第３号被保険者期
間であっても、３号分割の対象になるのは平成20年４月
以降の期間部分だけです。平成20年３月以前の第３号期
間は、合意分割と同じルールで分割します。

218

●「合意分割」と「3号分割」の違い

分割の種類	対　象	分割割合	注意事項
合意分割	平成19年4月以降の離婚で、それ以前も含めた全結婚期間	夫婦の厚生年金（報酬比例部分）の合計の最大2分の1 ※分割割合は夫婦の合意または家庭裁判所の決定で決めます	・老齢基礎年金、65歳前の厚生年金の定額部分は分割対象外 ・請求は離婚後2年以内
3号分割	平成20年4月以降の第3号被保険者期間	夫（厚生年金加入者）の厚生年金の一律2分の1 ※相手の同意は不要です	

※ 共済年金の離婚分割も同じになります。

> **CASE**
> ● 妻が退職して専業主婦になったため、合意分割と3号分割がある

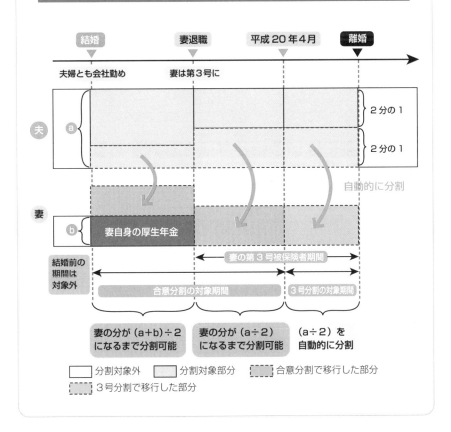

婚姻期間で具体的に分割方法を見てみましょう

① **結婚から平成20年3月31日まで**：婚姻期間中の夫の厚生年金は合意があれば最大2分の1が妻に分割されます。

② **平成20年4月1日以降から離婚日まで**：専業主婦の場合は、「**3号分割**」となるので、合意は必要なく2分の1が妻に分割されます。一方、共働きの場合は、「**合意分割**」となり夫婦の厚生年金を合計し、夫婦の話しあいによって分割割合を決めることになります。

> 離婚分割は、離婚後の女性の生活を
> 支援する意味はありますが、金額的には
> 結婚を続けるより不利ということを
> 理解しておきましょう。

離婚分割にはいろいろな落とし穴がある

　離婚分割制度は、離婚した女性の年金を増やす効果がある半面、いろいろ落とし穴もあるので注意が必要です。

　たとえば、分割によって得た夫の厚生年金加入期間（離婚時みなし被保険者期間）は、妻自身の厚生年金加入期間とはみなされません。厚生年金加入期間が1年以上あると65歳前に厚生年金が支給開始になりますが、自分自身の厚生年金加入期間がない妻が、離婚分割でたとえ30年のみなし期間を得ても、65歳前に厚生年金を受給開始することはできません。

　また、振替加算（110頁参照）にも注意が必要です。離婚分割によって夫から得た「厚生年金みなし期間」と妻自身の厚生年金加入期間が20年以上になると、すでに振替加算を受給していても、振替加算がなくなってしまいます。そのほか、離婚後に再婚した相手がやはり再婚で、すでに前妻と離婚分割していれば夫の年金そのものが少なくなっています。

老齢基礎年金の繰り上げ請求

老齢基礎年金は65歳から支給開始ですが、繰り上げ支給を請求すれば
65歳前からもらうこともできます。ただし、一生減額になります。

本来65歳支給の年金を60歳から1カ月刻みで支給開始年齢を選択できます

① **繰り上げ請求とは**：老齢基礎年金は、原則として65歳から受け取ることができますが、希望すれば60歳から65歳になるまでの間でも繰り上げて受けることができます。しかし、繰り上げ支給の請求をした時点に応じて年金が減額され、その額は一生変わりません。

② **支給開始は月単位**：繰り上げ請求は60歳の誕生月以降にできます。65歳からの支給開始時期を1カ月単位で好きな月まで前倒し、請求の翌月から受給開始になります。

③ **繰り上げ支給期間**：最大で5年間いつでも支給開始できます。5年間繰り上げると、60歳支給開始まで早めることができます。

④ **留意点**：年金を早く受給できるのはいいことですが、この繰り上げ請求は取り消しできません。**一度請求したら一生減額した年金が支給されることになる**ので十分留意してください。223頁のように減額以外の制約もあるので、すべての制約を確認したうえで手続きは慎重に行ってください。

繰り上げて受給したときの年金額は減額されます

① **1カ月につき0.4%減額される**：老齢基礎年金の繰り上げ請求をして早くもらいはじめた場合には、早める期間に応じて減額があります。次頁の表のように、65歳から1カ月早めるごとに0.4%ずつ本来の年金額が減額されます。

② **60歳から受給なら24%減額**：最も早い60歳まで繰り

ONE POINT
0.5%の減額率の人もいる

減額率は以前は0.5%でしたが、法改正により令和4年4月から0.4%に緩和されました。ただし、対象になるのは同年4月に60歳を迎える昭和37年4月2日生まれの人からです。昭和37年4月1日生まれ以前の人が繰り上げ請求するときは0.5%の減額率になりますので注意してください。

厚生年金の繰り上げ請求もできる

従来は経過措置の65歳前の厚生年金は60歳支給開始だったので、減額はありませんでした。しかし、平成25年度から支給開始年齢が61歳になるのに伴い、厚生年金も60歳からの繰り上げ支給（減額あり）ができるようになりました。この場合、65歳からの老齢基礎年金も同時に繰り上げなければならないので注意が必要です。

● 繰り上げ支給の減額率と受給額

繰り上げ年齢が早いほど減額率は大きくなります

支給率

支給開始	減額率	支給率	受給額
60歳0カ月	24.0%	76.0%	60.80万円
60歳6カ月	21.6%	78.4%	62.72万円
61歳0カ月	19.2%	80.8%	64.64万円
61歳6カ月	16.8%	83.2%	66.56万円
62歳0カ月	14.4%	85.6%	68.48万円
62歳6カ月	12.0%	88.0%	70.40万円

支給開始	減額率	支給率	受給額
63歳0カ月	9.6%	90.4%	72.32万円
63歳6カ月	7.2%	92.8%	74.24万円
64歳0カ月	4.8%	95.2%	76.16万円
64歳6カ月	2.4%	97.6%	78.08万円
65歳0カ月	—	100%	80.00万円

※ 受給額は、老齢基礎年金の本来の支給額を80万円（年額）とした場合です。
減額率は65歳から1カ月繰り上げる（支給を早める）ごとに0.4%ずつ大きくなります。

計算式

$$繰り上げ支給額 = 本来支給額^{※1} × （1 - 減額率）^{※2}$$

※1 65歳時支給額　※2 支給率

CASE 本来支給額80万円を62歳6カ月に繰り上げ請求する

80万円 × （1−0.12） = 70.4万円 ← 繰り上げ支給の受給額

上げて受給を開始すると5年間（60カ月）分の減額になるので、24%の減額ということになります。65歳で満額の79万5,000円（令和5年度／67歳以下の人）受給できる人が繰り上げを請求して60歳からもらいはじめる場合は、60万4,200円の年金額になります。

③ **損益分岐点**：60歳に繰り上げた場合は80歳で損益分岐点となります。つまり、80歳以降は65歳から支給された場合に比べて損になります。

繰り上げ請求のしかた

繰り上げ支給用の請求書も提出する：老齢基礎年金を繰り上げ請求する場合には、通常の、本来支給用の「**年金請求書**」に加え「**国民年金　老齢基礎年金支給繰上げ請求書**」を提出します。そのほかの添付書類は通常の年金請求書と同じです。

繰り上げ支給の
メリット・デメリット

繰り上げ支給は、年金を早めにもらえるという以外にメリットはありません。減額以外にもたくさんのデメリットがあるので注意が必要です。

年金額のメリットとデメリット

① **早くもらえるのが唯一のメリット**：繰り上げ支給のメリットは、65歳を待たずに老齢基礎年金というまとまって安定した収入が得られることです。次頁の表のように、79歳までなら、65歳から本来の年金額をもらうよりも60歳受給開始のほうが総支給額は多くなります（79歳11カ月目に逆転）。率で計算するので、年金の受給額がいくらであっても追いつく時期は次頁の表と同じです。

② **長生きすれば不利が拡大する**：逆に、80歳以上になると総支給額の差はどんどん広がっていきます。特に女性は、自分の年金が少ないので繰り上げ請求をする人が多いのですが、平均寿命の87歳では、満額受給の人なら約138万円もの差がつきます。

年金額以外のデメリットも重要

① **障害年金の権利を失う**：健康な人でも、60歳になれば突然健康を害して障害者になることがあります。65歳になるまでに障害者になった場合は、障害年金を受けられますが、繰り上げ支給をしてしまうと障害年金が受けられなくなります。

② **夫が死亡した場合**：遺族厚生年金を受給できるようになっても、65歳になるまで繰り上げた老齢基礎年金と遺族厚生年金を併給できません。

③ **寡婦年金（204頁参照）**：支給されません。また、すでに寡婦年金を支給されている場合は、寡婦年金の権利がなくなります。

ONE POINT
平均寿命と平均余命

平均余命とは、その年齢の人があと何年生きられるかを示すもので、0歳の平均余命を平均寿命といいます。年金をもらう世代の場合、平均余命で生存期間を考えます。

目先の収入で判断しない

目の前の収入欲しさに繰り上げ支給を請求すると、後悔することになりかねません。60歳代前半なら元気で働ける人が多いので、収入確保のめどがあるならできるだけ繰り上げをやめるか、繰り上げてもなるべく65歳に近い年齢にしましょう。年金に頼らざるをえない高齢になってから年金額が少ないと不安になります。

● 繰り上げ支給による総支給額の推移

（年額、単位：万円）

年齢	総支給額（累計支給額）			年齢	総支給額（累計支給額）		
	本来の受給額	63歳受給開始 ※9.6%減額	60歳受給開始 ※24%減額		本来の受給額	63歳受給開始 ※9.6%減額	60歳受給開始 ※24%減額
60歳	0	0	60.8	75歳	880	940.16	972.80
61歳	0	0	121.6	76歳	960	1,012.48	1,033.6
62歳	0	0	182.4	77歳	1,040	1,084.80	1,094.4
63歳	0	72.32	243.2	78歳	1,120	1,157.12	1,155.2
64歳	0	144.64	304.0	79歳	1,200	1,229.44	1,216.0
65歳	80	216.96	364.8	80歳	1,280	1,301.76	1,276.8
66歳	160	289.28	425.6	81歳	1,360	1,374.08	1,337.6
67歳	240	361.60	486.4	82歳	1,440	1,446.40	1,398.4
68歳	320	433.92	547.2	83歳	1,520	1,518.72	1,459.2
69歳	400	506.24	608.0	84歳	1,600	1,591.04	1,520.0
70歳	480	578.56	668.8	85歳	1,680	1,663.36	1,580.8
71歳	560	650.88	729.6	86歳	1,760	1,735.68	1,641.6
72歳	640	723.20	790.4	87歳	1,840	1,808.00	1,702.4
73歳	720	795.52	851.2	88歳	1,920	1,880.32	1,763.2
74歳	800	867.84	912.0	89歳	2,000	1,952.64	1,824.0

- 本来額が60歳繰り上げ額を逆転（80歳）
- 男性平均寿命（81歳）
- 本来額が63歳繰り上げ額を逆転（83歳）
- 60歳男性平均余命（84歳）
- 女性平均寿命（87歳）
- 60歳女性平均余命（89歳）

※ 本来の受給額（65歳支給開始）を80万円としています。
平均寿命・平均余命は、令和3年簡易生命表（厚生労働省）より。
平均寿命：男81.47歳、女87.57歳。
60歳の平均余命：男24.02歳（84.02歳）、女29.28歳（89.28歳）。
物価スライドなどの年金額の変動は考慮していません。

● 減額以外の繰り上げ支給のデメリット

- 65歳までに障害状態になっても障害年金が受けられない
- 国民年金の任意加入ができなくなる
- 自営業者の夫が死亡した場合、妻は寡婦年金（204頁参照）を受けられない
  ※ 妻が繰り上げ支給をしている場合は、夫が繰り上げ支給をしていなくても寡婦年金は受けられません。
- 65歳前に夫が死亡して遺族厚生年金の受給権が発生した場合、妻が老齢基礎年金の繰り上げ支給をしているとどちらかの選択になる。65歳以降は遺族厚生年金と両方もらえるが、老齢基礎年金は減額のままの受給になる

老齢基礎年金・老齢厚生年金の繰り下げ支給

老齢基礎年金だけでなく65歳からの老齢厚生年金も繰り下げができ、最大の75歳支給開始なら84％の増額になります。

第10章　気になる年金、離婚分割と繰り上げ繰り下げ

ONE POINT
最大 5 年から 10 年に拡大

繰り下げ支給開始年齢は従来最大 70 歳までの 5 年間でした。令和 4 年 4 月からは、最大 75 歳までの 10 年間に拡大されました。ただし、対象となるのは昭和 27 年 4 月 2 日生まれ以降の人です。増額率は 1 カ月 0.7％で、改正前と同じです。

ONE POINT
66 歳までは繰り下げ請求できない

増額の計算は 65 歳から始まりますが、請求は 66 歳からです。65 歳の途中で請求すると請求手続きが遅れただけとみなされ、その時点までの分が一時金で支給されて、増額なしで支給開始になります。

65 歳前の厚生年金は繰り下げできない

65 歳前の特別支給の老齢厚生年金は支給開始を遅らせても増額にはなりません。厚生年金を繰り下げる場合は 65 歳になるまでいったん受給し、65 歳時点で受給をストップすることになります。

75歳になるまで最大10年間遅らせて増額が可能

① **繰り下げ請求とは**：希望すれば、繰り上げ支給とは逆に、本来65歳支給開始の年金を1カ月単位で遅らせて支給開始することができます。これを「**繰り下げ支給**」（あるいは繰り下げ受給）と呼んでいます。繰り下げ支給は老齢基礎年金も老齢厚生年金もできます。

② **支給開始は月単位**：繰り上げ支給と同様に1カ月刻みで遅らせることができます。

③ **繰り下げ受給期間**：最大で10年間いつでも支給開始できます。10年間繰り下げると、75歳支給開始まで遅らせることができます。

④ **留意点**：繰り下げ支給開始前に死亡した場合はさかのぼって65歳からの年金をもらうことはできません（一定の遺族がいるときは未支給年金として、最大5年前までの増額なしの金額を遺族が請求できます）。

基礎年金と厚生年金は別々に繰り下げできる

① **1カ月につき0.7％増額される**：繰り上げ支給の減額に対し、繰り下げ支給には遅らせる分だけ増額があります。次頁の表のように、65歳から1カ月遅らせるごとに0.7％ずつ本来の年金額が増額されます。増額率は、老齢基礎年金も老齢厚生年金も同じです。

② **75歳から受給なら84％増額**：最も遅い75歳まで繰り下げて受給を開始すると、10年間（120カ月）分の増額になるので84％の増額ということになります。65歳で

● 繰り下げ支給の増額率と受給額

支給率

支給開始	支給率（増額率）	受給額（例）※ 年額		
		老齢基礎年金	老齢厚生年金	合計
65歳 ※0～11カ月	100%（一）	80万円	120万円	200万円
66歳0カ月	108.4%（ 8.4%）	86.72万円	130.08万円	216.8万円
67歳0カ月	116.8%（16.8%）	93.44万円	140.16万円	233.6万円
68歳0カ月	125.2%（25.2%）	100.16万円	150.24万円	250.4万円
69歳0カ月	133.6%（33.6%）	106.88万円	160.32万円	267.2万円
70歳0カ月	142.0%（42.0%）	113.60万円	170.40万円	284.0万円
71歳0カ月	150.4%（50.4%）	120.32万円	180.48万円	300.8万円
72歳0カ月	158.8%（58.8%）	127.04万円	190.56万円	317.6万円
73歳0カ月	167.2%（67.2%）	133.76万円	200.64万円	334.4万円
74歳0カ月	175.6%（75.6%）	140.48万円	210.72万円	351.2万円
75歳0カ月	184.0%（84.0%）	147.20万円	220.80万円	368.0万円

※ 本来の支給額を老齢基礎年金80万円、老齢厚生年金120万円とした場合の受給額です。
増額率は65歳から1カ月繰り下げる（支給を遅らせる）ごとに0.7%ずつ大きくなります。
増額率は65歳0カ月から計算しますが、増額の支給開始は66歳からしかできません。

計算式

$$繰り下げ支給額 = 本来支給額^{※1} × （1 + 増額率^{※2}）$$

※1 65歳時支給額 　※2 支給率

CASE　本来支給額200万円を68歳0カ月に繰り下げ請求する

200万円 ×（1 + 0.252）= 250.4万円 ← 繰り下げ支給の受給額

　200万円（基礎年金＋厚生年金）受給できる人が繰り下げを請求して75歳からもらいはじめる場合は、368万円の年金額になります。

③ **一方だけ繰り下げも可能**：老齢基礎年金と老齢厚生年金は同時に繰り下げることもできますし、どちらか一方だけ繰り下げることもできます。

体が動くうちに余暇などにお金を使いたいという考え方なら、繰り下げ支給で消費をがまんしなくてもよいでしょう。

繰り下げ支給のメリット・デメリット

繰り下げ支給のメリットは長生きをすればするほど享受できます。加給年金や振替加算の支給停止も考慮したうえで請求しましょう。

長生きしないと総受給額は減る

増額しないで、一時金を選択することもできる

繰り下げ支給開始請求のときは、増額なしでの支給開始も選択できます。70歳までの場合には、65歳からの分が初回に一時金で支給され、以後増額なしの本来額での支給が始まります。元気だった人が急に健康を害したときなどは、一時金を治療費に充てるなどの使い方ができます。

70歳後の一時金選択は過去5年分

70歳を過ぎてから繰り下げ請求のときに一時金選択をしたときは、70歳までと少しルールが変わります。70歳を過ぎると年金の時効にかかって5年より前の分はもらえなくなってしまいます。そこで、5年前時点の増額率で計算した5年分の一時金支給となります（みなし増額といい、75歳まで繰り下げ可能な昭和27年4月2日生まれ以降の人が対象）。例えば、65歳の本来額を100万円とした場合、72歳で一時金選択をしたときは5年前の67歳の増額率16.8%の5年分（116.8万円×5年＝584万円）が一時金で支給され、以後は116.8万円の年額で支給開始になります。

① **81歳で総受給額が逆転**：繰り下げ支給では、70歳支給開始なら42%も多い年金額を生涯受け取ることができます。しかし、もらいはじめてすぐ死んでしまってはせっかくの恩恵を十分に生かすことができません。229頁の表のように81歳で65歳から受給したときの総受給額に追いつき逆転します。率で計算するので、年金の受給額がいくらであっても追いつく時期は229頁の表と同じです。

② **女性は繰り下げ支給に向いている**：平均寿命の長い女性は、経済事情が許せば繰り下げ支給の活用に向いています。女性の平均寿命は87歳、平均余命なら89歳ですから、健康に問題がなければ5年以上は増額の恩恵を受けられます。

③ **死亡した場合（デメリット）**：65歳以降、繰り下げ支給を受給開始する前に死亡した場合は、その間の年金は支給されません。死亡したら本来受給できたはずの65歳からの年金を受給できると思いこんでいる人が多いようですが違います。ただし、遺族（生計を同じくしていた配偶者、子、父母、孫、祖父母、兄弟姉妹など）がいる場合は、遺族が未支給年金として5年前の分までは請求して受け取ることができます。未支給年金は、死亡するまでの本来額が一時金で支給されます（最大5年分）。また、遺族年金の額は繰り下げしていないものとして計算されます。つまり、増額なしの本来受給額で計算がなされます。これは繰り下げした年金額を受給していた場合でも同様です。

227

ONE POINT
在職定時改定は受けられない

65歳以降に働いて厚生年金に加入している場合、70歳になるまで毎年年金額が増える在職定時改定があります。しかし、繰り下げで待機中（厚生年金受給停止中）は受けられなくなります。そのため、老齢基礎年金だけを繰り下げるというのも選択肢です。特に、加給年金がある場合は、厚生年金だけもらうメリットも大きくなります。

繰り下げ待機中は加給年金や振替加算が支給停止になる

① **加給年金（108頁参照）はもらえなくなる**：大きな注意点は、繰り下げで年金を停止している間は加給年金が停止することです。たとえば、配偶者が6歳年下の場合、70歳まで繰り下げれば65歳から5年間加給年金が停止になり、70歳から71歳までの1年間しか加給年金が受け取れません。5年分だと約200万円を失います。もっとも、次頁の表に加給年金額も加えてみるとわかりますが、84歳までで加給年金の分も取り戻すことができます。

② **振替加算（110頁参照）も支給停止**：繰り下げで待機中は振替加算も支給停止になります。女性の場合、自分の老齢基礎年金を繰り下げると、増額分を請求するまでの振替加算ももらえなくなります。

繰り下げ支給の手続き

① **老齢基礎年金か老齢厚生年金のどちらか一方を繰り下げたいとき**：65歳の誕生月までに65歳以降の年金の年金請求書（ハガキ様式）が送られてきます（114頁参照）。繰り下げ希望欄に、老齢基礎年金か老齢厚生年金の希望するほうに○をつけて返送すれば手続きは完了です。

② **老齢基礎年金か老齢厚生年金の両方を繰り下げたいとき**：年金請求書（ハガキ様式）自体を返送しません。希望した年金の支給が65歳から止まるので、66歳以降75歳になるまでの好きな時期に請求手続きをすれば、請求時点までの増額された年金で支給が始まります。

③ **繰り下げはライフプランにあわせて考える**：健康なうちにお金を使って楽しみたいと考える人もいれば、老後に備えてお金を貯めたいと考える人もいます。次頁の表は総支給額に焦点を当てて示したもので、これだけがすべてではありません。本当の損得は、自分自身（夫婦）のライフプランと照らしあわせて、いろいろシミュレーションしてみてわかるものです。

● 繰り下げ支給による年金の総支給額の推移

(年額、単位：万円)

年齢	本来の受給額			68歳受給開始			70歳受給開始		
	基年	厚年	計	基年	厚年	計	基年	厚年	計
65歳	80	120	200	0	0	0	0	0	0
66歳	160	240	400	0	0	0	0	0	0
67歳	240	360	600	0	0	0	0	0	0
68歳	320	480	800	100.16	150.24	250.4	0	0	0
69歳	400	600	1,000	200.32	300.48	500.8	0	0	0
70歳	480	720	1,200	300.48	450.72	751.2	113.6	170.4	284
71歳	560	840	1,400	400.64	600.96	1,001.6	227.2	340.8	568
72歳	640	960	1,600	500.80	751.2	1,252.0	340.8	511.2	852
73歳	720	1,080	1,800	600.96	901.44	1,502.4	454.4	681.6	1,136
74歳	800	1,200	2,000	701.12	1,051.68	1,752.8	568.0	852.0	1,420
75歳	880	1,320	2,200	801.28	1,201.92	2,003.2	681.6	1,022.4	1,704
76歳	960	1,440	2,400	901.44	1,352.16	2,253.6	795.2	1,192.8	1,988
77歳	1,040	1,560	2,600	1,001.60	1,502.40	2,504.0	908.8	1,363.2	2,272
78歳	1,120	1,680	2,800	1,101.76	1,652.64	2,754.4	1,022.4	1,533.6	2,556
79歳	1,200	1,800	3,000	1,201.92	1,802.88	3,004.8	1,136.0	1,704.0	2,840
80歳	1,280	1,920	3,200	1,302.08	1,953.12	3,255.2	1,249.6	1,874.4	3,124
81歳	1,360	2,040	3,400	1,402.24	2,103.36	3,505.6	1,363.2	2,044.8	3,408
82歳	1,440	2,160	3,600	1,502.40	2,253.60	3,756.0	1,476.8	2,215.2	3,692
83歳	1,520	2,280	3,800	1,602.56	2,403.84	4,006.4	1,590.4	2,385.6	3,976
84歳	1,600	2,400	4,000	1,702.72	2,554.08	4,256.8	1,704.0	2,556.0	4,260
85歳	1,680	2,520	4,200	1,802.88	2,704.32	4,507.2	1,817.6	2,726.4	4,544
86歳	1,760	2,640	4,400	1,903.04	2,854.56	4,757.6	1,931.2	2,896.8	4,828
87歳	1,840	2,760	4,600	2,003.20	3,004.80	5,008.0	2,044.8	3,067.2	5,112
88歳	1,920	2,880	4,800	2,103.36	3,155.04	5,258.4	2,158.4	3,237.6	5,396
89歳	2,000	3,000	5,000	2,203.52	3,305.28	5,508.8	2,272.0	3,408.0	5,680

68歳 繰り下げ 額が本来 額を逆転

70歳 繰り下げ 額が本来 額を逆転

女性平均寿命

60歳女性平均余命

60歳男性平均余命

男性平均寿命

第10章 気になる年金、離婚分割と繰り上げ繰り下げ

※ 基年＝老齢基礎年金　　厚年＝老齢厚生年金
本来の受給額（65歳支給開始）を
「基年80万円 ＋ 厚年120万円 ＝ 200万円」とします。
平均寿命・平均余命は、令和3年簡易生命表（厚生労働省）より。
平均寿命（男81.47歳、女87.57歳）。
60歳の平均余命（男24.02歳［84.02歳］　女29.28歳［89.28歳］）。
物価スライドなどの年金額の変動は考慮していません。
※ 75歳支給開始の場合、65歳受給開始の受給総額を逆転するのは86歳（4,416万円）
です。

繰り下げ支給のさまざまなパターンで損得を検証

繰り下げ支給はさまざまなパターンで試算し、受給金額を比較してから請求時期や請求する年金の選択をするとよいでしょう。

加給年金を確保する繰り下げ

① **老齢基礎年金だけを繰り下げ**：加給年金を受給できる場合、最大の難点は繰り下げで待機している期間中は加給年金も支給停止になることです。そこで、老齢基礎年金だけを繰り下げ、老齢厚生年金は通常どおり受給し、加給年金を確保するというのも1つの方法です。

② **妻は老齢厚生年金だけを繰り下げ**：加給年金のある夫を持つ妻で老齢厚生年金も受給できる場合、妻のほうは逆に老齢厚生年金だけを繰り下げるという方法があります。老齢基礎年金は通常どおり受給すれば振替加算を確保できます。

65歳で仕事をしている場合（在職老齢年金と繰り下げ支給）

① **支給停止部分は繰り下げできない**：65歳以降に働いて在職老齢年金の対象になる場合にも、繰り下げ支給自体は可能です。ただし、繰り下げで増額の対象になるのは、支給停止されていない部分だけで、支給停止されている部分は増額の対象になりません。たとえば、年金月額10万円の人が、65歳から月額報酬40万円で働く場合、1万円が支給停止になるので、年金月額は9万円になります（120〜121頁参照）。増額は、もらえる部分の9万円に対してだけ適用されます。

② **老齢基礎年金は繰り下げできる**：65歳以降の在職老齢年金が繰り下げ支給に影響するのは老齢厚生年金だけです。老齢基礎年金は、在職老齢年金に関係なく繰り下げができます。

● 繰り下げ支給による年金額推移の比較例

CASE
- 年金は、「老齢基礎年金80万円 + 老齢厚生年金120万円 = 200万円（年額）」とする
- 3歳年下の妻がいて、65～67歳の3年間に加給年金を年額40万円得られるとする
  ※65歳以降の在職による増額分は考慮していない

60歳男性平均余命

| 65歳 | 67歳 | 70歳 | 81歳 | 83歳 | 84歳 | 89歳 |

CASE1 通常の支給額（本来額）で受給 （年額、単位：万円）

総支給額	65歳	67歳	70歳	81歳	83歳	84歳	89歳
老齢基礎年金	80	240	480	1,360	1,520	1,600	2,000
老齢厚生年金	120	360	720	2,040	2,280	2,400	3,000
加給年金	40	120	120	120	120	120	120
計	240	720	1,320	3,520	3,920	4,120	5,120

CASE2 老齢基礎年金のみ70歳まで繰り下げで受給 （年額、単位：万円）

総支給額	65歳	67歳	70歳	81歳	83歳	84歳	89歳
老齢基礎年金	0	0	113.6	1,363.2	1,590.4	1,704.0	2,272
老齢厚生年金	120	360	720.0	2,040.0	2,280.0	2,400.0	3,000
加給年金	40	120	120.0	120.0	120.0	120.0	120
計	160	480	953.6	3,523.2	3,990.4	4,224.0	5,392

↑ **本来額を逆転**

CASE3 両方とも70歳まで繰り下げで受給 （年額、単位：万円）

総支給額	65歳	67歳	70歳	81歳	83歳	84歳	89歳
老齢基礎年金	0	0	113.6	1,363.2	1,590.4	1,704.0	2,272
老齢厚生年金	0	0	170.4	2,044.8	2,285.6	2,556.0	3,408
加給年金	0	0	0	0	0	0	0
計	0	0	284.0	3,408.0	3,976.0	4,260.0	5,680

↑ **本来額を逆転**　　↑ **老齢基礎年金のみ繰り下げを逆転**

※ 税・社会保険料を差し引いた手取り額では多くの場合、総額逆転時期が遅くなります（一般的には2～4年）が、毎年の受給額自体が増えるのは,メリットです。

CASE4　老齢基礎年金のみ 75 歳まで繰り下げで受給

（年額、単位：万円）

総支給額	65 歳	70 歳	75 歳	81 歳	86 歳	88 歳	89 歳
老齢基礎年金	0	0	147.2	1,030.4	1,766.4	2,060.8	2,208
老齢厚生年金	120	720	1,320.0	2,040.0	2,640.0	2,880.0	3,000
加給年金	40	120	120.0	120.0	120.0	120.0	120
計	160	840	1,587.2	3,190.4	4,526.4	5,060.8	5,328

本来額（4,520万円）を逆転

CASE5　両方とも 75 歳まで繰り下げで受給

（年額、単位：万円）

総支給額	65 歳	70 歳	75 歳	81 歳	87 歳	88 歳	89 歳
老齢基礎年金	0	0	147.2	1,030.4	1,913.6	2,060.8	2,208
老齢厚生年金	0	0	220.8	1,545.6	2,870.4	3,091.2	3,312
加給年金	0	0	0	0	0	0	0
計	0	0	368.0	2,576.0	4,784.0	5,152.0	5,520

本来額（4,720万円）を逆転

老齢基礎年金のみ
繰り下げ（5,060.8
万円）を逆転

妻の年金の総受給額推移

本来額（年額）：老齢基礎年金 80 万円、老齢厚生年金 20 万円

※ 支給開始は65歳、振替加算は考慮していない

60歳女性平均余命

CASE6　通常の支給額（本来額）で受給

（年額、単位：万円）

総支給額	65 歳	70 歳	75 歳	86 歳	89 歳	90 歳	95 歳
老齢基礎年金	80	480	880	1,760	2,000	2,080	2,480
老齢厚生年金	20	120	220	440	500	520	620
計	100	600	1,100	2,200	2,500	2,600	3,100

CASE7　両方とも 75 歳まで繰り下げで受給

（年額、単位：万円）

総支給額	65 歳	70 歳	75 歳	86 歳	89 歳	90 歳	95 歳
老齢基礎年金	0	0	147.2	1,766.4	2,208	2,355.2	3,091.2
老齢厚生年金	0	0	36.8	441.6	552	588.8	772.8
計	0	0	184.0	2,208.0	2,760	2,944	3,864

本来額を逆転

第11章

障害年金とは

障害年金とは

障害年金は病気やケガで、障害等級に該当し、保険料納付要件を満たしていれば支給されます。

ONE POINT
入社後 1 年間は要注意
厚生年金に加入していれば、障害厚生年金が必ずもらえると安心はできません。新入社員や長い失業期間があった人、自営業者からサラリーマンに転身した人は、入社後 1 年間は注意しなければなりません。特に大卒新入社員は、学生時代に国民年金の保険料未納（滞納）があると、保険料納付要件を満たさないおそれがあります。2 年前までは保険料が納められるので、学生時代の未納は解消しておきましょう。

障害基礎年金（国民年金）、障害厚生年金

① **障害年金とは**：障害基礎年金（国民年金）と障害厚生年金に分けられ、初診日に加入していた制度の年金が支給されます。さらに、障害基礎年金・障害厚生年金を受けるためには、国民年金の保険料納付要件を満たしている必要があります（236頁参照）。

年金制度により異なる障害等級

① **障害基礎年金は 1 級と 2 級**：障害状態は等級で示されますが、国民年金から支給される障害基礎年金は 1 級と 2 級の 2 種類です。1 級は 2 級よりも重い障害です。

② **障害厚生年金は 3 級まで**：障害厚生年金には 1 級と 2 級のほか、それより軽い障害の 3 級もあります。つまり、1 級から 3 級までの 3 段階です。さらに、3 級より軽い障害のときは一時金が支給されます。厚生年金では「**障害手当金**」と呼びます。

③ **等級別の障害の程度**：障害の程度は法令の障害等級表で示されていますが、非常に複雑です。実際には医師の診断書などによって等級は個別に判定されます。

保険料納付要件

① **初診日とは**：障害の原因となる傷病について、はじめて医師または歯科医師の診断を受けた日をいいます。

ONE POINT
初診日、保険料納付要件、障害認定日
障害年金をもらえるかどうかで重要なのは、初診日と保険料納付要件、障害認定日（237 頁参照）の 3 つです。

② **初診日までの納付実績で判断**：保険料納付要件とは、初診日の前々月までに国民年金の保険料を納めた一定の期間があることです。具体的には 20 歳以降の期間の 3 分の 2 以上納めている（3 分の 1 以上の滞納がない）ことです。

● 障害年金の年金額（令和5年度）

障害年金
障害基礎年金（定額）

2級：79万5,000円（＋子の加算）/79万2,600円（＋子の加算）
1級：99万3,750円（＋子の加算）/99万750円（＋子の加算）
※ 上記左は67歳以下、右は68歳以上
※ 1級は2級の1.25倍になります。
※ 子の加算は2人まで1人22万8,700円、3人目以降1人7万6,200円支給されます。

障害厚生年金（報酬比例計算額）

3級：老齢厚生年金額（最低保障59万6,300円）/59万4,500円
2級：老齢厚生年金額＋配偶者の加給年金額
1級：老齢厚生年金額×1.25＋配偶者の加給年金額
※ 1級と2級は最低保障300カ月（25年）があります。
　 25年未満の場合は、25年の加入期間として計算します。
　 配偶者の加給年金額は22万8,700円になります。

※ 子とは次の者をいいます。
　① 18歳到達年度の末日（3月31日）を経過していない子
　② 20歳未満で障害等級1級または2級の障害者

障害等級

等　級	1級	2級	3級
	重い障害	標準的な障害	軽い障害
障害基礎年金	○	○	なし
障害厚生年金 障害共済年金	○	○	○

特例として、2026（令和8）年4月1日前に初診日があるときは、直近1年間に保険料の滞納がなければ要件を満たすことになります。保険料納付要件を満たしていないと、障害基礎年金だけでなく障害厚生年金ももらえなくなります。

235

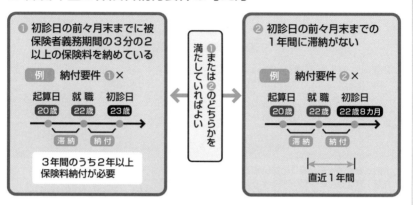

● 障害年金の保険料納付要件の考え方

❶ 初診日の前々月末までに被保険者義務期間の3分の2以上の保険料を納めている

[例] 納付要件 ❶ ×

起算日	就職	初診日
20歳	22歳	23歳

滞納　納付

3年間のうち2年以上保険料納付が必要

❶または❷のどちらかを満たしていればよい

❷ 初診日の前々月末までの1年間に滞納がない

[例] 納付要件 ❷ ×

起算日	就職	初診日
20歳	22歳	22歳8カ月

滞納　納付

直近1年間

障害年金の保険料納付要件

❶ 初診日の前々月末までに被保険者期間の3分の2以上の保険料を納めている
（通常は20歳からの期間。高卒者など20歳前に厚生年金加入期間がある場合は、その期間も含む）

❷ 初診日の前々月末までの1年間に滞納がない

※ ❶か❷のどちらかを満たしていればかまいません。
国民年金保険料の免除期間や第3号被保険者期間は保険料を納めた期間とみなします。

国民年金の保険料を納めるのが困難なときは、保険料免除制度を利用しましょう（32頁参照）。

障害年金の受給要件とは

障害年金は、障害認定日に、障害等級に該当していた場合に支給されます。事後に悪化して障害状態になった場合も支給されます。

初診日に加入していた年金制度へ請求

① **初診日を確認**：障害年金の最も重要なポイントは「初診日」です。初診日に加入していた年金制度から障害年金が支給されるからです。**初診日とは、障害のもととなったケガや病気の治療を医師からはじめて受けた日のこと**です。通常は、医師の診断書によって判定します。

② **障害基礎年金は共通**：初診日に厚生年金に加入していれば「障害厚生年金」がもらえます。国民年金は、どちらの年金制度にも共通ですから、条件を満たしていれば、「**障害基礎年金**」はどちらの制度の初診日でももらえます。

③ **障害認定日に障害の状態であること**：障害年金を請求する場合、障害認定日に障害の状態の判定を受ける必要があります。**障害認定日は、原則として初診日から1年6カ月後ですが、それ以前でも症状が固定したと判断されれば、その日が障害認定日になります**。障害認定日に一定の障害状態にあれば障害年金が請求できます。

障害年金では初診日が重要

① **初診日で年金の種類が決まる**：1階部分の障害基礎年金は共通ですが、2階部分は初診日に厚生年金なら「**障害厚生年金**」が支給されます。

② **障害等級に応じて支給**：障害年金は、初診日から1年6カ月後の障害状態で支給が判定されます。障害基礎年金は1級と2級、障害厚生年金は1級から3級まであります。

第11章 障害年金とは

237

● 初診日ともらえる障害年金

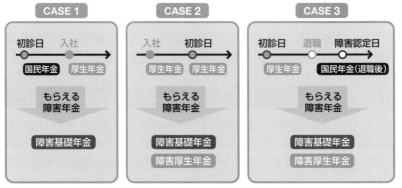

※ 図中の加入制度の国民年金とは、国民年金だけに加入（第1号被保険者）している
　場合です。初診日に加入していた制度で障害年金の種類が決まります。
　障害認定日と障害年金の種類は関係ありません。

● 障害年金の認定のしくみと障害等級

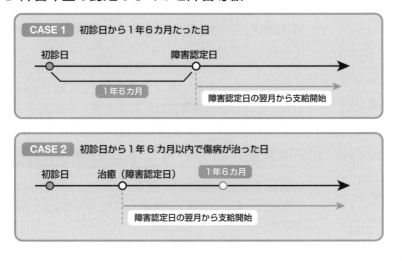

傷病が治った状態とは、症状が固定して
変化がなくなったときのことをいいます。

● 事後重症の請求とは

| 初診日 | 障害認定日 | | 障害年金請求 | 65歳の前々日 |

障害等級
該当せず

悪化して障害
等級に該当

請求日の翌月から支給開始

※ 事後重症では、悪化時にさかのぼって支給されることはありません。
65歳の誕生日の前々日までに請求しないと請求できなくなります。

あとで症状が悪化したり軽くなった場合

① **事後重症での請求ができる**：障害認定日の時点では障害の状態になくても、その後悪化して障害の状態になる場合があります。その場合、原則として65歳前なら再度請求して障害年金がもらえます。これを「**事後重症**」といいます。

② **別の障害と併せて障害になることもある**：1つの障害では障害等級2級以上に該当しなくても、2つの障害を併せたり、あとから発生した別の障害と併せると障害等級2級以上になるという場合も、原則として障害年金を請求できます。

③ **悪化したときは等級の改定を請求できる**：最初の認定の等級より重い等級の症状に悪化したときは、等級を改定する請求ができます。ただし、認定されてから原則として1年以上経過しなければ請求できません。

④ **障害が軽くなれば支給停止**：障害状態が軽くなったときは等級が下がる場合があります。等級に該当しなくなった場合は支給停止になりますが、65歳までに悪化すれば再び支給してもらうことができます。

⑤ **障害状態は一定期間ごとに審査**：障害年金の支給が始まっても、永久認定を除いて一定期間ごとに医師の診断書の提出を求められて審査します。審査の期間は障害の種類や状態によって異なりますが、1〜5年ごとです。

ONE POINT
障害等級の改定請求が1年未満で可能に
法改正により、平成26年4月からは明らかに障害の程度が悪化した場合には、すぐに改定請求できるようになりました。

ONE POINT
労災保険の等級とは別
業務災害や通勤災害の場合、労災保険から障害（補償）給付が支給されます。障害等級1〜7級が年金、8〜14級が一時金です。この労災保険と公的年金の障害等級はまったく別です。

● 障害状態の目安と障害等級の具体例

障害等級	障害状態の目安	障害の状態（法律で定められた基準）
1級	日常生活に介護を必要とするレベル。行動範囲はベッド周辺や室内のみ	・両眼視力（矯正後）がそれぞれ0.03以下 ・両耳の聴力レベルが100デシベル以上 ・両手の指をすべて失う（機能に著しい障害があるものを含む） ・身体の機能や精神の障害が、日常生活ができないほど重いレベル　　　　　など
2級	必ずしも介護は必要でないが、日常生活が困難で、働くことができないレベル。行動範囲は病棟内や家屋内のみ	・両眼視力（矯正後）がそれぞれ0.07以下 ・両耳の聴力レベルが90デシベル以上 ・両手の親指または人差し指または中指を失う（機能に著しい障害があるものを含む） ・身体の機能や精神の障害が日常生活に著しい制限を受けるレベル　　　　　など
3級	働くことに著しい困難があり、仕事内容が制限されるレベル	・両眼視力（矯正後）がそれぞれ0.1以下 ・両耳の聴力が40cm以上では通常の話し声を聞き取れないレベル ・片手の親指と人差し指を失う ・身体の機能や精神の障害が労働に著しい制限を受けるレベル　　　　　など
一時金	3級より軽いが生活が制限されるレベル	・両眼視力（矯正後）がそれぞれ0.6以下 ・片耳の聴力が耳をつけなければ大声の話し声を聞き取れないレベル ・片手の人差し指を失う ・身体の機能や精神の障害が労働に制限を受けるレベル　　　　　など

※ 目安は、国民年金（1級、2級）、厚生年金、共済年金に共通します。
心臓にペースメーカーを装着していたり、人工肛門を装着していれば原則3級、人工透析を受けていれば原則2級など、治療方法で等級の基準がわかる場合もあります。

働けないことは障害年金の直接的な受給条件ではありません。特に3級の場合は、働きながら受給している人もたくさんいます。

障害基礎年金（国民年金）とは

障害基礎年金の年金額は2級が老齢基礎年金の満額で、1級は2級の1.25倍となります。18歳未満の子がいれば子の加算が人数分つきます。

障害基礎年金の額

① **2級年金額（老齢基礎年金の満額と同額）**：国民年金から支給される障害基礎年金は、加入期間に関係なく定額で、1級と2級だけ支給されます。2級は老齢基礎年金の満額と同額で67歳以下は79万5,000円（令和5年度）です。1級は2級の1.25倍で99万3,750円です。

② **子の加算**：18歳未満（障害児は20歳未満）の子がいれば、子の人数に応じて子の加算がつきます。加算額は厚生年金の加給年金と同じです（244頁参照）。

年金支給の対象になる20歳前や60歳以上の障害

① **20歳前障害による障害基礎年金**：20歳前は国民年金加入者でなくても、先天性障害を含め、障害基礎年金を受けられます（支給は20歳からになります）。ただし、一定の所得制限があります。なお20歳前に厚生年金加入者になっていれば、所得制限はありません。

② **60歳以上65歳未満の障害基礎年金**：60歳以上は国民年金の加入義務はなくなりますが、加入者でなくなっても65歳になるまでは、障害状態になれば障害基礎年金を受けられます。

③ **国民年金保険料の免除**：障害基礎年金を受けると国民年金保険料は免除になります。通常の申請免除と違って届け出るだけで免除になります。

④ **65歳以後の受給特例**：65歳になると障害基礎年金と老齢厚生年金、障害基礎年金と遺族厚生年金といった組みあわせも選択できるようになります。

● 障害基礎年金が支給される条件

❶ 初診日に 65 歳前だったこと（20 歳前、先天性障害含む）
❷ 障害認定日に 1 級または 2 級の障害状態にあること
❸ 保険料納付要件（236 頁参照）を満たしていること

※ 20 歳前の場合、所得が一定以上なら半額または全額が支給停止となります。
　 20 歳前の場合、障害認定日が 20 歳前のときは 20 歳から支給開始となります。

● 障害基礎年金額と子の加算

障害基礎年金額	子の加算額
1 級：年額 99 万 3,750 円（99 万 750 円） 2 級：年額 79 万 5,000 円（79 万 2,600 円） ※ 令和 5 年度 　（67 歳以下。カッコ内は 68 歳以上） ※ 1 級は 2 級の 1.25 倍	・子 2 人まで 　1 人につき 22 万 8,700 円 ・3 人目以降 　1 人につき 7 万 6,200 円

CASE　2 級障害で 18 歳未満の子が 3 人の場合

第 1 子が 18 歳に なるまで	第 2 子が 18 歳に なるまで	第 3 子が 18 歳に なるまで	第 3 子が 18 歳以降
79 万 5,000 円 22 万 8,700 円 22 万 8,700 円 7 万 6,200 円	79 万 5,000 円 22 万 8,700 円 22 万 8,700 円	79 万 5,000 円 22 万 8,700 円	79 万 5,000 円
計 132 万 8,600 円	計 125 万 2,400 円	計 102 万 3,700 円	計 79 万 5,000 円

※令和 5 年度（67 歳以下のケース）

● 年金制度別の障害年金

障害厚生年金（厚生年金）とは

障害厚生年金には１級と２級に加えて３級もあり、さらに障害手当金（一時金）もあります。１級と２級では配偶者の加給年金もあります。

障害厚生年金の受給要件と種類

① **障害厚生年金の受給要件**：障害厚生年金をもらうためには、在職中（厚生年金加入中）にケガや病気の初診日がある必要があります。在職中に初診日があれば、退職後でももらうことができます。

② **障害給付の種類**：国民年金からの障害基礎年金は１級と２級の２種類だけですが、厚生年金からの障害給付は、１～３級に加えて「**障害手当金（一時金）**」の４種類があります。

③ **１級と２級は障害基礎年金ももらえる**：１級と２級では、障害厚生年金に加えて１階部分の障害基礎年金ももらえます。３級には障害基礎年金がないので、最低保障額があります。障害手当金にも最低保障額が設けられています。

障害厚生年金の額

① **最低保障加入期間**：障害厚生年金も、遺族厚生年金と同様に、基本となる計算式は老齢厚生年金（報酬比例部分）と同じです。300カ月（25年）未満の短い加入期間の場合は、実期間ではなく300カ月で計算する点も遺族厚生年金と同じです。

② **支給乗率**：遺族厚生年金と計算式で異なる点は、300カ月以上の計算でも支給乗率は一律ということです。また、４分の３も掛けません。

③ **１級は２級の1.25倍**：障害基礎年金と同様に障害の程度の重い１級は、２級の1.25倍の年金額になります。２級

243

● 障害厚生年金をもらえる条件

❶ 初診日に厚生年金の加入者だったこと
❷ 障害認定日に1級、2級、3級の障害状態にあること
❸ 保険料納付要件（236頁参照）を満たしていること

● 障害厚生年金の計算式

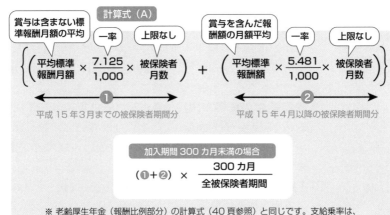

計算式（A）

賞与は含まない標準報酬月額の平均 ／ 一率 ／ 上限なし

賞与を含んだ報酬額の月額平均 ／ 一率 ／ 上限なし

$$\left\{ \left(平均標準報酬月額 \times \frac{7.125}{1,000} \times 被保険者月数 \right) + \left(平均標準報酬額 \times \frac{5.481}{1,000} \times 被保険者月数 \right) \right\}$$

❶ 平成15年3月までの被保険者期間分

❷ 平成15年4月以降の被保険者期間分

加入期間300カ月未満の場合

$$(❶+❷) \times \frac{300 カ月}{全被保険者期間}$$

※ 老齢厚生年金（報酬比例部分）の計算式（40頁参照）と同じです。支給乗率は、一律7.125と5.481になります。

級別の障害厚生年金額と障害基礎年金

級	障害厚生年金	障害基礎年金
1級	（上記（A）×1.25）＋配偶者加給年金	（2級×1.25）＋子の加算額
2級	上記（A）　　　　　＋配偶者加給年金	2級＋子の加算額
3級	上記（A） （最低保障額：59万6,300円〈67歳以下〉 　　　　　　59万4,500円〈68歳以上〉）	なし
一時金	上記（❶+❷）×2 （最低保障額：119万2,600円〈67歳以下〉 　　　　　　118万9,000円〈68歳以上〉）	なし

※ 配偶者加給年金は22万8,700円（配偶者特別加算はつきません）、2級の障害基礎年金額と子の加算額は242頁参照

ONE POINT
── 障害年金と老齢年金の
加給年金
── 老齢厚生年金と障害厚生
年金につく配偶者の加給
年金は同じですが、障害
厚生年金の配偶者加給年
金には配偶者特別加算は
つきません。

と3級の年金額は同じです。

④ **1級と2級の加給年金**：障害厚生年金には、1級と2級に配偶者の加給年金がつきます。3級にはつきません。加給年金の額は老齢厚生年金の加給年金と同じですが、配偶者特別加算はつきません。

⑤ **3級の最低保障額**：3級は配偶者の加給年金がつかないだけで、2級と金額は同じです。ただし、障害基礎年金がないので、受給総額は2級よりかなり少なくなります。そのため最低保障があり、最低保障額は年額59万6,300円（令和5年度／67歳以下）です。これは、老齢基礎年金（＝2級障害基礎年金）の4分の3にあたります。

3級より軽い障害には障害手当金

① **3級年金額の2年分の一時金**：障害年金には、4級という区分はありませんが、3級より軽い障害の場合に、障害手当金が一時金で支給されます。計算式は3級と同じです。加入期間の短いときは、300カ月として計算します。最低保障額は、3級の最低保証額の2倍の119万2,600円（令和5年度／67歳以下）です。

② **返還すれば障害年金をもらえる**：障害手当金をもらったあと、障害の状態が悪化したときはどうなるでしょうか。障害手当金を返還（5年以内の分割可）すれば、障害年金を請求することができます。

65歳以降の厚生年金加入者は障害厚生年金

① **65歳以降は2階部分だけ**：厚生年金は70歳になるまで加入できるので、65歳以降の加入中に障害状態になったときは、障害厚生年金が受けられます。ただし、65歳からは国民年金の第2号被保険者ではなくなるので、障害基礎年金はもらえません。

② **労災保険とは調整がある**：障害厚生年金と労災保険の障害（補償）年金が同時にもらえる場合は、労災保険の年金が一定率（12〜27％）で減額されます。

ONE POINT
労災保険の減額率
公的年金の障害年金と労
災保険の障害（補償）年
金が同時にもらえる場
合、公的年金は全額もら
えます。労災保険は、①
障害基礎年金と同時受給
の場合12％、②障害厚
生年金と同時受給の場合
17％、③障害基礎年金・
障害厚生年金と同時受給の
場合27％が減額され
ます。

● **厚生年金加入者が障害になったときの障害年金の計算例**

CASE
- 厚生年金加入中の35歳のとき2級障害になる。厚生年金加入期間13年（156カ月）
- 平成15年3月までの厚生年金加入期間4年（48カ月）、平均標準報酬月額25万円
  平成15年4月以降の厚生年金加入期間9年（108カ月）、平均標準報酬額33万円
- 扶養家族は3歳年下（32歳）の妻、長男8歳、長女6歳

❶ 障害基礎年金

基本額　　　　子の加算額

79万5,000円 ＋ （22万8,700円 × 2人） ＝ **125万2,400円**

❷ 障害厚生年金（加入期間25年未満なので300カ月として計算）

支給乗率は一律

$$\left\{ \left(25万円 \times \frac{7.125}{1,000} \times 48カ月 \right) + \left(33万円 \times \frac{5.481}{1,000} \times 108カ月 \right) \right\}$$

$$\times \frac{300カ月}{156カ月} = 54万82円 \Rightarrow$$

54万82円 ＋ 22万8,700円 ＝ **76万8,782円**

配偶者加給年金額

（❶ ＋ ❷） ＝ 202万1,182円（月額約16万8,431円）…… 障害年金受給額

職場のうつ病で障害厚生年金の受給が増えている

　近年、会社の人事担当者を悩ませているのは、社員のメンタルヘルスの問題です。社会環境の変化の影響を受けて職場環境も変化し、ストレスが強まったせいか、うつ病になる会社員が急増しています。ケガや明確な病気と違って、メンタルな病はなかなか判定が難しいのですが、最近はうつ病で障害厚生年金3級あるいは2級を受給している会社員も増えてきました。初診日の確認や医師の診断書の頼み方など、手順を正しく踏めば認定を受けられる可能性が高いので、あきらめずに手続きしてみましょう。

第**12**章

困ったときはこうする！

もしも、自分の年金記録がなかったら？

あるはずの年金記録がない場合には、「ねんきん定期便」の返送や年金事務所に問い合わせて、調査をしてもらいます。

証拠書類などをそろえて問い合わせる

① **「ねんきん定期便」を返送**：「ねんきん定期便」（毎年誕生月に送られてきます。61頁参照）の場合、35歳、45歳、59歳の人には全期間の年金加入履歴とともに、**「年金加入記録回答票」**が同封されているので、年金記録の漏れや間違いがあれば記入して返送します。

② **年金事務所で問い合わせる**：年金事務所に行って直接問い合わせることもできます。その場合、年金手帳のほか、給与明細、振込印字された預金通帳など、年金加入の証拠になりそうなものがあれば持参します。

年金記録漏れが多いケース

① **複数手帳と名前関連がほとんど**：次頁の図は、日本年金機構が消えた年金記録問題に関して、年金記録漏れが回復した事例のうち、記録漏れの原因の多かったものを分析したものです。分析結果によれば、一番多いのは年金手帳が複数あるケースです。しかし、旧姓や読み仮名の間違いなど名前に関連するミスをあわせると52％に上ります。名前に関しては、漢字の間違いなどもあり、記録漏れチェックをするときの最大のポイントになります。

② **生年月日や加入期間も要注意**：名前や複数手帳のほかに、生年月日の間違いも多くありますが、ここまではすぐに確認できる内容です。加入期間や給料（報酬）の間違いは資料がないと難しい面がありますが、できる範囲で確認してみましょう。

● 年金記録回復の流れ

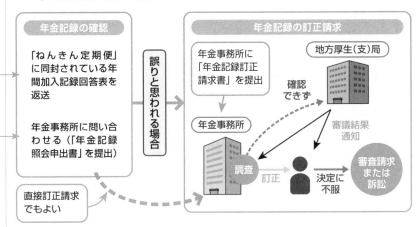

※ 年金記録に疑いがある場合は記録を確認し、誤っていると思われる場合は年金事務所に「年金記録訂正請求書」を提出して訂正請求をします。年金事務所で訂正が確認された場合は訂正が行われ、確認できない場合は地方厚生（支）局に年金事務所から調査依頼をします。地方厚生（支）局では、調査・審議のうえ結果（訂正、不訂正）を通知します。決定に不服がある場合は、審査請求または訴訟をすることができます。

● 記録回復につながったケースの記録漏れ原因

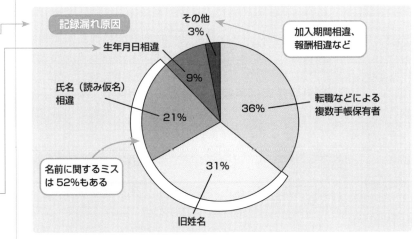

【参考：「年金額回復の具体的事例」の記録回復状況（報告）　厚生労働省第 35 回年金記録回復委員会（2012 年 5 月 17 日）配布資料】
※ 平成 22 年 4 月 2 日〜同 24 年 3 月 23 日公表の記録回復した 1,000 事例についての分析（日本年金機構）

ねんきん定期便や年金請求書が届かないときは？

ねんきん定期便や年金請求書が届かない場合があります。受給権発生の年齢で届くはずなのに年金請求書が届かない場合は、年金記録漏れの可能性もあるので問い合わせをしましょう。

ねんきん定期便は加入者だけに送られる

① **引っ越ししたときは住所変更する**：平成23年7月から住基ネット（住民基本台帳ネットワークシステム）から情報取得できるようになったため、年金事務所への住所変更届は原則不要となりました。ねんきん定期便も住基ネットの情報により送られていますが、引っ越ししたときに住基ネットの住所と違ってしまうと定期便は送られてきません。その場合は、次頁の「住所変更届の窓口」へ「住所変更届」を出す必要があります。

② **年金受給者には送られない**：定期便は現役加入者だけが対象のため、60歳をすぎた受給者や受給待機者には送られません。ただし厚生年金に加入し、働きながら年金を受給している人（在職老齢年金の全額停止者を含む）や国民年金の任意加入者には送られます。

③ **海外居住者は手続きが必要**：そのほか、海外居住者などにも送られません。海外居住者は自分で申し込めば送ってもらうことができます。

年金請求書は受給権の発生する人に送られる

① **カラ期間がある人は要注意**：年金請求書は受給権の発生が確認できる人だけに送られます。カラ期間で受給権が発生する人は、自分で確認し請求する必要があります。

② **「年金に関するお知らせ」が来るのは？**：受給権の確認ができない人などには、「年金請求書」の代わりに「年金に関するお知らせ」というハガキが届きます。

ONE POINT
特別便が返送された人には定期便が届かない
ねんきん特別便（55頁参照）が届かず戻ってしまった人は、定期便の発送がストップされています。発送してもらうには「住所変更届」が必要になります。

「年金請求書」と「年金に関するお知らせ」が同時に送付
「年金請求書」と「年金に関するお知らせ」が同時に送られてきたり、お知らせのハガキが2通以上送られてくることがあります。この場合は、基礎年金番号が2つ以上あることを意味しているので、年金事務所で基礎年金番号を統一する必要があります。

「年金請求書」「年金に関するお知らせ」も届かない場合
何も届かない場合は年金事務所などに問い合わせます。

● ねんきん定期便が届かないケース

ねんきん定期便が届く人

国民年金、厚生年金の被保険者（加入者）

※ 20歳前の厚生年金加入者、60歳以上で年金を受給しながら厚生年金に加入して働いている人、60歳以上の国民年金任意加入者を含みます。

住所変更届の窓口

● **厚生年金の加入者（第2号被保険者）**
　⇒勤務先企業（勤務先が年金事務所へ住所変更届を提出）

● **サラリーマンの妻（第3号被保険者）**
　⇒夫の勤務先企業（勤務先が年金事務所へ住所変更届を提出）

● **自営業者など（第1号被保険者）**
　⇒市区町村の窓口または年金事務所へ住所変更届を提出

ねんきん定期便が届かないケース

● 引っ越して住所変更届を出していない人

● 加入者でない人（年金受給者、60歳以上で年金の請求をしていない待機者）

　※ 公務員などの共済組合加入者は、日本年金機構ではなく各共済組合から「ねんきん定期便」が送られます。届かない場合は加入している共済組合に問い合わせましょう。

● 外国に居住している人

　※ 国民年金任意加入者の場合、家族などの国内の住所を年金事務所に届けている場合はそこに送付。厚生年金加入者・配偶者の場合は、自分で日本年金機構のホームページから申し込みます。

● そのほか（外国人登録をしている外国籍の人、年金加入記録のない人など）

● 年金請求書が届かないケース

年金請求書が届かないケース

● 引っ越しをして「住所変更届」を出していない人

● カラ期間を利用して受給資格を満たす人

　※ 「年金請求書」の代わりに、受給資格について確認をする「年金に関するお知らせ」のハガキが届きます。カラ期間を確認して受給資格を満たしていれば年金を請求できます。

● 65歳前に年金受給権が発生しない人

　※ 国民年金第1号被保険者期間だけの人や厚生年金の加入期間が1年未満の人は65歳の3カ月前に「年金請求書」が送付されます。60歳（65歳前の厚生年金の受給権発生時）のときは、「年金に関するお知らせ」のハガキが届きます。

● 受給資格を満たしていない人

　※ 年金請求書の代わりに、受給資格について確認をする「年金に関するお知らせ」のハガキが届きます。

● 共済年金期間だけの人

　※ 各共済組合から年金請求書が送られてきます。

※ 「年金請求書」が送られてこない場合には、ねんきんダイヤル（0570-05-1165）へ問い合わせて送付してもらいます。また、年金事務所でも入手できます。

保険料の免除を受けていたが免除期間の年金は？

国民年金の保険料免除を受けていた期間は、免除の種類と時期によって年金額に反映される割合が違ってきます。

年金額に反映される免除とされない免除がある

① **最大で2分の1が年金額に反映**：国民年金第1号被保険者の「**保険料免除制度**」（32頁参照）では、4種類の保険料免除比率（全額免除、4分の3免除、半額免除、4分の1免除）があります。免除比率に応じて年金額への反映割合が決まります。

② **学生免除は年金額に反映されない**：「**学生納付特例制度**」「**納付猶予制度**（50歳未満対象）」による免除は全額免除（納付猶予）ですが、年金額にはまったく反映されません。

③ **追納で通常の年金額に復帰する**：免除期間分の保険料を「**追納**」（後から保険料を納めること）すれば、通常の保険料を納めた期間に復帰します。保険料を納められるのは原則2年前までですが、免除期間の追納は10年前まで可能です。

平成21年4月を境に反映割合が変わる

① **全額免除が3分の1から2分の1に**：免除比率が年金額に反映される比率は次頁のとおりです。ただし、平成21年3月以前の免除期間部分では、年金額の財源としての国庫負担（税）が3分の1だったため、反映割合が少なくなります。全額免除では2分の1の年金がもらえますが、平成21年3月以前の免除期間部分は3分の1になります。

② **産前産後免除は全額反映**：第1号被保険者の女性が取得できる産前産後免除については保険料を納めた扱いとなります。そのため、年金の全額が反映されます。

ONE POINT

納付猶予でも障害年金や遺族年金は全額支給
学生納付特例制度と納付猶予制度は、老齢年金の年金額には反映されませんが、受給資格や障害年金、遺族年金など、老齢年金額以外の特典は保障されます。

厚生年金保険料免除では減額されない
厚生年金でも、産前産後休業期間中や育児休業期間中の厚生年金保険料が労使とも免除になります。年金額は休業期間前の標準報酬月額で計算されますので、年金が減ることはありません。

税財源部分が年金額に反映
免除では税財源部分が年金額に反映されます。たとえば、半額免除では保険料の半分は全体の4分の1なので「税部分4分の2（2分の1）＋保険料部分4分の1＝4分の3」の年金額になります（次頁の上図を参照）。

● 保険料免除比率に応じて年金額に反映

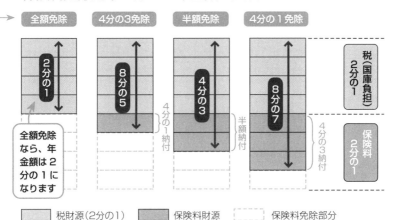

| 全額免除 | 4分の3免除 | 半額免除 | 4分の1免除 |

税（国庫負担）
2分の1

保険料
2分の1

2分の1

8分の5

4分の3

8分の7

4分の1納付

半額納付

4分の3納付

全額免除なら、年金額は2分の1になります

税財源（2分の1）　　保険料財源　　保険料免除部分

※ 平成21年3月以前の部分は、それぞれ次の比率で反映されます。
全額免除（3分の1）、4分の3免除（2分の1）、半額免除（3分の2）、4分の1免除（6分の5）

● 免除期間部分の年金額の計算例

> **CASE**
> ● 平成21年3月以前：全額免除期間3年（36カ月）、半額免除期間1年（12カ月）
> ● 平成21年4月以降：全額免除期間3年（36カ月）、半額免除期間1年（12カ月）
> ● 保険料納付済み期間：20年（240カ月）

❶ 免除期間部分の保険料納付済み期間換算

- 平成21年3月以前：(36カ月 × 1/3) + (12カ月 × 2/3) = 20カ月
- 平成21年4月以降：(36カ月 × 1/2) + (12カ月 × 3/4) = 27カ月

❷ 老齢基礎年金額

$$79万5,000円 \times \frac{240カ月 +(20カ月 + 27カ月)}{480カ月} = 47万5,344円$$
（月額3万9,612円）

※ 計算式は43頁参照。
免除期間をすべて追納した場合は、保険料納付済み期間が28年（336カ月）となり、
年金額は55万6,500円（月額4万6,375円）となります。

請求を忘れていた年金は？

いくら遅れても請求はできますが、過去の分は時効で５年前までしかもらえません。ただし、国の責任による記録漏れなら時効はありません。

請求漏れ年金は５年で時効になる

① **死ぬまで受給権は消えない**：老齢年金は、受給できる年齢になると受給権自体は自動的に発生します。ただし、請求しないと年金の支給は開始されません。発生した受給権は生涯消えないので、請求はいくら遅れても死ぬまで可能です。

② **５年前までの分は一時金支給**：請求はいつでも可能ですが、年金をもらう請求権は５年で時効になります。請求すると請求時点から年金の支給が始まり、初回の支給時に直近５年前までの分は一時金で支給されます。５年より前の分は、時効によりもらうことができません。

③ **未支給年金の請求も忘れずに**：年金は死亡した月まで支給されます。年金は後払いなので、年金を受給していた人が死亡すると未支給の年金が１カ月～３カ月分残ります。未支給年金は遺族が受給できますが、５年以内に請求しないと時効でもらうことができなくなります。手続きは「死亡届」と「未支給年金請求書」があります。

記録漏れ年金は受給権発生時からの分をもらえる

① **記録漏れ年金なら時効はなし**：いわゆる消えた年金騒動で発覚した記録漏れ年金に該当する場合は、５年の時効は適用されません。本人の責任ではなく、国の管理の責任だからです。「請求漏れ」と「記録漏れ」の違いは年金の記録としてあるかどうかです。

② **記録漏れの一時金には利子も加算**：通常の請求漏れで支給される５年前までの一時金には利子がつきません。しかし、記録漏れの一時金には、５年間より前の部分にかぎり、利子として「**遅延特別加算金**」が上乗せされます。

● 年金の請求と時効の関係

CASE　60歳で受給権が発生。年金額120万円（月額10万円）

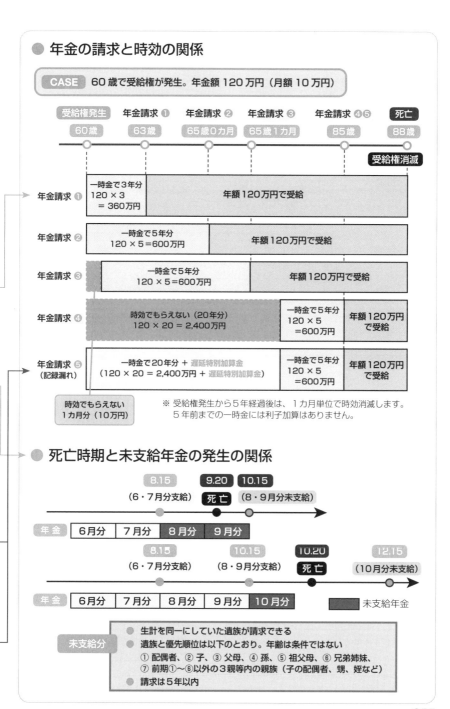

	受給権発生	年金請求①	年金請求②	年金請求③	年金請求④⑤	死亡
	60歳	63歳	65歳0カ月	65歳1カ月	85歳	88歳

受給権消滅

年金請求①　一時金で3年分 120×3 = 360万円　年額120万円で受給

年金請求②　一時金で5年分 120×5=600万円　年額120万円で受給

年金請求③　一時金で5年分 120×5=600万円　年額120万円で受給

年金請求④　時効でもらえない（20年分）120×20=2,400万円　一時金で5年分 120×5 =600万円　年額120万円で受給

年金請求⑤（記録漏れ）　一時金で20年分 + 遅延特別加算金（120×20=2,400万円 + 遅延特別加算金）　一時金で5年分 120×5 =600万円　年額120万円で受給

時効でもらえない 1カ月分（10万円）

※ 受給権発生から5年経過後は、1カ月単位で時効消滅します。
　 5年前までの一時金には利子加算はありません。

● 死亡時期と未支給年金の発生の関係

8.15 （6・7月分支給）　9.20 死亡　10.15 （8・9月分未支給）

年金	6月分	7月分	8月分	9月分

8.15 （6・7月分支給）　10.15 （8・9月分支給）　10.20 死亡　12.15 （10月分未支給）

年金	6月分	7月分	8月分	9月分	10月分

■ 未支給年金

未支給分
- 生計を同一にしていた遺族が請求できる
- 遺族と優先順位は以下のとおり。年齢は条件ではない
  ① 配偶者、② 子、③ 父母、④ 孫、⑤ 祖父母、⑥ 兄弟姉妹、
  ⑦ 前期①〜⑥以外の3親等内の親族（子の配偶者、甥、姪など）
- 請求は5年以内

● 年金受給権者死亡届サンプル

様式第515号

国民年金・厚生年金保険・船員保険・共済年金・年金生活者支援給付金

受給権者死亡届(報告書)

受付登録コード
| 1 | 8 | 5 | 0 | 1 |

入力処理コード
| 7 | 4 | 5 | 0 |

死亡した受給権者

❶ 基礎年金番号 および年金コード

基礎年金番号
| 1 | 2 | 3 | 4 | 5 | 6 | 7 | 8 | 9 | 0 | 1 | 1 | 5 | 0 |

年金コード(複数請求する場合は 右の欄に記入)

❷ 生年月日　明治・大正・(昭和)・平成・令和　　20 年　10 月　07 日

⑦ (フリガナ)　タナカ　　　　トシオ

氏　名　(氏) 田中　　(名) 利夫

❸ 死亡した年月日　昭和・平成・(令和)　05 年　04 月　10 日

届出者

❺ (フリガナ)　タナカ　　　　ヨシコ　　　❻ 続柄 ※続柄

氏　名　(氏) 田中　　(名) 良子　　　妻

❼ 未支給 有無 ※

❽ 郵便番号
| 1 | 6 | 8 | - | 0 | 0 | 7 | 1 |

⑦ 電話番号
03 - 0000 - 0000

❾ (フリガナ)※住所コード　スギナミク　タカイドニシ　3-5-24

住　所　杉並 町村 高井戸西 3-5-24

送信

◎ 未支給の年金・給付金を請求できない方は、死亡届(報告書...

◎ 死亡届のみを提出される方の添付書類
 1．死亡した受給権者の死亡の事実を明らかにすることがで...
 (個人番号(マイナンバー)が収録されている方について...)
 ・住民票除票
 ・戸籍抄本
 ・死亡診断書(コピー可)　などのうち、いずれかの書類

 2．死亡した受給権者の年金証書
 年金証書を添付できない方は、その事由について以下の事由欄にご記入ください。

(事由)
ア、廃棄しました。　　　　　　　(　　年　　月　　日)
イ、見つかりませんでした。今後見つけた場合は必ず廃棄します。
ウ、その他(　　　　　　　　　　　　　　　　　　)

> 複数の年金を受けていたときは
> すべての年金コードを記入します

⑦ 備　　考

市区町村 受付年月日

実施機関等 受付年月日

令和　　年　　月　　日 提出

年金事務所記入欄
※遺族給付同時請求　有(ア・イ)・無
※未支給請求　有・無

4

※ 日本年金機構にマイナンバーが収録されている場合は原則として提出を省略できる

● 未支給年金請求書サンプル

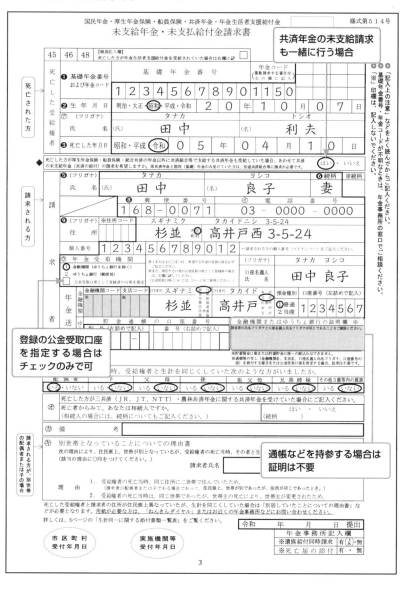

国民年金・厚生年金保険・船員保険・共済年金・年金生活者支援給付金　　　　　　　　　様式第５１４号

未支給年金・未支払給付金請求書

共済年金の未支給請求も一緒に行う場合

| 45 | 46 | 48 | 【職員記入欄】死亡した方が年金生活者支援給付金を受給されていた場合は右欄に☑ | □ |

死亡された受給権者

❶ 基礎年金番号および年金コード
基礎年金番号：１２３４５６７８９０　年金コード：０１１５０

（年金コード（複数請求する場合は右の欄に記入））

※「記入上の注意」などをよく読んでからご記入ください。※基礎年金番号・年金コードが不明なときは、年金事務所の窓口でご相談ください。※□印欄は、記入しないでください。

❷ 生年月日　明治・大正・昭和・平成・令和　２０年１０月０７日

❼（フリガナ）タナカ　トシオ
氏名（氏）田中　（名）利夫

❸ 死亡した年月日　昭和・平成・令和　０５年０４月１０日

◆ 死亡した方が厚生年金保険・船員保険・統合共済の年金以外に共済組合等で支給する共済年金も受給していた場合、あわせて共済の未支給年金（未払の給付）の請求を希望しますか。共済年金と国民（基礎）年金のみ受けていた方は、別途共済組合の請求が必要です。　はい・いいえ

請求される方　請求者

❺（フリガナ）タナカ　ヨシコ　❻ 続柄　※続柄
氏名（氏）田中　（名）良子　妻

❽ 郵便番号　１６８－００７１　　電話番号　０３－００００－００００

❾（フリガナ）スギナミク　タカイドニシ　3-5-24　※住所コード
住所　杉並〇　高井戸西 3-5-24

個人番号　１２３４５６７８９０１２
＊請求される方の個人番号（マイナンバー）をご記入ください。

㋑ 年金受取機関
1 金融機関〔ゆうちょ銀行を除く〕
2 ゆうちょ銀行（郵便局）
□ 公金受取口座として登録済みの口座を指定

※１または２に〇を付し、希望する年金の受取口座を必ず記入ください。
また、指定する口座がお金受取口座として登録済の場合は〇をご記入ください。（公金受取口座については、次ページをご覧ください。）

登録の公金受取口座を指定する場合はチェックのみで可

（フリガナ）タナカ　ヨシコ
口座名義人氏名　田中　良子

金融機関コード　支店コード　（フリガナ）スギナミ　タカイド
杉並　高井戸

預金種別　口座番号（左詰めで記入）
1 普通・2 当座　１２３４５６７

金融機関またはゆうちょ銀行の証明欄
※請求者の氏名フリガナと口座名義人氏名フリガナが同同であることをご確認ください。

貯金通帳の記号（左詰めで記入）　番号（右詰めで記入）

※貯金預金口座または貯蓄預金口座への振込はできません。
※通帳等の写し（金融機関名、支店名、口座名義人氏名フリガナ、口座番号の面）が添付された場合はお金受取口座の証明は不要です。

通帳などを持参する場合は証明は不要

❿ 死亡した受給権者の死亡当時、受給権者と生計を同じくしていた次のような方がいましたか。

配偶者	子	父 母	孫	祖 父 母	兄 弟 姉 妹	その他３親等内の親族
いる・いない	いる・いない	いる・いない	いる・いない	いる・いない	いる・いない	いる・いない

㋺ 死亡した方が三共済（ＪＲ，ＪＴ，ＮＴＴ）・農林共済年金に関する共済年金を受けていた場合にご記入ください。
死亡者からみて、あなたは相続人ですか。
（相続人の場合には、続柄についてもご記入ください。）　はい・いいえ　（続柄　）

㋩ 備考

請求される方が、別世帯の配偶者または子の場合

㋥ 別世帯となっていることについての理由書
次の理由により、住民票上、世帯が別となっているが、受給権者の死亡当時、その者と生計を
（該当の理由に〇印をつけてください。）
請求者氏名
理由　1．受給権者の死亡当時、同じ住所に二世帯で住んでいたため。
（請求者が配偶者または子である場合であって、住民票上、世帯が別であったが、住所が同じであったとき。）
2．受給権者の死亡当時は、同じ世帯であったが、世帯主の死亡により、世帯主が変更されたため。

死亡した受給権者と請求者の住所が住民票上異なっているが、生計を同じくしていた場合は「別居していたことについての理由書」などが必要となります。用紙が必要な方は、「ねんきんダイヤル」またはお近くの年金事務所などにお問い合わせください。

詳しくは、5ページの「生計同一に関する添付書類一覧表」をご覧ください。

| 市 区 町 村 受付年月日 | 実施機関等 受付年月日 |

令和　年　月　日　提出
年金事務所記入欄
※遺族給付同時請求　有（未）・無
※死亡届の添付　有・無

3

海外赴任していたときの年金はどうなる？

社会保障協定を結んでいる国に日本の会社員が赴任するときは、相手国の年金制度との二重加入防止や年金加入期間の通算措置がとられています。

社会保障協定により二重加入防止が進む

① **サラリーマンは赴任先の国の年金にも加入義務**：外国でも多くの国で年金制度があり、在住者は年金制度に加入することが義務づけられているのが一般的です。しかし、海外赴任者は任期を終えると日本に帰国するので、赴任先の国の年金の受給資格期間を満たすのが困難です。そのため、外国の年金の保険料は掛け捨てになってしまいます。一方で日本の厚生年金にも加入していますから、海外赴任中は年金保険料を二重納付することになります。こうした二重加入を防ぐ目的で、現在、年金制度を持つ国との社会保障協定の締結が順次進んでいます。

② **5年以内の海外赴任なら日本の厚生年金に加入**：社会保障協定を結んでいる国に赴任した場合、5年以内であれば日本の厚生年金だけに加入し、相手国の年金制度への加入は免除されます。5年を超える赴任予定であれば相手国の年金制度にだけ加入し、日本の厚生年金への加入は免除されます。

適用証明書で相手国の年金制度加入が免除される

① **適用証明書を申請する**：社員が5年以内の海外赴任をするとき、会社は年金事務所に「**適用証明書**」の交付を申請します。適用証明書とは、日本で社会保険を適用されていることの証明書です。交付された適用証明書は、赴任者に渡します。

② **適用証明書は現地に持参する**：適用証明書は本人が現

ONE POINT

協定締結国は毎年増えている

社会保障協定は、最近になって締結の動きがどんどん早くなっており、毎年増えています。2022年11月23日現在では発効国が22カ国ですが、交渉中の国も含めると主要国との協定はほぼ整備されつつあります。

年金だけの免除の場合もある

社会保障には年金だけでなく健康保険や労災保険、雇用保険もあります。社会保障協定で加入免除になるのは国によって異なり、年金だけが免除の対象になる場合もあります。

5年超に延長になったら

5年以内の予定が変更になったときは、原則として5年を超えたときから相手国の年金制度に切り換わります。

● 日本と外国の社会保障協定の状況

	相手国	協定の状況	協定の内容		受給資格期間
			年金通算	二重加入防止対象制度	
1	ドイツ	発効国	あり	年金	5年
2	イギリス	〃	なし	年金	10年
3	韓国	〃	なし	年金	10年
4	アメリカ	〃	あり	年金、医療	10年
5	ベルギー	〃	あり	年金、医療、労災、雇用	なし
6	フランス	〃	あり	年金、医療、労災	なし
7	カナダ	〃	あり	年金（ケベック州除く）	OAS10年居住 CPP1年
8	オーストラリア	〃	あり	年金	AP10年居住 SGなし
9	オランダ	〃	あり	年金、医療、雇用	なし
10	チェコ	〃	あり	年金、医療、雇用	35年（20年）
11	スペイン	〃	あり	年金	15年
12	アイルランド	〃	あり	年金	10年
13	ブラジル	〃	あり	年金	15年
14	スイス	〃	あり	年金、医療	1年
15	ハンガリー	〃	あり	年金、医療、雇用	15年
16	インド	〃	あり	年金	10年
17	ルクセンブルク	〃	あり	年金、医療、労災、雇用、介護	10年
18	フィリピン	〃	あり	年金	10年
19	スロバキア	〃	あり	年金、医療、労災、雇用	15年
20	中国	〃	なし	年金	15年
21	フィンランド	〃	あり	年金、雇用	なし
22	スウェーデン	〃	あり	年金	なし
23	イタリア	署名済み	なし	年金、雇用	5年
政府間交渉中		オーストリア、トルコ			
予備協議中他		ベトナム、タイ、ポーランド			

※ 国によって細かい規定が異なっているので注意が必要です。たとえば、アメリカの場合、アメリカの年金に原則1年6カ月以上の加入期間がないと通算できません。
　OAS：老齢保障制度、CPP：カナダ年金制度、AP：老齢年金、SG：サラリーマンの年金

ONE POINT
年金通算がない場合もある

社会保障協定を結んでいても、国によっては二重加入免除だけで、年金通算はできない場合があります。イギリス、韓国、中国、イタリアです（前頁の表を参照）。なお、通算できなくても日本の年金はカラ期間になるので、受給資格期間に影響はありません。

ONE POINT
フリーランスや個人事業主の海外在住者は、日本の国民年金は任意加入

サラリーマンでない日本人が海外に住んでいる場合、日本の国民年金は任意加入になります。そのうち、20歳以上60歳未満の期間は任意加入していなければカラ期間として日本の老齢基礎年金の受給資格期間に含めることができます。国民年金の任意加入は、出国前は住所地の市区町村の役所窓口、出国後は出国前の住所地の年金事務所を通じて手続きします。

妻は第3号のまま

海外赴任の夫についていく妻は、夫が日本の厚生年金加入者のままなら妻も海外特例要件を届出することで第3号被保険者のままでいることができます。

地に持参し、必要があれば現地の社会保険の担当機関に提示できるようにしておきます。提示することによって、相手国の年金制度に加入することが免除されます。

外国の年金ももらえる

① **年金通算措置で受給資格を得る**：社会保障協定を結んでいると、日本で年金保険料を納付した期間と相手国で相手国の年金制度に保険料を納付した期間を通算することができます。たとえば、次頁の例のように、海外赴任前後であわせて日本の年金制度に20年、アメリカでの赴任期間中にアメリカの年金制度に8年加入して保険料を納めたとします。アメリカの年金の受給資格期間は10年なので、このままではアメリカの年金はもらえません。しかし、年金通算措置によって年金の加入期間は28年とみなされ、アメリカの年金の受給資格を得ることができます。

② **年金額は実際の加入期間分を受給**：年金通算措置によって受給資格を得ても、もらえる年金は実際に加入して保険料を納めた分の額になります。次頁の例であれば、日本の年金から20年分、アメリカの年金から8年分ということになります。**お互いに相手の加入期間部分はカラ期間のように、受給資格だけを見る期間になります。**

外国の年金をもらう手続き

① **それぞれの国から支給される**：**外国の年金は、その国から直接支給されます。**日本の年金と一緒にして一括で受け取ることはできません。そのため、原則として外国に直接請求しなければなりません。

② **請求は日本でできる**：**外国の年金の請求手続きは、社会保障協定を結んでいる国なら日本の年金事務所でできます。**年金の支給方法などは支給する国のやり方になります。たとえば、アメリカの場合は月1回の支給です。受取方法は、「日本円で日本の銀行口座への振り込み」「ドルによるアメリカの銀行口座への振り込み」「ドルの小切手を日本の住所へ郵送」の3つから選択できます。

● 社会保障協定による二重加入防止

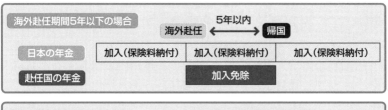

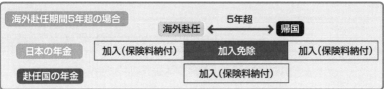

● 社会保障協定による年金の通算措置の効果

● 日本の年金はもらえる
日本の年金の受給資格期間：12 年 + 8 年（海外在住期間）+ 8 年 = 28 年
※ 海外在住期間はカラ期間になります。
受給資格期間は 28 年 ≧ 10 年で満たしている ⇒ 年金額は 20 年分

● アメリカの年金はもらえない
8 年 < 10 年で受給資格期間を満たしていない

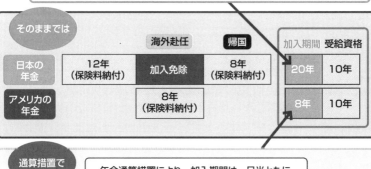

通算措置で　　年金通算措置により、加入期間は、日米ともに
「12 年 + 8 年 + 8 年 = 28 年」となる

● 日本の年金はもらえる
受給資格期間は 28 年 ≧ 10 年で満たす ⇒ 年金額は 20 年分

● アメリカの年金ももらえる
受給資格期間は 28 年 ≧ 10 年で満たす ⇒ 年金額は8年分

短期間在住していた外国人の年金はどうなる？

短期間で帰国する外国人労働者は、出国後２年以内に請求すると脱退一時金がもらえます。社会保障協定締結国なら、加入期間通算も選択できます。

帰国する外国人は脱退一時金がもらえる

① **短期在住でも日本の年金に加入義務がある**：日本国籍のない外国人でも日本に住居があれば、日本の国民年金や厚生年金に加入する義務があります。しかし、母国から働きに来ただけの外国人は、数年程度で帰国するケースが多いので、日本の公的年金の保険料が無駄になってしまいます。そこで、**短期間在住の外国人が帰国した場合、国民年金や厚生年金から脱退一時金が受け取れます**。

② **出国後２年以内に請求**：脱退一時金を受け取るためには、日本を出国後、２年以内に請求しなければなりません（出国前の請求も可能）。請求により、保険料を納めた月数や保険料に応じて脱退一時金が受け取れます。

日本国内にそのままいるなら国民年金に加入

① **市区町村の窓口で本人が手続き**：退職しても、すぐに帰国しないで日本国内に住む場合は、20歳以上60歳未満なら国民年金に加入する必要があります。退職時には、自分で市区町村の役所窓口に行き、手続きをすることを人事担当者からよく説明してあげましょう。

② **本国の年金との通算ができることもある**：社会保障協定を結んでいる国の場合は、本国の年金との加入期間の通算ができることがあります。**脱退一時金を受けると通算ができなくなってしまうので、どちらを選択するのか本人によく確認しましょう**。

● 厚生年金の脱退一時金

計算式

$$\text{平均標準報酬月額} \times \text{支給率} \left\{ \left(\text{保険料率} \times \frac{1}{2} \right) \times \underset{\text{に応じた数}}{\text{被保険者期間月数}} \right\}$$

厚年被保険者期間月数	支給率計算に用いる数
6 カ月以上 12 カ月未満	6
12 カ月以上 18 カ月未満	12
18 カ月以上 24 カ月未満	18
24 カ月以上 30 カ月未満	24
30 カ月以上 36 カ月未満	30

厚年被保険者期間月数	支給率計算に用いる数
36 カ月以上 42 カ月未満	36
42 カ月以上 48 カ月未満	42
48 カ月以上 54 カ月未満	48
54 カ月以上 60 カ月未満	54
60 カ月（5年）以上	60

※ 厚生年金の脱退一時金は、20.42%の所得税（復興特別所得税含む）が源泉徴収されます。納税管理人（条件は日本に住んでいる人であればよい）を通じて還付申告できます。納税管理人は税務署に「納税管理人届出書」を提出して指定します。

CASE

● 平均標準報酬額36万円、被保険者期間36カ月、保険料率18.3%

36万円 × ｛(18.3% ×1/2) ×36｝= **118万5,840円** …… 脱退一時金支給額

118万5,840円×20.42%   = **24万2,148円** …… 源泉所得税

118万5,840円−24万2,148円 = **94万3,692円** ……………… 手取り額

● 国民年金の脱退一時金

対象となる月数の計算式

$$\underset{\text{済み月数}}{\text{保険料納付}} + \underset{\text{4分の3の月数}}{\text{4分の1免除期間の}} + \underset{\text{2分の1の月数}}{\text{半額免除期間の}} + \underset{\text{4分の1の月数}}{\text{4分の3免除期間の}}$$

※ 国民年金第1号被保険者期間だけが対象になります。

● 以上の計算結果が6カ月以上になるとき、対象月数に応じて以下の金額が支給されます。

対象月数	脱退一時金額
6 カ月以上 12 カ月未満	4 万 9,770 円
12 カ月以上 18 カ月未満	9 万 9,540 円
18 カ月以上 24 カ月未満	14 万 9,310 円
24 カ月以上 30 カ月未満	19 万 9,080 円
30 カ月以上 36 カ月未満	24 万 8,850 円

対象月数	脱退一時金額
36 カ月以上 42 カ月未満	29 万 8,620 円
42 カ月以上 48 カ月未満	34 万 8,390 円
48 カ月以上 54 カ月未満	39 万 8,160 円
54 カ月以上 60 カ月未満	44 万 7,930 円
60 カ月（5年）以上	49 万 7,700 円

※ 最後に保険料を納付した月の属する年度により金額が異なります。上記は令和4年4月から令和5年3月までの間に最後の保険料を納付した場合になります。所得税は源泉徴収されません。

年金をもっと増やしたい 付加年金・国民年金基金・iDeCo・財形年金

公的年金の補てんには民間の個人年金がありますが、その前に任意加入の公的制度を検討してみましょう。特に、節税面で断然有利です。

ONE POINT

節税を兼ねて増額

公的制度は、保険料が全額所得控除になるのが大きなメリットです。節税を兼ねて年金の増額ができます。

自営業者は「小規模企業共済制度」も活用できる

自営業者や小規模企業の経営者を対象とした退職金積み立て支援の公的制度として「小規模企業共済制度」があります。月額7万円を限度に積み立てることができ、掛け金は全額所得控除できます。国民年金基金や確定拠出年金と併用することもでき、大きな節税効果があります。

付加年金は物価スライドがないから有利？

付加年金には物価スライドはありません。しかしデフレで本体の年金額が下がるときは逆にメリットになります。
また、国民年金基金も物価スライドはありませんが、運用が好調であればボーナス給付があります。

付加年金はお得な制度

① **年金額は少ないが2年で元がとれる**：自営業者など自分で国民年金を納める第1号被保険者は、任意で付加保険料を納めることができます。国民年金の本体保険料を納めるときに、1カ月400円分を追加するだけですから非常に手軽です。老齢基礎年金の支給が始まると、「**付加保険料**」を納めた期間につき1カ月200円の「**付加年金**」が上乗せ支給されます。年金額は1年加入（付加保険料納付）で2,400円、10年加入でも2万4,000円でお小遣い程度ですが、**2年間受給すれば保険料を回収できてしまうのも魅力です**。

② **会社員も退職後に付加年金活用**：付加年金は会社員もまったく無縁ではありません。**転職の空白期はもちろん、定年退職後の60歳以降に任意加入して老齢基礎年金を増やしたりするときに活用できます**。また、付加年金は本体の老齢基礎年金を繰り上げたり繰り下げたりすると、連動して同率で減額や増額があります。**65歳から老齢基礎年金を繰り下げする人は、付加年金も増額されるメリットがあります**。

国民年金基金は年金額の大きさと節税効果が利点

① **大きく増やすなら国民年金基金**：1階部分の老齢基礎年金しかない**自営業者が年金額を大きく増やしたいなら、「国民年金基金」の加入を検討しましょう**。年金額は、加入年齢と加入口数によって違ってきますが、組みあわせ

● 付加年金のしくみ

利用できる人

国民年金第1号被保険者
任意加入被保険者

➡

保険料納付

国民年金
保険料

＋

付加保険料
※月額 400 円

➡

支給

老齢基礎
年金

＋

付加年金

200 円×加入月数

CASE

● 付加年金に3年間（36カ月）任意加入した場合の計算例

付加年金 ＝ 200 円×36 カ月 ＝ 7,200 円

2年間受給すると
保険料の元が
とれます

● 2年間受給すると受給総額は ⇒ 7,200 円×2年 ＝ 1万 4,400 円
● 3年間の付加保険料総額は ⇒ 400 円×36 カ月 ＝ 1万 4,400 円

● 国民年金基金の加入手続きの流れ

加入できる人

● 国民年金第1号被保険者
● 国民年金任意加入者

※ 保険料滞納者や免除者は加入できない（産前産後免除を除く）

どちらか一つに加入

国民年金基金の種類

全国国民年金基金

職種を問わず
加入できる

職能型基金

同一職種の人が
加入できる

※ 職種は3つ（歯科医師、弁護士、司法書士）

加入を希望する基金から「国民年金基金加入申出書」を入手し、郵送などで申し込みます。
加入受付をしている金融機関で申し込むこともできます。

● 掛金限度額（月額 6 万 8,000 円）の範囲内で年金の種類（終身年金 2 種類、確定年金 5 種類）と口数（最低 1 口以上）を選択します。

ルール
● 1口目は終身年金から選択しなければならない
● 年金合計額の半分以上が終身年金でなければならない
● 2口目以降は口数の増口や減口ができます

によっては厚生年金（受給者の平均的な月額10万円）なみの年金を確保することも可能です。加入は、希望する基金に申し込みますが、基金を取り扱っている金融機関の窓口でもできます。

② **7種類の年金を組み合わせて選択**：国民年金基金には終身年金2種類、確定年金5種類があり、口数単位で申し込みます。月額掛け金限度額（6万8,000円）の範囲内で1口以上何口でも申し込めますが、最初の1口目だけは終身年金を選択しなければなりません。終身年金は65歳支給開始ですが、確定年金には60歳支給開始のものもあります。60歳支給開始の年金を組みあわせれば、65歳の老齢基礎年金支給開始前の生活資金を補てんすることができきます。

③ **掛け金は加入時の年齢で決まる**：基金の掛け金は、1歳刻みで設定されており、加入時の年齢によって決まります。加入時の掛け金は60歳の終了まで変わりませんが、途中で口数を増口した場合は、増口時点の年齢の掛け金になります。年金額は年金の種類ではなく、加入時の年齢と口数によって決まります。口数が多いほど年金額は多くなります。

④ **全額社会保険料控除で大きく節税：国民年金基金の掛け金は、全額が社会保険料控除で所得から差し引くことができます。** 掛け金が大きいほど節税効果も大きくなり、限度額まで掛ければ年間81万6,000円もの所得控除が使えます。年齢が上がってから加入したり、口数を増やせば掛け金額の負担が大きくなりますが、所得控除の節税効果も大きくなるのが魅力です。売上額が一定以上あれば、大きな節税対策として使えます。

⑤ **付加年金と国民年金基金は同時加入できない**：国民年金基金へ加入すると付加保険料は納められなくなります。iDeCo（個人型確定拠出年金）は、合計限度額で月額6万8,000円以内であれば基金または付加年金との同時加入ができます。

266

● 国民年金基金の年金の種類と年金額

年金の種類		支給開始	支給期間	保証期間
終身年金	A型	65歳	終身（一生涯）	15年
	B型	65歳	終身（一生涯）	なし
確定年金	I型	65歳	15年（65歳〜79歳）	15年
	II型	65歳	10年（65〜74歳）	10年
	III型	60歳	15年（60〜74歳）	15年
	IV型	60歳	10年（60〜69歳）	10年
	V型	60歳	5年（60〜64歳）	5年

※ 保証期間を満たさずに死亡した場合は、遺族に掛け金の払込期間に応じた遺族一時金が支給されます。
  60歳以上の加入者は終身年金（A型、B型）と確定年金I型の3種類のみになります。

加入年齢 （誕生月）	年金額（月額）	
	1口目	2口目以降
35歳まで	2万円	各1万円
45歳まで	1万5,000円	各5,000円
50歳まで	1万円	各5,000円
50歳以降	加入月数により異なる	

※ 年金額は年金の種類にかかわらず共通。
  50歳1カ月以降はIV型とV型には加入できません。
  誕生月以外の加入者には、調整のための加算が若干つきます。
  60歳以上の加入者の年金額は加入月数によって異なります。1口目の場合、5年間加入で年額6万円（月額5,000円）です。

● 国民年金基金の年金の掛け金（月額）

加入年齢		終身年金		確定年金				
		A型	B型	I型	II型	III型	IV型	V型
35歳 誕生月	男	6,435円 (1万2,870円)	5,790円 (1万1,580円)	4,540円	3,135円	4,885円	3,380円	1,750円
	女	7,490円 (1万4,980円)	7,200円 (1万4,400円)					
50歳 誕生月	男	9,075円 (1万8,150円)	8,255円 (1万6,510円)	6,375円	4,405円	6,865円	4,745円	2,460円
	女	10,550円 (2万1,100円)	10,190円 (2万380円)					
50歳 1カ月以上		男女とも50歳0カ月（誕生月）の掛け金額と同じ					加入できない	

※ 掛金の額は1歳きざみ（○歳1カ月〜翌0カ月〈誕生月〉）で設定します。ただし50歳以上は一律になります。
  カッコ内の掛金額は1口目の金額になります。そのほかは2口目以降の1口あたりの金額になります。
  60歳以上の加入者の掛け金額は年金の種類と性別によって異なりますが、加入月数による違いはありません。

運用環境が悪くなったと
きのイメージから、運用
損のリスクがある確定拠
出年金を避ける人も多く
います。しかし、掛け金
に限度額があるばかり
か、限定されたメニュー
からの選択なので、一般
の投資のように無制限に
好きな商品を選んだり、
金額を積んだりすること
はできません。リスクを
避けたいときは非課税の
預金や国債など低リスク
の商品だけで運用するこ
ともできます。制度を理
解して運用すれば、税制
メリットのほか、長期的
には分散投資の効果によ
る資産増加が期待できま
す。

個人型確定拠出年金は節税効果を生かした投資ができる

① **自営業者は国民年金基金との連動に注意**：国民年金基金と同様に、自営業者の2階部分として活用できるのが「**個人型確定拠出年金（愛称「iDeCo」）**」です。注意したいのは、掛け金は基金と連動した扱いになっていることです。限度額は基金と同じ月額6万8,000円ですが、基金に加入している場合は基金の掛け金分を差し引かなければなりません。つまり、**基金とiDeCoは合計して月額6万8,000円までしか加入できないのです。**

② **誰でもiDeCoに加入できる**：国民年金基金には自営業者しか加入できませんが、iDeCoには65歳未満のほぼすべての現役世代の人が加入できます。自営業者はもちろん、会社員、公務員、専業主婦も加入できます。ただし、掛け金の限度額は、公務員などの月額1万2,000円から自営業者の月額6万8,000円まで加入対象者の種類によって異なります。

③ **預金から株投資まで可能**：iDeCoは、企業年金として導入されている企業型と基本的なしくみは同じです。毎月掛け金を払い込み、10〜35種類の商品メニューから自由に選択して運用し、60歳以降に運用収益とともに一時金や年金で受け取ります。商品メニューには預金や投資信託（債券〈国債など〉、株式などで構成）、保険があり、組みあわせは自由で変更もできます。

④ **節税メリットも大きい**：iDeCoで払い込んだ掛け金は、**全額が所得控除（小規模企業共済等掛金控除）になりますから、節税策としても優れています。**毎月1万円の掛け金でも年間12万円の所得控除ができます。運用益も非課税になりますし、受け取る給付金にも退職一時金や公的年金と同じ優遇税制を受けられます。ただ預金などと違って、原則60歳になるまで資産を解約して引き出すことができないので、注意が必要です。

財形年金の利用も考えよう

① **国と会社が支援してくれる制度**:「財形年金」は財形貯蓄制度の1つで、国と会社が勤労者の老後資産形成を支援する制度です。**企業が導入していれば、55歳未満の従業員が申し込むことができます。**積み立ては給与や賞与からの天引きで行います。会社は任意ですが、年間10万円以内で積み立て補助ができます。

② **550万円までは利子が非課税になる**:積立金は所得控除にはなりませんが、550万円（元利合計）まで利子が非課税になります。保険商品の場合は、払い込み合計額385万円までの利子が非課税です。必要資金が生じたときは、5年間さかのぼって20%の課税はありますが、途中解約もできます。

③ **60歳以降に受取開始**:財形年金は、60歳以降に5年以上20年以内で年金で受け取ることができます。

● 国民年金基金の年金額計算例

CASE

● **35歳誕生月加入の男性、A型3口、Ⅱ型2口に加入**

※ A型3口のうち1口は1口目、残り2口は2口目以降の選択になります。

掛け金額：A型1口目1万2,870円 ＋ A型2口1万2,870円
＋ Ⅱ型2口6,270円＝ **月額3万2,010円（年間38万4,120円）**

年金額：A型1口目2万円 ＋ A型2口2万円 ＋ Ⅱ型2口2万円
＝ **月額6万円（年間72万円）**

※ 65～74歳。75歳以降はⅡ型がなくなるので月額4万円（年間48万円）になります。
節税効果：掛け金額（年間38万4,120円）は全額社会保険料控除で所得から差し引けます。課税所得300万円場合の場合、38万4,120円×20%＝7万6,824円分、税金が安くなります（所得税10%、住民税10%として概算を計算しています）。

確定拠出年金のしくみについては
次頁で詳しく解説しています。

● 確定拠出年金のしくみ

確定拠出年金の種類

 企業型 企業が企業年金として導入し、運営する

加入できる人
加入できる人 厚生年金に加入する 70 歳未満の会社員（従業員、役員）

 個人型 (iDeCo)
・個人が任意に申し込んで加入する
※企業型との併用も可能
・運営は国民年金基金連合会

加入できる人
・20歳以上60歳未満の国民年金第1号被保険者（自営業者など）
・国民年金任意加入者（国内に住む60歳以上65歳未満の人、海外に住む20歳以上65歳未満の人）
・65歳未満の会社員
・65歳未満の公務員
・サラリーマンの妻（国民年金第3号被保険者）

受付窓口になっている金融機関や保険会社、証券会社などを通じて、国民年金基金連合会に申し込む

↓ 掛け金と運用商品を選択する

掛け金 月額 5,000 円以上 1,000 円単位で任意に設定
● 限度額
自営業者など 月額 6 万 8,000 円（年間 81 万 6,000 円）
※ 国民年金基金または付加年金との合計
会社員 月額 1 万 2,000 円（年間 14 万 4,000 円）、
月額 2 万円（年間 24 万円）、
月額 2 万 3,000 円（年間 27 万 6,000 円）
※ 企業年金の有無などによって異なる
公務員 月額 1 万 2,000 円（年間 14 万 4,000 円）
サラリーマンの妻 月額 2 万 3,000 円（年間 27 万 6,000 円）
● 主に毎月払い込み（会社員は原則給与から天引き）
● 払い込んだ掛け金は全額所得控除（小規模企業共済等掛金控除）

運用商品 メニューとして 10 ～ 35 種類提示される
● リスクの異なる最低 3 種類以上の商品が提示され、その中から 1 つ以上を自由に組みあわせて選ぶ
● 最低 3 カ月に 1 度は商品の組みあわせを変更できる

運用益は非課税

商品を加入者自身が運用する（運用成績を管理しながら、掛金や商品の比率をコントロールする）

預貯金や保険、公社債、株式などがあるが、公社債や株式はほとんどが投資信託の形で提供されます

給 付 運用結果（掛け金＋運用益）の資産額を給付金として受給する
● 原則 60 歳から 75 歳になるまでの間に受給開始
● 老齢給付金：一時金（退職所得控除適用）または年金（公的年金等控除適用）
● 障害給付金、死亡一時金、脱退一時金もある
● 老齢給付金は原則として 60 歳前に引き出すことはできない

巻末資料

索　引

● 標準報酬月額の等級区分と厚生年金保険料額

等級	報酬月額（賃金）	標準報酬月額（円）	保険料 18.3%（円）	本人負担分 9.15%（円）
1	93,000 円未満	88,000	16,104	8,052
2	93,000 円以上 101,000 円未満	98,000	17,934	8,967
3	101,000 円以上 107,000 円未満	104,000	19,032	9,516
4	107,000 円以上 114,000 円未満	110,000	20,130	10,065
5	114,000 円以上 122,000 円未満	118,000	21,594	10,797
6	122,000 円以上 130,000 円未満	126,000	23,058	11,529
7	130,000 円以上 138,000 円未満	134,000	24,522	12,261
8	138,000 円以上 146,000 円未満	142,000	25,986	12,993
9	146,000 円以上 155,000 円未満	150,000	27,450	13,725
10	155,000 円以上 165,000 円未満	160,000	29,280	14,640
11	165,000 円以上 175,000 円未満	170,000	31,110	15,555
12	175,000 円以上 185,000 円未満	180,000	32,940	16,470
13	185,000 円以上 195,000 円未満	190,000	34,770	17,385
14	195,000 円以上 210,000 円未満	200,000	36,600	18,300
15	210,000 円以上 230,000 円未満	220,000	40,260	20,130
16	230,000 円以上 250,000 円未満	240,000	43,920	21,960
17	250,000 円以上 270,000 円未満	260,000	47,580	23,790
18	270,000 円以上 290,000 円未満	280,000	51,240	25,620
19	290,000 円以上 310,000 円未満	300,000	54,900	27,450
20	310,000 円以上 330,000 円未満	320,000	58,560	29,280
21	330,000 円以上 350,000 円未満	340,000	62,220	31,110
22	350,000 円以上 370,000 円未満	360,000	65,880	32,940
23	370,000 円以上 395,000 円未満	380,000	69,540	34,770
24	395,000 円以上 425,000 円未満	410,000	75,030	37,515
25	425,000 円以上 455,000 円未満	440,000	80,520	40,260
26	455,000 円以上 485,000 円未満	470,000	86,010	43,005
27	485,000 円以上 515,000 円未満	500,000	91,500	45,750
28	515,000 円以上 545,000 円未満	530,000	96,990	48,495
29	545,000 円以上 575,000 円未満	560,000	102,480	51,240
30	575,000 円以上 605,000 円未満	590,000	107,970	53,985
31	605,000 円以上 635,000 円未満	620,000	113,460	56,730
32	635,000 円以上	650,000	118,950	59,475

※ 平成29年9月以降の保険料率は18.3%で固定されています（私立学校教職員の保険料率は引き上げ中で、18.3%に固定されるのは令和9年4月）。

※ 本人負担分の1円未満は四捨五入します（労使特約がない場合）。

● 経過的寡婦加算額

妻の生年月日	乗率	経過的寡婦加算額（円）
昭和　2年4月1日以前	0	594,500
昭和　2年4月2日 ～ 昭和　3年4月1日	312 分の 12	564,015
昭和　3年4月2日 ～ 昭和　4年4月1日	324 分の 24	535,789
昭和　4年4月2日 ～ 昭和　5年4月1日	336 分の 36	509,579
昭和　5年4月2日 ～ 昭和　6年4月1日	348 分の 48	485,176
昭和　6年4月2日 ～ 昭和　7年4月1日	360 分の 60	462,400
昭和　7年4月2日 ～ 昭和　8年4月1日	372 分の 72	441,094
昭和　8年4月2日 ～ 昭和　9年4月1日	384 分の 84	421,119
昭和　9年4月2日 ～ 昭和10年4月1日	396 分の 96	402,355
昭和10年4月2日 ～ 昭和11年4月1日	408 分の 108	384,694
昭和11年4月2日 ～ 昭和12年4月1日	420 分の 120	368,043
昭和12年4月2日 ～ 昭和13年4月1日	432 分の 132	352,317
昭和13年4月2日 ～ 昭和14年4月1日	444 分の 144	337,441
昭和14年4月2日 ～ 昭和15年4月1日	456 分の 156	323,347
昭和15年4月2日 ～ 昭和16年4月1日	468 分の 168	309,977
昭和16年4月2日 ～ 昭和17年4月1日	480 分の 180	297,275
昭和17年4月2日 ～ 昭和18年4月1日	480 分の 192	277,460
昭和18年4月2日 ～ 昭和19年4月1日	480 分の 204	257,645
昭和19年4月2日 ～ 昭和20年4月1日	480 分の 216	237,830
昭和20年4月2日 ～ 昭和21年4月1日	480 分の 228	218,015
昭和21年4月2日 ～ 昭和22年4月1日	480 分の 240	198,200
昭和22年4月2日 ～ 昭和23年4月1日	480 分の 252	178,385
昭和23年4月2日 ～ 昭和24年4月1日	480 分の 264	158,570
昭和24年4月2日 ～ 昭和25年4月1日	480 分の 276	138,755
昭和25年4月2日 ～ 昭和26年4月1日	480 分の 288	118,940
昭和26年4月2日 ～ 昭和27年4月1日	480 分の 300	99,125
昭和27年4月2日 ～ 昭和28年4月1日	480 分の 312	79,310
昭和28年4月2日 ～ 昭和29年4月1日	480 分の 324	59,495
昭和29年4月2日 ～ 昭和30年4月1日	480 分の 336	39,680
昭和30年4月2日 ～ 昭和31年4月1日	480 分の 348	19,865

● 定額単価、報酬比例部分の乗率

生年月日	定額単価 （円）	報酬比例部分の乗率	
		平成 15 年 3 月以前	平成 15 年 4 月以降
昭和　2 年 4 月 1 日以前	3,098	1,000 分の 9.500	1,000 分の 7.308
昭和　2 年 4 月 2 日 〜 昭和　3 年 4 月 1 日	3,002	1,000 分の 9.367	1,000 分の 7.205
昭和　3 年 4 月 2 日 〜 昭和　4 年 4 月 1 日	2,909	1,000 分の 9.234	1,000 分の 7.103
昭和　4 年 4 月 2 日 〜 昭和　5 年 4 月 1 日	2,820	1,000 分の 9.101	1,000 分の 7.001
昭和　5 年 4 月 2 日 〜 昭和　6 年 4 月 1 日	2,732	1,000 分の 8.968	1,000 分の 6.898
昭和　6 年 4 月 2 日 〜 昭和　7 年 4 月 1 日	2,648	1,000 分の 8.845	1,000 分の 6.804
昭和　7 年 4 月 2 日 〜 昭和　8 年 4 月 1 日	2,566	1,000 分の 8.712	1,000 分の 6.702
昭和　8 年 4 月 2 日 〜 昭和　9 年 4 月 1 日	2,486	1,000 分の 8.588	1,000 分の 6.606
昭和　9 年 4 月 2 日 〜 昭和 10 年 4 月 1 日	2,409	1,000 分の 8.465	1,000 分の 6.512
昭和 10 年 4 月 2 日 〜 昭和 11 年 4 月 1 日	2,334	1,000 分の 8.351	1,000 分の 6.424
昭和 11 年 4 月 2 日 〜 昭和 12 年 4 月 1 日	2,262	1,000 分の 8.227	1,000 分の 6.328
昭和 12 年 4 月 2 日 〜 昭和 13 年 4 月 1 日	2,192	1,000 分の 8.113	1,000 分の 6.241
昭和 13 年 4 月 2 日 〜 昭和 14 年 4 月 1 日	2,124	1,000 分の 7.990	1,000 分の 6.146
昭和 14 年 4 月 2 日 〜 昭和 15 年 4 月 1 日	2,058	1,000 分の 7.876	1,000 分の 6.058
昭和 15 年 4 月 2 日 〜 昭和 16 年 4 月 1 日	1,996	1,000 分の 7.771	1,000 分の 5.978
昭和 16 年 4 月 2 日 〜 昭和 17 年 4 月 1 日	1,933	1,000 分の 7.657	1,000 分の 5.890
昭和 17 年 4 月 2 日 〜 昭和 18 年 4 月 1 日	1,873	1,000 分の 7.543	1,000 分の 5.802
昭和 18 年 4 月 2 日 〜 昭和 19 年 4 月 1 日	1,816	1,000 分の 7.439	1,000 分の 5.722
昭和 19 年 4 月 2 日 〜 昭和 20 年 4 月 1 日	1,759	1,000 分の 7.334	1,000 分の 5.642
昭和 20 年 4 月 2 日 〜 昭和 21 年 4 月 1 日	1,705	1,000 分の 7.230	1,000 分の 5.562
昭和 21 年 4 月 2 日以降 ※カッコ内は 67 歳以下の人	1,652 (1,657)	1,000 分の 7.125	1,000 分の 5.481

※ 報酬比例部分の乗率の平成 15 年 3 月以前は総報酬制実施前（月額のみ）、平成 15 年 4 月以降は
総報酬制実施後（賞与含む）になります。定額単価は令和 5 年度額です。

● 定額部分の被保険者月数

生年月日等	被保険者月数
昭和　4 年 4 月 1 日以前	420 カ月（35 年）までで頭打ち
昭和　4 年 4 月 2 日 〜 昭和　9 年 4 月 1 日	432 カ月（36 年）までで頭打ち
昭和　9 年 4 月 2 日 〜 昭和 19 年 4 月 1 日	444 カ月（37 年）までで頭打ち
昭和 19 年 4 月 2 日 〜 昭和 20 年 4 月 1 日	456 カ月（38 年）までで頭打ち
昭和 20 年 4 月 2 日 〜 昭和 21 年 4 月 1 日	468 カ月（39 年）までで頭打ち
昭和 21 年 4 月 2 日以降	480 カ月（40 年）までで頭打ち
中高齢の特例による取得の場合	一律 240 カ月（20 年）

※「中高齢の特例による取得」とは、昭和 26 年 4 月 1 日生まれ以前の人が 40 歳以降（女性は 35
歳以降）に 15 年から 19 年の厚生年金加入期間（共済年金は対象外）があれば受給資格が取得
できた特例です（平成 29 年 7 月までは受給資格期間が 25 年だった）。

索　引

索引

索引

執筆協力　川栄和夫

改訂　最新　知りたいことがパッとわかる
年金のしくみと手続きがすっきりわかる本

2023年6月15日　初版　第1刷発行

著　者　　多田智子
発行人　　柳澤淳一
編集人　　久保田賢二
発行所　　株式会社　ソーテック社
　　　　　〒102-0072 東京都千代田区飯田橋4-9-5　スギタビル4F
　　　　　電話：注文専用　03-3262-5320
　　　　　FAX：　　　　　03-3262-5326
印刷所　　図書印刷株式会社